北京城市发展报告

（2022~2023）

现代化首都都市圈研究

BEIJING URBAN
DEVELOPMENT REPORT
(2022-2023)

主　编／陆小成
副主编／穆松林　杨　波

社会科学文献出版社
SOCIAL SCIENCES ACADEMIC PRESS (CHINA)

北京市社会科学院系列皮书、集刊、论丛编辑工作委员会

《北京城市发展报告（2022~2023）》
编 委 会

序 言

本书课题组[*]

都市圈是城市群的重要支撑和带动力量，是构建城市群的必经阶段。都市圈是以一个或多个中心城市为核心，以发达的联系通道为依托，由核心城市及外围社会经济联系密切的地区所构成的城市功能地域。习近平总书记早在2014年视察北京时，就明确指出要打造现代化的新型首都经济圈，后来又多次强调要"培育发展现代化都市圈"。京津冀协同发展规划纲要和"十四五"实施方案中明确提出，要建设现代化首都都市圈。党的二十大报告提出，要推进京津冀协同发展，高标准、高质量建设雄安新区，以城市群、都市圈为依托构建大中小城市协调发展格局。构建现代化首都都市圈，是京津冀协同发展的应有之义，是解决北京"大城市病"、在更大战略空间配置资源、支撑和引领构建京津冀世界级城市群的重要举措，也符合世界城市群发展的普遍规律。高水平构建现代化首都都市圈，不仅有利于在更大范围配置资源，治理"大城市病"，而且有利于更好发挥北京"一核"辐射带动作用，优化京津冀人口、产业和空间结构，提升区域协同发展水平。现代化首都都市圈研究是一个非常重要且较为新颖的课题。

构建现代化首都都市圈为深入实施京津冀协同发展战略、加快构建

---

* 本书课题组组长：陆小成。主要执笔人：陆小成、穆松林、倪维秋、曲嘉瑶、杨波。

以首都为核心的京津冀世界级城市群提供了重要抓手、注入了强劲动力。中国共产党北京市委第十三次代表大会报告明确指出，北京要积极构建现代化首都都市圈。坚持以疏解非首都功能为抓手，以拓展腹地为支撑，以一体化为路径，推动现代化首都都市圈建设。高水平构建现代化首都都市圈，加快推进以首都为核心的世界级城市群建设，是有序疏解北京非首都功能、实现首都高质量发展的重要举措。本论丛以习近平新时代中国特色社会主义思想和视察北京重要讲话精神为指引，贯彻落实首都城市战略定位，紧紧抓住疏解非首都功能这个"牛鼻子"，以更大力度推动现代化首都都市圈建设与京津冀协同发展，研究构建现代化首都都市圈的政策建议。全书分为战略篇、产业篇、社会篇、文化与生态篇等四大板块，全面分析首都都市圈发展状况，深入探讨首都都市圈战略规划、产业协同、社会融合、文化建设与生态保护等问题，注重学术性与应用对策研究相结合，基于专业视野从不同维度提出新阶段高水平构建现代化首都都市圈的对策建议。

（一）在战略方面

都市圈的作用无论在发展战略上还是在实践中均日益凸显。建设现代化都市圈已成为我国新型城镇化战略的重要组成部分，是促进区域协调可持续发展和实现高质量发展的重要理论范式和实践范式。在中国式现代化背景下，要进一步明确现代化都市圈建设的重大意义及推进的重要方向。通过制度创新，实现首都都市圈内自由贸易试验区联动发展。进一步加快推进首都高质量发展，以链串圈、点轴联动为支撑，完善相关顶层设计，明确现代化首都都市圈各圈层的战略定位和发展方向，提升"通勤圈"综合承载力和一体化发展水平，推动"功能圈"首都服务功能和城市功能互补，引领"产业圈"重点产业链上下游分工协作。进一步强化非首都功能疏解在推动现代化首都都市圈建设中的引领作用，加强顶层设计、强化创新溢出作用、构筑区域创新链和产业链、引领全方位协同开放，并在首都都市圈视域下探讨北京超大城市发展方式转变和"两区"建设的具体路径。

第一，现代化都市圈建设的意义、进展及推进的重要方向。都市圈作为外来概念，在被引入中国之后，经过长期的理论辨析和沉淀，紧密结合中国实践，已成为我国新型城镇化战略的重要组成部分，是促进我国区域协调可持续发展和实现高质量发展的重要理论范式和实践范式。都市圈建设是大中小城市协调发展中的关键一环，在新型城镇化战略中起着承上启下的重要作用。实践中都市圈建设呈现加速态势。现代化都市圈建设是京津冀协同发展的应有之义，应结合非首都功能疏解、加强"四个中心"建设和提升首都城市能级，加快现代化都市圈的规划编制工作。现代化都市圈建设需要坚持实事求是的原则，科学划定都市圈范围，加强基础设施互联互通，促进公共服务均等化，以人为本促进区域协调可持续发展。

第二，现代化首都都市圈内自由贸易试验区联动发展。现代化首都都市圈内实现自由贸易试验区联动发展能够在更大范围内实现统筹发展和制度创新，也能够加速不同自贸试验区的制度创新经验交流和成果运用，打造联动改革、联动开放、联动创新的发展高地。围绕"为何开展北京、天津、河北自贸试验区联动发展"，重点分析京津冀三地自贸试验区发展情况，重点探究哪些因素阻碍三地自贸试验区联动发展，有针对性地提出推动三地自贸试验区联动发展的对策建议。

第三，中国式现代化视域下推动新时代首都发展。中国式现代化是对世界现代化理论和实践的重大创新，准确把握中国式现代化的内涵、目标和使命任务，持续推动新时代首都发展，是北京率先基本实现社会主义现代化的重要基础和保障。新时代首都发展呈现明显的"都"与"城"功能相谐互动、"减量"与"提质"转型辩证统一、"外部协同"与"内部均衡"空间统筹兼顾的典型特征。以中国式现代化推动新时期首都发展，必须坚持党的领导，在构建现代化产业体系、优化区域空间结构、促进绿色低碳发展等方面持续发力，为率先基本实现社会主义现代化奠定坚实的基础。

第四，以链串圈、点轴联动为支撑构建现代化首都都市圈。建设现代化首都都市圈是深入推进京津冀协同发展、破解北京"大城市病"的有效途径，具备了一定的条件与基础，取得了一定的阶段性成效。针对首都都市圈和京津冀城市群建设中存在的规模断层、功能断层、产业断链等问题，新征程上高水平构建现代化首都都市圈应以京津、京保石、京唐秦等重点轴线为"经"，以创新链、产业链、供应链为"络"，以环京跨界城市组团为联动支点，串联起首都都市圈各圈层，促进交界地区一体化发展，释放现代化首都都市圈整体优势，引领京津冀世界级城市群高质量发展。

第五，以疏解非首都功能为抓手推进现代化首都都市圈建设。非首都功能疏解对构建现代化首都都市圈具有牵引作用。通过选取若干指数对北京疏解非首都功能促进京津冀协同发展实施效果进行评价，发现首都减量发展初见成效。为了进一步强化非首都功能疏解在推动现代化首都都市圈建设中的引领作用，建议北京在加强顶层设计、精准疏解非首都功能、强化创新溢出作用、构筑区域创新链和产业链、引领全方位协同开放等方面集中发力，为建设定位清晰、梯次布局、协调联动的现代化京津冀世界级城市群贡献"领头羊"力量。

第六，首都都市圈视域下加快北京超大城市发展方式转变。北京作为国家首都和超大城市，加快发展方式转变，是破解"大城市病"难题、推进新型城镇化、构建现代化首都都市圈的必然要求。北京超大城市"因大而险"，是各类传统与非传统安全风险交织的"高风险场域"，转变城市发展方式面临经济、社会、文化、生态等多方面的难题。在构建现代化首都都市圈背景下，加强北京超大城市发展方式转变，应以五大转变为方向，强化规划引领，完善治理体系，选择科学手段，加快形成北京超大城市与首都都市圈协同融合、高质量发展的新格局。

第七，加快北京"两区"建设促进首都都市圈高质量发展。做好"两区"建设，以促进首都都市圈经济高质量发展，从而服务全国新发展格局。北京市应利用好这一机遇，充分发挥政策的叠加优势，加快推动"两区"建设，更好地服务于首都都市圈建设。进一步从强化人才建设、优化营商环境、协调发展体系、加强数字应用等方面入手，不断进行制度创新，加快实现产业升级，构建现代化首都都市圈。

（二）在产业方面

数字经济赋能首都都市圈产业协同发展，并对京津冀产业结构优化升级具有正面推力；应进一步提高北京算力水平，增强北京作为首都都市圈核心城市的经济辐射能力和带动力；以"动批"为代表的一般产业疏解为都市圈中心城市北京发展带来更新契机，也给圈层周边城市沧州等转入地带来新的发展机遇；随着京津冀协同发展的不断推进，医药制造业在首都都市圈空间布局优化成为热门话题；现阶段首都都市圈健康养老产业的协同发展还处于起步阶段，医疗卫生机构总数不断增加，但协同发展的体制机制应进一步完善和成熟。

第一，数字经济赋能首都都市圈产业协同发展。推动首都都市圈产业协同发展，数字经济不仅是不可或缺的新引擎、新纽带和新动能，也为首都都市圈的产业协同带来新机遇，北京市要充分利用数字经济优势，以数字科技创新为引领，构建突破数字经济核心技术的生态圈，带动数字经济业态创新联动、制度协同共享、要素畅达流动，进而促进产业协同发展、同步跃升。

第二，数字经济发展对京津冀产业结构的影响。与长三角相比，京津冀地区在数字专业人才、数字经济效益、数字基础设施、数字商务活动等方面均需要整体提升；从京津冀内部看，数字经济发展不均衡现象较为突出，北京在各方面的领先优势和带动效应有待进一步释放，通过数字专业人才、数字经济效益和数字商务活动等对京津冀整体产业结构优化升级的推动作用有待进一步发挥。建议做大数字经济增量，推动现代产业体系加快构建；推动数字经济协同发展，促进资源要素配置不断优化；提高数字经济活跃度，提升现代化产业体系活力；加大数字化人才培育力度，筑牢产业高质量发展根基。

第三，首都都市圈背景下推动京张算力合作的思路与前景。在数字产业一体化发展方面，北京利用建设全球数字经济标杆城市的优势，推动数据中心建设，加强京津冀算力合作，但也面临一些难题。应紧抓现代化首都都市圈建设契机，紧抓"牛鼻子"坚定不移疏解非首都功能，推动京张合作共建数据中心，破解北京建设数据中心的阶段性发展瓶颈；发挥北京都市圈核心城市的引领带动作用，带动京津冀数字产业发展，进一步提高京津冀协同发展水平，加快建设定位清晰、梯次布局、协调联动的现代化首都都市圈。

第四，首都都市圈背景下北京产业疏解与承接综合效应分析。首都都市圈协同发展的一个"牛鼻子"是北京的产业向河北的有序转移。以"动批"为代表的一般产业疏解为北京发展带来更新契机，也给圈层周边城市沧州等转入地带来新的发展机遇。以"动批"疏解项目为切入点，分析疏解行动对各利益相关方的影响，并构建疏解综合效应指标评价体系，分析疏解行动对疏解方与承接方的影响，为评估北京产业疏解政策效果、进一步优化疏解方案、促进首都都市圈内城市协同发展提供研究参考。

第五，基于产业小类和核密度估计的首都圈医药制造业分工。应当对医药制造业内部进行细分，根据产业小类精细化优化产业布局，在北京、天津重点发展生物医药等高度智力密集型业态，在河北进一步集聚化学药品原料药制造、化学药品制剂制造、中药饮片加工、中成药生产、兽用药品制造等业态。

第六，首都都市圈视域下健康养老产业发展重点研究。构筑首都都市圈健康产业和养老产业开放空间格局，重点发展健康制造产业，聚焦高端生物医药产业、特色化医疗器械产业，注重健康服务和医疗服务品质的提升。针对首都都市圈健康养老产业的发展，不断加强顶层设计，加快基础设施建设，注重专业人才培养，加大金融支持力度，协同治理生态环境，并重点打造健康养老服务平台，构建行之有效的协同发展长效机制。

（三）在社会方面

首都都市圈建设和京津冀协同发展不断取得新成效，但公共服务的优质均衡发展仍有较大提升空间。轨道圈是推进京津冀协同发展的关键，东京都市圈轨道交通建设经验值得借鉴。加快发展市郊铁路有利于打造"一小时通勤圈"，进一步优化城市空间布局。共同富裕是中国式现代化的重要特征，其他国家提高全民福利的经验可为实现共同富裕提供借鉴。制定具有首都特色的、可量化的老年友好型社区评价指标体系，对于推动全国示范性老年友好型社区创建工作具有支撑作用。城市的规划和建设中应贯彻"以时间为维度的城市生活圈"理念，提高城市居民的生活质量。

第一，首都都市圈背景下推动北京公共服务资源均衡发展。基础教育、医疗卫生和社会保障是公共服务中最受关注的三个方面。当前，北京市基础教育资源的地区差距相对较小，医疗卫生资源的地区差距较大，中心城区优质公共服务资源的优势仍然突出。为加快推进环京地区公共服务共建共享、助力建设现代化首都都市圈，需要进一步推进优质基础教育资源均衡发展，大力提升通州区和平原新城的医疗卫生资源配置和服务水平，因地制宜推动社会保障整体服务能力提升与跨区域均衡发展。

第二，东京都市圈轨道交通"公交化"运行经验对北京的启示。加快现代化首都都市圈建设，轨道圈是第一圈层建设。北京首都都市圈轨道交通建设面临交通供给与流动需求不匹配、轨道交通站点服务不够精细、站城融合受阻等问题。应借鉴东京都市圈轨道交通建设经验，加快制定北京首都都市圈交通发展规划，加强轨道交通的"公交化"布局，推动区域快线建设与车站改造，打造"轨道上的京津冀"，提升超大城市能级和辐射带动力，高水平建设现代化首都都市圈。

第三，市郊铁路引领首都"一小时通勤圈"建设。北京铁路枢纽经过多年的建设，基本形成了环线和深入中心城区的格局。但当前北京市郊铁路线路与城市融合不足，利用既有国铁富余能力开行的市郊列车的运营服务水平不高，尚未发挥对城市发展的引领带动作用。应加快构建"市郊通勤走廊+自立型城市圈"的空间布局，发挥市郊铁路交通支撑、功能引导的综合效应，打造"多核心、组团型"的环京通勤圈。

第四，提高全民福利的国际经验对北京的启示。共同富裕是全民共富、全面富裕和共建共富，是中国式现代化的重要特征。北京市实现共同富裕面临区域发展差距较大、公共服务供给不足、住房等生活成本较高等挑战。借鉴美、英、德、法、日等国家提高全民福利的相关经验，从构建现代产业体系、科技创新驱动、提高居民收入比重以及加强社会保障等方面发力，促进共同富裕目标的实现。

第五，北京市社区老年友好水平分析。开展北京市老年友好型社区评估研究对于贯彻实施积极应对人口老龄化国家战略、推进国际一流和谐宜居之都建设而言具有重要意义。建立北京市老年友好型社区评价指标体系，明确各维度需重点关注的指标清单，进而提出完善老年友好型社区评价标准的建议。一是采用电子化数据采集的方式，便于数据资料的收集、分析与对比。二是在深入分析示范性老年友好型社区创建数据的基础上，进一步完善评价指标，使研究成果转化为指导实践的政策举措。

第六，以时间为维度提高城市居民生活质量。当代城市发展不仅要保持宜居性，还要保持韧性。建议采用时间城市主义的方法，提高城市居民的生活质量。为了在城市的建设中贯彻"以时间为维度的城市生活圈"的理念，需要促进社会包容，提高社会凝聚力；完善城市基础设施，适应居民生活方式的变化；以数字革命为基础，应对城市环境污染和全球气候变化挑战。

（四）在文化与生态方面

京津冀地区农业文化遗产保护与可持续利用带动乡村特色产业发展，促进区域乡村全面振兴。除农业文化遗产外，工业文化遗产开发与利用同样是首都都市圈面临的重要课题。以京西地区为代表的传统工业区的转型发展成为促进大都市高质量发展的重要突破口。生态文明建设是实现京津冀协同发展、打造首都都市圈的重要基础。首都都市圈建设应在提升韧性、降碳、减污、扩绿等方面发力，打造生态文明示范区，实现首都都市圈可持续发展。结合北京交通现状，加快城市绿色出行系统的建设，促进社会、经济、交通和环境协调发展。

第一，农业文化遗产助力乡村振兴。全面推进乡村振兴成为国家战略，作为农业大国和农业文化遗产大国，我国开展全面、系统、科学的政策研究对支撑农业文化遗产保护与发展、助力乡村振兴而言都具有十分重要的意义。京津冀地区是重要农业文化遗产相对密集的地区，通过对国家层面和京津冀区域层面各类奖补措施进行分析发现，不同类型政策工具投入程度差异较大。为实现遗产地保护与可持续发展，应进一步完善政策措施，主要包括：适当增加直接奖补类措施，优化已有财税支持政策的实施细则；依托政策工具大力促进产业融合发展；依托京津冀协同发展区位优势，争取生态补偿和生态保护性项目资助等。

第二，工业文化遗产活化利用促进京西地区转型发展。21 世纪以来，京西地区整体上面临产业转型升级、功能空间重塑和生态环境治理等问题。京西地区抓住举办北京冬奥会的重大机遇，推进实施新首钢三年行动计划和京西行动计划，投资持续高速增长，消费增速也高于全市平均水平，地区经济增长活力显现。同时通过功能转型、园区建设、生态保障、区域协作，京西地区转型成效显著。为破解经济体量小、转型周期长、规划落地慢、区域协作难等问题，京西地区需要把握战略定位，持续提升国际文体交流功能、做实西部综合服务功能、强化场景创新功能，通过整合要素资源、加强产业联动、加快轨道交通建设，推动首都均衡发展的新格局形成。

第三，提升首都都市圈城市韧性。生态文明和韧性城市是首都都市圈高质量发展的两大驱动力。当前在经济韧性方面，区域内部经济发展水平差异较大；产业韧性方面，区域产业疏解承接的联动效应还未显现；社会韧性方面，跨界地区通勤效率亟待提升；政策韧性方面，区域协同治理机制需要进一步创新。为适应新时期首都都市圈高质量发展要求，应优化首都都市圈城镇空间格局，以中心—外围式圈层方式实现产业梯次分工，加快构建多层次多模式的轨道交通体系，构建联防联控联治的协同治理机制，为形成京津冀城市群安全发展新格局筑牢基础。

第四，推动京津冀降碳、减污、扩绿、增长协同发展。"双碳"目标是我国高质量发展的其中要义。京津冀是区域协同绿色高质量发展的关键示范区，要以协同推进降碳、减污、扩绿、增长为抓手，持续推进人与自然和谐共生的现代化建设。应当增强经济协同能力，以产业协同为抓手，加快产业生态化和高端化共生体系的建设，推进区域产业深度融合；以降碳为主线，带动减污、扩绿和增长；立足各地优势，以现代化都市圈为重心，建设京津冀世界级城市群；深化京津冀山水林田湖草沙的协同治理，共筑区域绿色生态空间屏障。

第五，"双碳"目标下加快推动北京生活垃圾低碳循环利用。持续做好减排工作、实现"双碳"目标是实现可持续发展、高质量发展的内在要求。北京要开阔视野，多方挖掘减排潜力，其中生活垃圾循环利用是碳减排的重要领域。把握好生活垃圾的产生、清运、回收和最终处理环节，提升生活垃圾的减量化、再回收、再利用水平。当前，北京生活垃圾低碳循环利用面临垃圾产生量大且增速迅猛、垃圾分类回收水平低、垃圾处理技术水平尚需提升等问题，应从减量化入手，持续推进生活垃圾分类工作，处理好运输管理工作，通过优化最终处理方式实现生活垃圾低碳循环利用。

第六，构建北京市绿色出行系统。在全球积极应对气候变暖的大背景下，作为城市温室气体主要排放来源的城市交通，其未来发展方向唯有绿色低碳交通。绿色出行系统的建设可以产生良好的生态、社会、经济效益。当前，北京绿色交通发展中存在机动车增速过快、基础设施建设滞后、新能源汽车产业面临挑战以及市民绿色出行意识淡薄等问题。结合北京交通发展现状，城市绿色出行系统应当涵盖"基础设施、运输装备、运营服务、组织管理"等内容，统筹规划城市土地混合利用、交通系统结构、智能交通体系、交通需求管理、交通行为对策体系以及交通保障体系等。持续实现城市交通出行的"安全、畅通、高效、舒适、环保、节能"，促进北京社会、经济、交通和环境的协调发展。

目　录

社会篇

文化与生态篇

战略篇

现代化都市圈建设的意义、进展及推进方向

——兼论首都现代化都市圈的建设策略

柴浩放*

摘　要：都市圈概念经过长期的理论辨析和沉淀，紧密结合中国实践，已成为我国新型城镇化战略的重要组成部分，是促进我国区域协调可持续发展和实现高质量发展的重要理论范式和实践范式。都市圈建设是大中小城市协调发展中的关键一环，在新型城镇化战略中起着承上启下的作用。实践中都市圈建设呈现加速态势。现代化都市圈建设是京津冀协同发展的应有之义，应结合非首都功能疏解、加强"四个中心"建设和提升首都城市能级，加快现代化都市圈的规划编制工作。现代化都市圈建设需要坚持实事求是的原则，科学划定都市圈范围，加强基础设施互联互通，促进公共服务均等化，以人为本促进区域协调可持续发展。

关键词：都市圈　首都　现代化都市圈

党的二十大报告指出，以城市群、都市圈为依托构建大中小城市协

---

* 柴浩放，博士，北京市社会科学院城市问题研究所副研究员。

调发展格局，推进以县城为重要载体的城镇化建设。都市圈的作用无论在发展战略上还是在实践中均日益凸显。事实上，早在 2018 年 9 月，习近平总书记主持召开深入推进东北振兴座谈会时就强调，要培育发展现代化都市圈，加强重点区域和重点领域合作，形成东北地区协同开放合力。中国语境下的都市圈无论从概念上还是从实践上均已与中国经验、中国道路、中国发展紧密结合，成为我国新型城镇化战略的重要组成部分，是促进区域协调可持续发展和实现高质量发展的重要理论范式和实践范式。

一 都市圈的概念及其在中国的本土化演变

最早明确提出和使用"都市圈"概念的国家是日本。1954 年，日本借鉴欧美相关经验提出了标准城市地区的概念，并于 1975 年由日本官方明确了都市圈概念及其划定标准。都市圈这一概念被引入中国后，经过长期的理论探讨，产生了一个庞杂的相关概念簇，如城市群、城市圈、都市带、大都市区、大都市圈、大都市连绵区、大都市连绵带等。这一系列概念相互交织和重叠，存在一定程度的混用现象，在经过一段时间的讨论和沉淀之后，特别是都市圈上升为国家发展战略的一部分之后，才逐渐清晰。学术界关于都市圈等的讨论，是基于理论自觉，根植于中国的特殊国情、独一无二的发展脉络和卓越的发展绩效，是探索区域发展的中国理论的生动范例。学者们围绕都市圈（城市群）的内涵外延、动力体系、影响因素、顶层设计、推进策略等进行了大量的讨论，最终聚焦和落脚于"有效市场+有为政府"、区域高质量均衡可持续发展、以人民为中心的发展等关键点。

都市圈作为一个被引入的学术概念，众多学者都尝试在保留其核心意涵的基础上，结合具体实际，作出中国语境下的新定义。方创琳等[①]、

---

① 方创琳等：《中国城市群形成发育规律的理论认知与地理学贡献》，《地理学报》2018 年第 4 期。

傅娟等[1]认为都市圈是城市群的核心区，是一个浓缩的城市群。都市圈一词也在政府的相关规划中频繁出现。与学术界研究都市圈侧重于现状刻画不同，实践界研究都市圈侧重于规划愿景的描述，且更加关注经济社会发展等指标测度。

从实践看，早在 1986 年国家计划委员会（国家发展和改革委的前身之一）的一份研究报告中就建议南京组织开展跨省经济圈试点工作。作为后续和回应，国务院批复的《南京市城市总体规划（1991—2010）》中第一次在官方文本中提出了"南京都市圈"概念。随后，中共中央、国务院 2014 年发布的《国家新型城镇化规划（2014—2020年）》中提出都市圈概念。2019 年 2 月，国家发改委印发《关于培育发展现代化都市圈的指导意见》，对都市圈进行了界定，提出了具有可操作性的指导意见。中国各大城市的都市圈建设进入加速培育、构建、完善阶段。作为都市圈培育和发展的核心要件之一，全国主要城市均积极开展都市圈规划编制工作。

二　都市圈建设的宏观意义和首都意涵

都市圈建设是中国新一轮城镇化的重点方向，肩负着重要的使命。建设现代化都市圈成为推进高质量城镇化的关键一环，对形成"城市群—都市圈—中心城市—大中小城市协同发展—特色小镇—乡村振兴"的总体战略格局具有承上启下的重要意义。[2] 无论是区域层面的促进区域协调发展、城市群层面的深化和细化城市群建设，还是城乡关系层面的促进城乡统筹发展和共同富裕，都市圈建设都肩负着重要的使命，是

---

① 傅娟等：《中国五大都市圈同城化的发展审视及对策研究》，《区域经济评论》2020 年第 6 期。

② 曾刚、曹贤忠、朱贻文：《长江经济带城市协同发展格局与前景》，《长江流域资源与环境》2022 年第 8 期。

重要的抓手。都市圈建设还可以被视为建设全国统一大市场的切入口。2022年4月11日发布的《中共中央 国务院关于加快建设全国统一大市场的意见》要求加快建立全国统一的市场制度规则，打破地方保护和市场分割，打通制约经济循环的关键堵点，促进商品要素资源在更大范围内畅通流动。都市圈建设的重要内容便是建设统一大市场，为畅通国民经济大循环提供坚实的微观基础。

在北京层面，现代化首都都市圈建设是首都高质量发展的现实需求，既是首都高质量发展的客观要求，也是重要手段。首都高质量发展，既要明确"都"与"城"的辩证关系，也要跳出北京看北京，在更大的空间尺度中回看和谋划北京。现代化首都都市圈建设是北京治理"大城市病"的有效途径。超大城市的治理和发展，面临着"大城市病"的客观挑战，通过都市圈的建设，以市场和个体的理性选择为本底化力量，政府以改善基础设施、公共服务、营商环境为引导性力量，可以在更大尺度上优化城市空间结构，进而优化功能、提升能级。现代化首都都市圈的发展，是京津冀协同发展的助推器。按照魏后凯等的定义，首都经济圈应该属于引领型都市圈，其内部联系紧密、分工明确、要素流动均衡，是引领中国经济社会发展的核心区域，也是重要的创新区域，代表了中国都市圈的全球竞争力和影响力。[①] 在高水平构建现代化首都都市圈上，北京应有更强的大局意识、担当意识、发展意识、联动意识，京津冀协同发展，形成联动，服务国家战略全局。

三 国内都市圈建设的情况及进展

都市圈的形成，是大城市和超大城市发展到一定阶段，在交通、产

---

① 魏后凯等：《"十四五"时期中国城镇化战略与政策》，《中共中央党校（国家行政学院）学报》2020年第4期。

业、创新及其他生产要素不断迭代进展的经济技术条件下，空间再组织的自然历史过程，具有普遍性。在区域层面，都市圈是地区发展的核心和动力源，而在国际层面，都市圈已经成为国家或地区参与国际竞争的基本地理单元。

根据已公布的各地"十四五"规划，全国 23 个省区市提出了都市圈建设相关内容。目前 7 个都市圈发展规划获得国家批复。2021年，《南京都市圈发展规划》成为国家批复的第一个都市圈发展规划。之后福州都市圈、成都都市圈、长株潭都市圈、西安都市圈和重庆都市圈规划获批。《武汉都市圈发展规划》在经过一系列调整后，于 2022 年 12 月获国家发改委正式批复，成为第 7 个获批的国家级都市圈发展规划。此外，广佛都市圈、杭州都市圈、济南都市圈、合肥都市圈等也都在积极筹划中。2023 年山东省政府工作报告明确提出，加快省会、胶东、鲁南三大经济圈协同发展，争取济南、青岛都市圈发展规划获批。作为国内综合实力最强的京津冀、长三角、大湾区的核心城市，北、上、广、深等一线城市的都市圈规划均还未获批。这一方面说明官方的审慎态度，另一方面说明其重要性需要用更严格的眼光来审视和规划。

国家发改委发布的《2022 年新型城镇化和城乡融合发展重点任务》（发改规划〔2022〕371 号）提出，培育发展现代化都市圈，健全省级统筹、中心城市牵头、周边城市协同的都市圈同城化推进机制。2022年 9 月，上海、江苏、浙江三地政府联合发布了《上海大都市圈空间协同规划》，国内唯一以"大"命名的上海大都市圈面世，其范围囊括上海及周边 8 个地级城市，总面积 5.6 万平方公里，整体经济体量与国际顶尖的纽约都市圈和东京都市圈相当。上海大都市圈在新时代实现中国式现代化的征程中，担负着重要的使命，加快建成卓越的全球城市区域。与传统规划类型有所区别，《上海大都市圈空间协同规划》不是法定规划，而更像是一个跨区域的政府间共识性文件。北京、上海等中心城市在发展现代化都市圈方面责无旁贷，加快现代化都市圈规划的编制步伐是应有之义。

四 都市圈建设（规划）中应关注的关键问题

（一）科学划定都市圈范围

国外对都市圈范围的研究是基于对现状的考察而得出的"实然"，而国内对都市圈范围的划定，更多的是基于规划因素，为促进都市圈发展的"应然"。正因如此，在确定都市圈范围时，更要坚持实事求是的原则，尊重城市圈的基本发展规律。将"一小时通勤圈"作为基本依据，根据产业发展规律、人口流动规律、空间演化规律形成具有一定可操作性的标准，同时兼顾不同类型都市圈的特殊空间、历史等因素，妥善地予以安排。在形态上都市圈具有明显的圈层结构特征，我国学者在描述和界定都市圈时，多采用圈层结构。比如，路青等认为按城市区域活动强度，可将都市圈分为核心圈、外围圈和机会圈。[①]而按照活动的主体和类型划分，尤其是在现实规划操作中，又有通勤圈、功能圈、产业圈之分。同时都市圈受地理空间等其他非均质化因素的影响，在圈层结构上会附加显著的廊道特征，从而呈现出"圈层+廊道"的形态。

按照国家发改委的定义，在存在紧密经济联系的情况下，"一小时通勤圈"是构成都市圈的核心要件。以中心城市的核心边缘为起点，"一小时通勤圈"基本上会以向外扩展50公里为限。由此可以计算出，有效而紧密型的都市圈半径约为70公里，覆盖面积约1.5万平方公里。一线型城市的中心城区面积更大，以核心区为半径30公里计算，其都

[①] 路青、蔡震、吴昊天、顾渐萍：《中国都市圈全景扫描及其发展规律研判》，《规划师》2021年第10期。

市圈有效总半径以 80 公里为限，覆盖面积约 2 万平方公里。如果通勤以时速 100 公里的市域铁路来测算，都市圈面积也不超 3 万平方公里。从实践来看，已获国家发改委批复的 7 个都市圈规划的面积均大体遵循这一原则。重庆都市圈和武汉都市圈面积均达到或超过 3 万平方公里，南京、成都、西安、福州都市圈面积达 2 万平方公里以上，面积最小的长株潭都市圈也有 1.89 万平方公里。

首都都市圈的构建面临一些特殊情况。首先，北京作为直辖市的行政区划面积要大于其他中心城市。北京辖区面积 1.6 万平方公里，相当于 2.5 个上海、8.4 个深圳或者 10 个伦敦、21 个纽约。承担首都核心功能的城六区（东城区、西城区、朝阳区、海淀区、石景山区、丰台区）总面积 1362 平方公里，相当于整个北京总面积的 8%，承载了北京60% 的人口和 70% 的产业。北京自身过"厚"，造成"一小时通勤圈"基本落在北京市域范围内。同时，环京一线缺乏像环沪那样高能级节点城市阵列，既有的环京城市体量小，自我造血能力不足，在接受北京辐射的同时，各类资源又处于被北京高度虹吸的状态。为此，要科学划定未来现代化首都都市圈的通勤圈、功能圈、产业圈，实现三圈联动，既发挥首都的核心引领作用，又促进首都圈融合发展。

（二）统筹首都圈建设与京津冀协同发展、非首都功能疏解之间的关系

现代化首都都市圈的建设具有良好的基础条件。现代化首都都市圈建设既是一项相对独立的工作，也是京津冀协同发展、非首都功能疏解等国家战略的推进举措。非首都功能疏解，应注意不要为了疏解而疏解，疏解是手段而非目的。不能因盲目的疏解而造成城市功能受损、城市能级劣化、辐射带动作用下降。在非首都功能疏解的大背景下，现代化首都都市圈的构建并不是不讲集聚，而是要更加关注集聚，引导要素向副中心、雄安新区以及首都平原新城和周边重要节点

城市（镇）集聚。积极推进现代化首都都市圈的规划工作。规划的编制极其重要，是确保现代化首都都市圈沿着高质量发展路径深化的体制保障，但更应该看到，规划的编制和获得国家层面的批准并不是最终目的和终极目标，在规划出台前，要整理、完善既有非首都功能疏解及京津冀协同发展的政策包，查漏补缺，强链条、育集群、建体系，全面铺开相关领域的工作，促进现代化首都都市圈各方面发展条件日臻成熟。

（三）妥善处理都市圈发展中的府际问题

囿于我国的行政区划和财政体制，跨行政区的经济合作，历来是区域协调发展中的重点和难点，往往雷声大雨点小，联席会议和共识性声明多但实际落地少。基础设施、环保生态等领域发展较快，但产业一体化、创新协同发展、公共服务均等化等领域办法不多、效果不彰，不仅滞后于区域协调发展整体进程，影响整体协同效应的发挥，更影响了全国统一大市场的建设。

现代化首都都市圈建设必定会牵涉跨行政区问题，为此，国内已有的实践可以提供基础设施等多方面的经验。跨省域的都市圈规划，目前出台并获得国家批复的有《南京都市圈发展规划》和《重庆都市圈发展规划》。前者覆盖了安徽省马鞍山市、芜湖市、滁州市、宣城市部分区域，由江苏省人民政府和安徽省人民政府联合发布，后者则将四川省广安市纳入其中，是在遵循《成渝地区双城经济圈建设规划纲要》的基础上编制的跨越省级行政区的都市圈规划。即便是没有跨省域的都市圈建设，也面临行政区划的影响。为此，一些地区试图通过更高层级的行政推力来促进跨行政区融合发展。针对成都都市圈建设，四川省成立了推进成德眉资同城化发展领导小组。陕西省建立"省推进西安—咸阳一体化发展暨西安都市圈建设领导小组"，设立工作专班，强化省级统筹。大上海都市圈的发展，有丰富的府际合作经验，但更多的是由市场自发力量推动。现代化首都都市圈的建设，在充分利用行政手段的同时，要更多地激活市场力量。

（四）突出交通的人本特征，打造"轨道上的都市圈"

同城化程度是都市圈生命力旺盛与否的关键，这从本质上体现出都市圈内部要素资源流动的效率和活力。便捷高效的交通系统，尤其是轨道交通系统，是打破中心城市与周边区域物理空间区隔的最有效的手段，是推进同城化的利器。

有学者认为交通和行政区划成为城市功能延伸和都市圈发展的最大障碍。核心城区与外围地区之间的交通连接重要性远大于城区内部，提高核心城区与外围地区之间的轨道交通可达性是促进都市圈形成的首要任务。[①] 有学者提出，同城化交通是一种理想化的通勤模式，书面上的同城效应只是计算了两座城市之间的最短通行时间，通常是两座城市火车站间的最短通行时间，城际通勤优势被严重夸大，职住在不同城市，实际上颇费周折。[②] 从改善同城化感受的角度考虑，这对都市圈外围圈层的交通接驳和微循环提出了更高的要求。因此，都市圈的交通网络建设要突出人本特征，既要从大处着眼，推动中心城市与周边节点的"硬联通"，更要从小处着手，促进各类交通方式之间的有效衔接，尤其是不同轨道交通制式的有机融合。

都市圈交通体系的构建，要从补足总量、优化结构、互联互通等方面着力。国务院办公厅于 2020 年转发了国家发展改革委等的《关于推动都市圈市域（郊）铁路加快发展的意见》，为都市圈市域（郊）铁路发展按下了快捷键，提出重点支持京津冀、粤港澳大湾区、长三角、成渝、长江中游等财力有支撑、客流有基础、发展有需求的地区规划建设

---

① 姚永玲等：《都市圈多维界定及其空间匹配关系研究——以京津冀地区为例》，《城市发展研究》2020 年第 7 期。
② 陈友华等：《隔离的城市际性与都市圈一体化》，《探索与争鸣》2020 年第 5 期。

都市圈市域（郊）铁路。从结构上看，东京都市圈城际铁路和市域铁路总长度达 3000 公里，而地铁仅 368 公里，而相应的以国内的粤港澳大湾区为例，该区域拥有 978 公里的地铁，而城际铁路和市郊铁路长度仅 400 余公里。① 根据东京的经验，不同轨道系统的互联互通，是确保都市圈跨城通勤的关键。东京的多种轨道交通制式，无论是地铁、高铁还是城际列车，均可一卡通行，且不同制式的车可出现在同一车站的站台上，乘客无须特意区分其类别。而对于国内传统铁路的商务交通，乘客需要容忍相对烦琐的流程，通勤的特点是分秒必争，国内传统铁路运营模式难以实现通勤化。考虑到现代化首都都市圈的空间规模，以轨道为主要支撑的立体交通网络是必要的硬件支撑。2022 年 12 月，北京市政府联合国铁集团发布了《北京市域（郊）铁路功能布局规划（2020年—2035 年）》，提出至 2035 年，北京市域（郊）规划线路共计 12条，总计约 874 公里。力争构建围绕中心城区 30 公里圈层的 45 分钟通勤圈，以及围绕中心城区、城市副中心 70 公里圈层的 1 小时交通圈。这将极大地促进现代化首都都市圈的发展。但应注意摒弃部门本位主义，坚持以人为本，在不同制式轨道交通的多网融合上狠下功夫，切实为通勤服务，提高通勤体验。

参考文献

方创琳等：《中国城市群形成发育规律的理论认知与地理学贡献》，《地理学报》2018 年第 4 期。

傅娟等：《中国五大都市圈同城化的发展审视及对策研究》，《区域经济评论》2020 年第 6 期。

魏后凯等：《"十四五"时期中国城镇化战略与政策》，《中共中央党校（国家行政

---

① 邵源、黄启翔、易陈钰、罗韧：《粤港澳大湾区综合立体交通网战略构思》，《城市交通》2022 年第 2 期。

学院）学报》2020 年第 4 期。

路青、蔡震、吴昊天、顾淅萍：《中国都市圈全景扫描及其发展规律研判》，《规划师》2021 年第 10 期。

姚永玲等：《都市圈多维界定及其空间匹配关系研究——以京津冀地区为例》，《城市发展研究》2020 年第 7 期。

陈友华等：《隔离的城市际性与都市圈一体化》，《探索与争鸣》2020 年第 5 期。

邵源、黄启翔、易陈钰、罗韧：《粤港澳大湾区综合立体交通网战略构思》，《城市交通》2022 年第 2 期。

构建现代化首都都市圈内
自由贸易试验区联动发展研究

叶堂林　吴明桓*

摘　要： 加快现代化首都都市圈内的自由贸易试验区联动发展，有利于在更大范围内实现统筹发展和制度创新，也能够加速不同自贸试验区之间的经验交流和成果运用，打造联动改革、联动开放、联动创新的发展高地。从理论分析、现状描述、问题剖析三个方面层层展开，重点回答"为何开展北京、天津、河北自贸试验区联动发展"，重点分析京津冀三地自贸试验区发展情况，探究哪些因素阻碍三地自贸试验区联动发展，有针对性地提出推动三地自贸试验区联动发展的对策建议。

关键词： 首都都市圈　自由贸易试验区　京津冀区域

一　研究背景

都市圈是介于"城市"和"城市群"之间的区域概念，是城镇

---

* 叶堂林，首都经济贸易大学特大城市经济社会发展研究院执行副院长，特大城市经济社会发展研究省部协同创新中心执行副主任，教授，博士生导师；吴明桓，首都经济贸易大学。

化进程中产业发展及空间重构的关键载体，是城市群内部以超大特大城市或辐射带动功能强的大城市为中心、以"一小时通勤圈"为基本范围的城镇化空间形态。①② 国家京津冀协同发展规划纲要和"十四五"实施方案提出，要加快推进定位清晰、协调联动的现代化首都都市圈建设，打造经济文化发达、社会和谐稳定的世界级城市群。2019 年 2 月，国家发展改革委印发《关于培育发展现代化都市圈的指导意见》，反映出国家层面高度重视现代化首都都市圈的培育建设。

现代化首都都市圈是综合考虑时间成本、经济成本等因素的区域协同发展核心空间载体，是区域内产品市场和要素市场高频流动且深度叠加的空间枢纽。③④ 目前，京津冀三地自贸试验区的联动发展尚处于起步阶段。在顶层设计上国家发改委、商务部出台《外商投资准入特别管理措施（负面清单）（2021 年版）》《自贸试验区外商投资准入特别管理措施（负面清单）（2021 年版）》，三地签署《京津冀自贸试验区三方战略合作框架协议》，在合作形式上依托京津冀自贸试验区联席会议进行前期协调，各方都在积极推动绘制京津冀自贸试验区发展蓝图。相较于国内其他自贸试验区，京津冀三地自贸试验区联动发展具备后发优势，能够在数字经济等新的贸易领域探索形成符合现代化首都都市圈自贸试验区特点的新优势，进而推动京津冀向以首都为核心的世界级城市群迈进。应当着力推动现代化首都都市圈内自由贸易试验区联动发展，以制度创新为核心，一地创新、三地互认，打造协同创新高地和开放先行区。

---

① 张伟：《都市圈的概念、特征及其规划探讨》，《城市规划》2003 年第 6 期。
② 张京祥、邹军、吴启焰、陈小卉：《论都市圈地域空间的组织》，《城市规划》2001 年第 5 期。
③ 谭成文、李国平、杨开忠：《中国首都圈发展的三大战略》，《地理科学》2001 年第 1 期。
④ 宋迎昌：《北京都市圈治理的实践探索及应对策略》，《城市与环境研究》2023 年第 1 期。

二 理论分析

（一）自贸试验区联动发展的内涵

自贸试验区联动发展是一个新的概念，涉及面较广，目前学术界尚未形成统一的认识。从区域经济发展战略的视角来看，通过自贸试验区联动发展，协调资源配置、要素与产业的流动，发挥各自贸试验区的比较优势，使其协同运转，从而产生催化区域经济和自贸试验区发展的协同效应。自贸试验区联动发展的关键在于确保流通层、融合层、环境层的跨区域有效耦合（见图1）。

（二）自贸试验区联动发展的目的

自贸试验区联动发展的主要目标有以下几个方面。

一是打造成为具有国内一流营商环境和重要国际影响力的贸易合作示范区。在自贸试验区联动发展的背景下，对标高水平贸易投资规则，通过构建与高标准全球经贸规则相衔接的国内规则和制度体系，开展营商环境绩效考核，降低自贸试验区之间制度性交易成本。这既是进一步以开放促改革的需要，也是促使自贸试验区全面融入全球化、参与国际竞争的需要。

二是形成京津冀自贸试验区走廊，依托核心片区辐射带动周边片区高质量发展。自贸试验区是各地在新一轮改革开放过程中开放程度最高、贸易投资自由化便利化水平最高、市场营商环境最好的发展平台。自贸试验区联动发展能够进一步发挥其带动和辐射作用，有效衔接起内部价值链和区外价值链，形成"1+1>2"效应。

三是以自贸试验区的制度探索优势，为现代化首都都市圈各领域协同乃至京津冀协同的难点领域摸索可推广、可复制的成熟经验。我国自

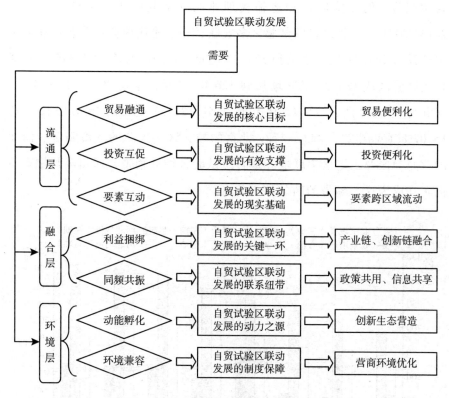

图 1 自贸试验区跨区域联动的关键领域

贸试验区不断扩容,通过在更大范围和更多领域实行差别化探索,开展互补和对比试验,激发高质量发展的内生动力,打造全面开放新格局。自贸试验区联动发展既要综合发展优势、形成特色,更要强化政策之间的系统集成和政策合力,突出区域综合优势,扩大整体效应。

三 首都都市圈内自贸区联动发展现状

(一)贸易便利化发展现状

多式联运规模扩张支撑贸易便利化发展。天津自贸试验区和河北自贸试验区的多式联运和运输代理业在营企业注册资本增速显著。①
2014~2021 年，北京自贸试验区多式联运和运输代理业在营企业注册资
本规模从 142.21 亿元增长到 179.22 亿元，年均增长率为 3.34%；天津
自贸试验区从 185.20 亿元增加到 326.02 亿元，年均增长率达 8.41%；
河北自贸试验区从 45.42 亿元增加到 121.33 亿元，年均增长率达
15.07%（见图 2）。综合来看，北京的顺义区、天津的滨海新区、河北
的曹妃甸区及正定区串联成三地自贸试验区物流轴带，通州区与雄安新
区正在成为这一轴带的新的核心节点。

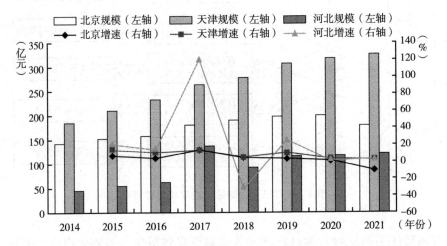

图 2　2014~2021 年多式联运和运输代理业在营企业注册资本规模变化情况

数据来源：龙信企业大数据平台。

（二）资本自由流动发展现状

探索建立现代化首都都市圈内三地自贸试验区联合授信机制。一

---

① 受客观因素影响，有关自贸试验区层面的数据无法获取，考虑到自贸试验区是区域内高
端服务业和高技术产业的重要集聚地，同时自贸试验区发展对其所在区或市具有一定的
辐射带动作用，因此本文将数据获取的空间范围延伸到其所在区或市级层面，以此来反
映自贸试验区发展现状。

是积极推动建立三地自贸试验区金融管理部门与产业部门工作协同机制，合力推进三地产业链重点企业融资对接，研究支持政策。2020年9月以来，工行、中行、邮储等多家重点银行新增典型京津冀联合授信项目10余个，联合授信额度超210亿元，累计放款超18亿元。同时，聚焦汽车制造、生物医药、节能环保等重点领域，组织市属或央企集团财务公司从集团所属生产型企业及上下游企业入手，梳理出第一批816家京津冀区域重点产业链企业，且全部纳入三地银企对接系统。二是以"长安链"作为底层技术平台，通过"数据可用不可见"的方式，于2021年初启动建设"京津冀征信链"，安全高效实现跨机构、跨行业、跨地域信息互联互通以及多方数据融合应用，建成全国首个基于互联网的涉企信用信息征信链。除征信机构外，金融机构、数据源机构、科技公司都有融入"京津冀征信链"的意愿。

（三）要素跨区域流动发展现状

1.积极落实人才自由流动的保障措施

人才是实现现代化首都都市圈更快发展的关键所在。《京津冀自贸试验区三方战略合作框架协议》要求三地自贸试验区要积极开展人才跨区域自由流动工作。京津冀协同发展战略实施以来，京津冀三地劳动力资源不断增加，人才流动便捷，2021年京津冀地区新增就业人数超156万人。2016年10月，京津冀三地签订《关于京津冀专业技术人员职称资格互认协议》，建立了京津冀人才职称互认机制。2017年7月，京津冀三地共同发布的《京津冀人才一体化发展规划（2017—2030年）》成为全国首个跨区域的人才规划。在此基础上，三地自贸试验区将进一步加强人才服务保障。

2.有序推动数据安全流动

天津自贸试验区"扩容"联动建设京津冀—东盟贸易服务平台，

推动数据资源开发利用，为现代化首都都市圈内自贸试验区联动发展提供贸易规则解读、通关、合作伙伴对接等专业服务。2021 年，京津冀首个大数据交易中心获得批复，探索多种形式的数据交易模式，形成立足天津、面向京津冀的数据要素交易流通市场。

3. 天津自贸试验区金融行业强劲发展势头凸显

三地自贸试验区范围内金融业稳健发展，天津正在成为现代化首都都市圈内金融资本流动的关键一极。2014~2021 年，北京自贸试验区金融业在营企业注册资本规模从 8684.10 亿元增长到 14826.52 亿元，年均增长率为 7.84%；天津自贸试验区从 8183.53 亿元增加到 20701.46 亿元，年均增长率达 14.18%；河北自贸试验区从 4851.35 亿元增加到 7112.82 亿元，年均增长率达 5.62%（见图 3）。

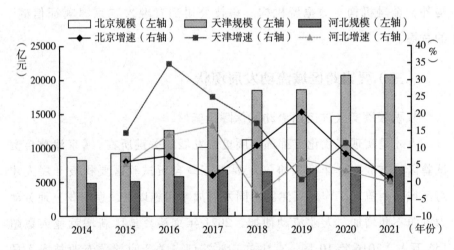

图 3　2014~2021 年金融业在营企业注册资本规模变化情况

数据来源：龙信企业大数据平台。

（四）产业协同共建发展现状

1. 正着力加强在技术市场融通方面的合作

积极落实《高新技术企业认定管理办法》，简化搬迁企业的原有资质、认证审核程序，对有效期内整体迁移的高新技术企业保留其高新技术企业资格。2021 年，北京市流向津冀技术合同 5434 项，成交额 350.4 亿元，主要集中在城市建设与社会发展、现代交通、环境保护与资源综合利用和电子信息领域。其中，流向河北省 3554 项，成交额 240.2 亿元；流向天津市 1880 项，成交额 110.2 亿元。2021年至今，津冀有 1 家高新技术企业迁往北京地区，北京有 8 家高新技术企业迁往津冀地区，已完成迁出手续，高新技术企业资格继续生效。

2. 探索建立多元化产业对接合作模式

现代化首都都市圈内三地自贸试验区正在打造京津冀产业合作新平台，创新跨区域产业合作，探索形成总部—生产基地、园区共建、整体搬迁等多元化产业对接合作模式。《京津冀自贸试验区三方战略合作框架协议》明确提出构建"信息共享、创新共推、模式共建"的自贸试验区制度创新合作对接机制。京津冀自贸试验区联席会议机制的落地实施将进一步突破体制机制阻碍，围绕科技创新实施"扩链、增链、补链"工程，为实现产业链、创新链的深度融合发展奠定了坚实的平台基础和完善的制度框架。

3. 产业协同共建发展初显成效

一是组成了由北京的朝阳区、天津的滨海新区及河北的雄安片区串联的京津冀自贸试验区的信息服务业轴带。2014~2021 年，北京自贸试验区信息服务业在营企业注册资本规模从 5786.94 亿元增长至 14027.47亿元，年均增长率为 13.48%；河北自贸试验区从 465.69 亿元增长至2761.27 亿元，年均增长率高达 28.95%；天津自贸试验区从 287.37 亿元增长至 919.49 亿元，年均增长率为 18.08%。北京自贸试验区的朝阳区和河北自贸试验区的雄安片区的信息服务业具有明显的规模优势，是信息服务业联动轴带的核心节点（见图 4）。

二是组成了由北京的朝阳区、天津的滨海新区及河北的正定片区串

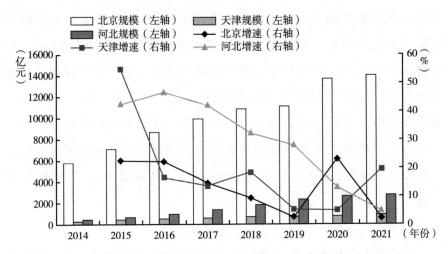

图4 2014~2021年信息服务业在营企业注册资本规模变化情况

数据来源：龙信企业大数据平台。

联的京津冀自贸试验区的电子商务服务业轴带。2014~2021年，北京自
贸试验区电子商务服务业在营企业注册资本规模从192.95亿元增长至
426.48亿元，年均增长率为12.00%；河北自贸试验区从20.27亿元增
长至130.32亿元，年均增长率高达30.45%；天津自贸试验区从15.11
亿元增长至126.58亿元，年均增长率为35.48%。北京自贸试验区的朝
阳区和河北自贸试验区的正定片区的电子商务服务业具有显著的规模优
势，是电子商务服务业联动轴带的核心节点（见图5）。

三是组成了由北京的大兴区、天津的滨海新区及河北的正定片区串
联的京津冀自贸试验区的医药制造业轴带。2014~2021年，北京自贸试
验区医药制造业在营企业注册资本规模从354.57亿元增长至384.82亿
元，年均增长率为1.18%；天津自贸试验区从118.48亿元增长至
124.16亿元，年均增长率仅为0.67%；河北自贸试验区从246.15亿元
增长至385.24亿元，年均增长率为6.61%。北京自贸试验区的大兴区
和河北自贸试验区的正定片区医药制造业具有显著的规模优势，是医药
制造业联动轴带的核心节点（见图6）。

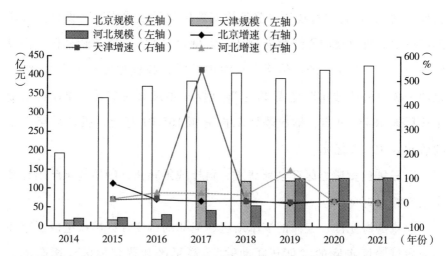

图5 2014~2021年电子商务服务业在营企业注册资本规模变化情况

数据来源：龙信企业大数据平台。

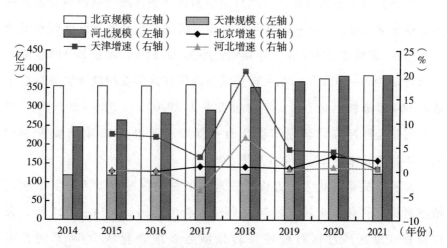

图6 2014~2021年医药制造业在营企业注册资本规模变化情况

数据来源：龙信企业大数据平台。

（五）创新生态营造发展现状

1. 深化重点园区建设，推动科技园区合作发展

三地强化园区顶层设计，共同编制完成《雄安新区中关村科技园

发展规划》，开展"科技资源服务雄安新区建设模式研究"项目。天津滨海—中关村科技园围绕智能科技、生命大健康、新能源新材料、科技服务业打造"3+1"产业体系。京津中关村科技城建成首个人才社区，京津中关村科技城建设完成28个项目投资协议书的签署，预计可出让工业用地1848.69亩，形成落地总投资额165.01亿元，投产后年产生税收收入10.22亿元。

2.三地自贸试验区在创新研发、科技成果转化、创新成果产出环节发展态势良好

北京的海淀区、天津的滨海新区、河北的雄安片区串联组成了京津冀自贸试验区走廊的"创新联动轴"，昌平区和曹妃甸区正逐渐成为"创新联动轴"的新的节点。

在创新研发主体方面，三地自贸试验区所在区或市创新研发设计主体数量显著增加。2014~2021年，天津自贸试验区研发与设计服务新增企业由42家增加至177家，年均增长率为22.81%，增量部分明显呈上升趋势。2020~2021年，北京自贸试验区所在区研发与设计服务新增企业由664家增加至857家，年均增长率为29.07%。2019~2021年，河北自贸试验区所在市研发与设计服务新增企业由2360家增加至3417家，年均增长率为20.33%（见图7）。

在科技成果转化主体方面，三地自贸试验区的设立为自贸试验区所在区或市科技成果转化机构发展注入新的活力。2014~2021年，天津自贸试验区所在区科技成果转化服务新增企业从1604家增长至4466家，年均增长率为15.75%；河北自贸试验区从2317家增长至24895家，年均增长率为40.38%；北京自贸试验区成立之前，科技成果转化发展动力明显不足，在自贸试验区成立之后，2020~2021年科技成果转化服务企业增加迅速，2021年增加至50757家，呈现良好发展趋势（见图8）。

在创新成果产出方面，三地自贸试验区所在区或市研发与设计服务

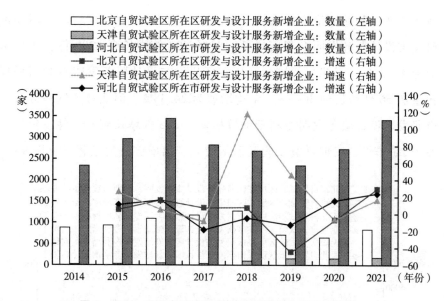

图7　2014～2021年研发与设计服务新增企业变化情况

数据来源：龙信企业大数据平台。

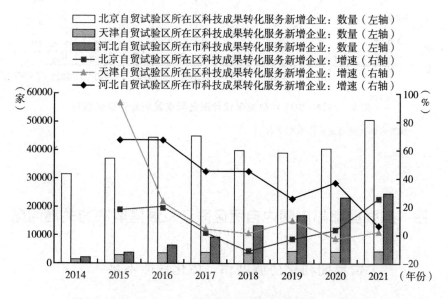

图8　2014～2021年科技成果转化服务新增企业变化情况

数据来源：龙信企业大数据平台。

新增发明专利整体呈增加趋势。2014~2021 年，北京自贸试验区所在区研发与设计服务发明专利新增授权量从 507 件增长到 6299 件，年均增速为 43.33%；天津自贸试验区所在区研发与设计服务发明专利新增授权量从 66 件增长到 304 件，年均增速为 24.38%；河北自贸试验区所在市研发与设计服务发明专利新增授权量从 215 件增长到 912 件，年均增速为 22.93%，三地自贸试验区创新成果产出增势较为显著（见图 9）。

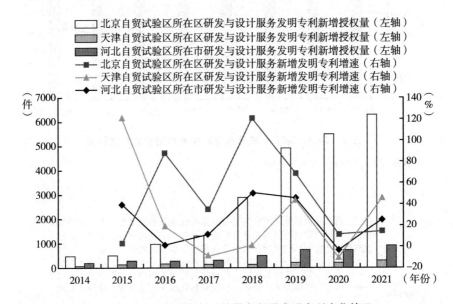

图 9　2014~2021 年研发与设计服务新增发明专利变化情况

数据来源：龙信企业大数据平台。

四　加强首都都市圈内自贸区联动发展需解决的关键问题

（一）贸易便利化协调度和一体化效能不足

一是三地自贸试验区在对外物流联系大通道建设方面相对薄弱。从陆运通道建设来看，京津冀常态化开行的中欧班列较少，并且作为京津冀中欧班列集结中心的石家庄国际陆港尚处于建设阶段。从空运通道建设来看，北京运力负担过重、河北机场与首都机场之间的联系强度相对不足，尤其是邯郸、唐山、秦皇岛等支线机场发力不足。从海运通道建设来看，天津港在区域内的虹吸效应显著，京津冀三地共同开辟国际航运线路节奏不一。二是口岸联动方面利益协调兼容性不足。天津港口岸与河北地区联动不足，"一单到底"的国际海铁联运少，"水—公—铁"的海铁联运模式效率较低；津冀各港口定位趋同，难以形成功能互补、错位发展的协作关系。

（二）投资便利化政策管理体系有待完善

在投资管理方面，并没有明确出台政策，现有政策缺乏一致性、透明性和稳定性。外贸备案登记对外资企业的审查时间较长；负面清单管理的针对性和具体性有待增强，特别管理措施不清晰，给外商投资增加了投资壁垒；简化审批流程后存在事中事后监管不严问题。此外，权力下放后各部门之间的衔接工作没有跟上，导致外商在进行审批时仍存在"多头跑"的现象。投资便利一体化方面，投资促进与保护政策仍不健全。自贸试验区间的投资信息共享和业务协同相对滞后，三地缺乏统一的投资信息平台，影响投资便利化。三地自贸试验区尚未设置有关解决外商投资争议的专职机构，无法有效发挥法院民商事审判、多元解决及诉调对接机制的作用。

（三）要素跨区域流动效率低

一是缺乏统一的金融监管制度和审批程序。三地自贸试验区金融管理部门以行政区划为基础，并未从区域整体的角度出发统筹规划金融政策的实施。各地政府联结不够，导致项目落地实施的市场环境未达预期，最终效益不明显。二是金融信息平台和征信系统尚不完善。目前推动金融产品跨区域流动的金融交易联网平台屈指可数。在大数据、智能化发展的大背景下，金融信息共享服务平台建设不足势必会阻碍金融一体化进程。自贸试验区以制度创新为核心，对于推进三地自贸试验区金融信息共享服务平台建设和先行试点跨区域联合授信的具体措施有待进一步明确。三是缺乏针对关键技术环节的大科研基金支持计划。目前的京津冀自贸试验区缺乏三地共同参与的、针对三地自贸试验区重点产业链的核心技术和共性关键技术的大型基金计划，导致对关键技术领域的高水平人才引进困难，难以有效发挥人才这一关键要素在自贸试验区联动发展中的作用。

（四）创新链发展不均衡、体系不完善

一是三地创新发展水平落差较大。三地自贸试验区创新联动缺少统一管理，北京的科技成果在津冀的落地能力仍然不足，津冀与北京还需要更加紧密的创新互动。二是自贸试验区功能定位同质化现象明显。三地尚未形成区域间分工互补、上下游联动配套的产业协同发展格局，市场化力量偏弱，亟须强链补链，加上三地对人才、资金等要素资源的集聚能力不同，造成资源配置效率偏低。三是缺乏明确的绿色金融发展机制。绿色金融是自贸试验区供应链建设的重要方面。当前，京津冀三地自贸试验区尚未建立统一的绿色金融标准体系；绿色企业普遍面临融资难等问题，缺乏绿色金融工具；缺乏标准统一的绿色金融信息共享机制；对绿色项目的认定标准和界限比较模糊，缺乏标准统一的信息共享机制。

（五）缺乏完善的创新资源共享机制

一是企业间创新互动渠道不通畅。一方面，三地间仍缺乏能够提供创新资源交流的共享平台，难以为创新资源实现跨区流通提供便利条件。另一方面，三地自贸试验区缺乏完整的创新机制体系，创新企业无法在三地间实现信息交流和资源共享，导致创新资源利用率低，不利于

三地创新协同发展。二是市场准入门槛较高。京津冀三地缺乏降低市场准入门槛方面的具体政策措施和有效的管理模式，仅天津自贸试验区通过研究适当降低对境外投资者资质要求、股权比例、业务范围等方面的准入限制，但有关制度模式仍不完善。

（六）制度创新协同联动效率低下

政策创新方面，三地自贸区普遍存在"总体方案"和"深化改革方案"落实进度不一的问题，缺少集成化开放政策体系，围绕重点产业和关键要素的政策突破偏碎片化，改革系统性、集成化不够，缺少一批具有战略性、系统性的开放政策集成创新。此外，各自贸试验区要复制其他某个自贸试验区的先行先试政策、制度创新成果的审批权限下放领域和范围尚无法满足三地自贸试验区政策共用的要求，在审批权下放过程中，还存在赋权单位、具体承接的路径尚不明确等问题。统筹规划方面，三地自贸试验区对数字经济协同发展的统筹规划不够，存在各自为政、重复建设的问题，尚未形成区域核心竞争力。协调机制方面，三地尚缺乏协同机制，尚未形成统一的数字经济统计体系，不利于数字经济的规模测算、横纵对比，以及数据共享、开发和利用。联动创新机制方面，三地自贸试验区面临联动创新发展机制不健全的问题，尚未形成自贸试验区"一地创新、三地互认""一地生效、三地同效"的联动机制。

五 首都都市圈内自贸区联动发展对策建议

（一）明确京津冀自贸试验区走廊的空间布局整体设想

一是在北京、天津、河北交界地带划定现代化首都都市圈自贸试验区联动先行启动区。核心片区内重点承载自贸试验区发展的高端服务功能和重要的政务保障功能，高端服务功能区内重点形成高端金融业集聚功能分区、高端数字化服务贸易片区、高端物流枢纽服务业集聚片区，政务保障功能区内形成商务、海关、税务、交通、金融监管、会计审计、法律仲裁、人力社保等集成式政务服务办公区。二是以三地交界地带的核心片区为产业枢纽，形成核心片区与北京、天津、河北内部各原有贸易片区之间的联动发展轴。挖掘三地原有各贸易片区的特色优势，在数字贸易方面形成"北京为源、津冀为渠"的数字贸易合作链条，做实"轴带"内的核心产业载体。三是以三地交界地带的核心片区为传动轴，形成"北京研发、津冀制造"的高技术产业发展轴。利用政策工具给予在现代化首都都市圈内经核心片区转化的技术成果相应的创新激励，引导京津冀三地自贸试验区成为京津冀范围内重要的技术成果转化高地，培育三地自贸试验区的内生创新驱动力。

（二）推动三地优势的物流资源平稳对接，持续优化口岸营商环境

在强化物流联系方面，加快构建以多式联运为主体的自贸试验区间物流格局。一方面是要针对京津冀范围内大宗货物建立绿色集疏港体系。另一方面是沿着顺义片区—滨海新区—曹妃甸片区—正定片区的物流运输走廊，打造分布合理的多式联运格局。建立起企业、园区绿色集疏运体系，丰富京津冀自贸试验区间多式联运的"毛细血管"。在口岸营商环境方面，一是要推进津冀港口协同建设与发展。统筹考虑天津港、曹妃甸港、黄骅港、京唐港、秦皇岛港各自的区位、交通和港口建设情况，强调差异发展、错位竞争。二是要强化港口间数据共享。构建津冀港数据服务中心，建立数据完整的港航大数据平台。

（三）强化投资便利一体化合作机制，重视外汇管理制度优化改革

三地自贸试验区应积极打造外商投资信息共享平台，促进自贸试验

区间的信息共享，实现外商企业的信用等级、经营情况等方面数据的联动共享。建立健全重大外资项目工作专班制度，充分发挥重点外资项目工作专班的服务作用，加强项目全流程的跟踪服务。在外汇管理方面，推动自由贸易账户在北京和河北开通运行，缩小三地自贸试验区在外汇管理方面的差异。应重视外汇管理制度改革，探索构建更加便利、规范、透明、高效的外汇管理体系。还应针对自贸试验区内外汇业务的复杂性与特殊性等特点，进一步完善自贸试验区外汇风险管理体制，优化风险监测指标，形成风险预警体系。

（四）推进金融市场一体化发展，完善人才吸引及保障措施

在金融市场优化方面，可借鉴欧亚经济联盟制定金融市场统一发展战略的经验，对三地自贸试验区的金融市场统一发展设置实施期限和实施阶段：第一阶段形成金融市场一体化结构；第二阶段大力推进京津冀三地自贸试验区对金融市场的监管，形成制度保障；第三阶段建立京津冀自贸试验区金融一体化监管中心；第四阶段消除影响京津冀三地自贸试验区间资本、投资和金融服务等流动的主要障碍；第五阶段实现金融市场和金融监管全面一体化，建立统一的金融市场。在人才引进及保障方面，三地自贸试验区应重视人才成长环境建设，探索与国际接轨的人才培养和保障制度；借鉴昆明自贸试验区，畅通吸纳紧缺人才绿色通道，开展外国高端人才服务"一卡通"试点，制定完善的引进人才激励政策；通过建设自贸试验区人才科创园模式，联合自贸试验区内高等院校和科研机构，实现高质量科创型人才跨区域流动，推动人才引进程序统一化、便利化。

（五）差别化探索产业协同发展路径，依托金融合作深化供应链协同发展

在产业链对接协作方面，应探索建立总部—生产基地，形成园区共

建、整体搬迁等多元化产业对接合作模式；联合搭建开放创新平台，促进产业协同协作；加快建立要素跨区域流动机制。在供应链协同发展方面，以区域金融合作与金融开放为核心，促进区域间金融合作进一步深化，积极探索自贸试验区内的金融创新，发展绿色金融；应推动落实"白名单"制度，梳理市级产业链供应链"白名单"企业，切实加强对京津冀三地的"白名单"企业服务，实现区域间有效衔接；推进供应链创新与应用，支持开展供应链创新与应用试点示范。

（六）着力优化创新服务体系，推动协同创新合作机制建设

一是三地自贸试验区应积极引导企业与周边企业共建创新平台。通过政府，引导高校、科研院所协同联动，与其他两地自贸试验区共建成果孵化基地和科技企业孵化器，培育多元化科技创新主体，激发创新活力。鼓励跨国公司在京津冀三地设立研发中心，展开"反向创新"。二是重视知识产权保护和数据信息保护，三地自贸试验区应当推动建立自贸试验区内的知识产权交易中心和知识产权运营中心。一方面审慎规范探索开展知识产权证券化，广泛深入开展知识产权相关调研宣传，增强企业和科技人员的专利意识；另一方面完善自贸试验区知识产权保护机制，建设知识产权保护体系。

（七）完善跨区域政府协同机制，全面推动营商环境优化提升

在政策共用方面，加强三地自贸试验区改革系统集成，加快多部门间的联合协同创新、协同推进改革项目；积极推动三地自贸试验区"总体方案"与"深化改革方案"同步实施；通过立法赋予三地自贸试验区更多的改革自主权，构建相对独立、完善的自贸试验区管理工作机制，允许自贸试验区在赋予的权限范围内自主探索制度创新。在信息共享方面，推动三地自贸试验区数字要素自由流动，积极对接和运用国际

数字贸易规则，制定三地自贸试验区通用的重要数据保护目录和数据安全风险评估、监测预警、应急处置机制，加快构建与国际接轨的高水平数字贸易开放体系；打通数据壁垒，全面推进全流程网上办事应用；扩大交通运输信息数据共享范围，持续推进高频政务服务事项"跨省通办"；加强信息安全机制保障。在机制共建方面，三地工信部门应尽快签署新一轮战略合作协议；构建多元化纠纷解决机制；构建以区块链可信安全数据为基础的"全流程、全覆盖、全时段、全周期"政务服务跨省通办生态联盟，进一步完善"异地受理、内部协同、多地联办"的沟通保障机制；加快制定统一的社会信用体系及奖惩联动机制。

参考文献

张伟：《都市圈的概念、特征及其规划探讨》，《城市规划》2003 年第 6 期。

张京祥、邹军、吴启焰、陈小卉：《论都市圈地域空间的组织》，《城市规划》2001 年第 5 期。

谭成文、李国平、杨开忠：《中国首都圈发展的三大战略》，《地理科学》2001 年第 1 期。

宋迎昌：《北京都市圈治理的实践探索及应对策略》，《城市与环境研究》2023 年第 1 期。

中国式现代化视域下新时代首都发展[*]

穆松林^{**}

摘　要：中国式现代化无疑是对世界现代化理论和实践的重大创新，准确把握中国式现代化的内涵、目标和使命任务，持续推动新时代首都发展，是北京率先基本实现社会主义现代化的重要基础和保障。新时代首都发展呈现明显的"都"与"城"功能相谐互动、"减量"与"提质"转型辩证统一、"外部协同"与"内部均衡"空间统筹兼顾的典型特征。以中国式现代化推动新时期首都发展，必须坚持党的领导，在构建现代化产业体系、优化区域空间结构、促进绿色低碳发展等方面持续发力，为率先基本实现社会主义现代化奠定坚实的基础。

关键词：中国式现代化　首都　新发展格局

一　中国式现代化背景下新时代首都发展意义重大

党的二十大概括了中国式现代化的特征，即人口规模巨大的现代化、全体人民共同富裕的现代化、物质文明和精神文明相协调的现代化、人与自然和谐共生的现代化、走和平发展道路的现代化，这五方面

　＊　基金项目：北京社会科学基金项目（18JDSRB004）。
　＊＊　穆松林，博士，北京市社会科学院城市问题研究所副研究员。

具有中国特色的现代化，深刻揭示了中国式现代化的科学内涵，打破了"现代化＝西方化"的迷思，拓展了发展中国家走向现代化的路径选择，为人类对更好社会制度的探索提供了中国方案。新时代首都发展始于党的十八大，是遵循习近平总书记一系列重要讲话的转型发展。新时期首都发展是北京率先基本实现社会主义现代化的重要基础和保障，因此，要准确把握中国式现代化的内涵、目标和使命任务，不断赋予首都发展新的内涵，高质量推动新时代首都发展。

二 新时代首都发展特征

（一）功能特征：新时代首都发展"都"与"城"相谐互动

在世界城市发展史上，北京具有城市发展的普遍特征和特殊职能，作为大国首都，它不仅是"城"，也是"都"，除了有一般城市所具有的要素外，更重要的是承担着作为全国政治中心的政治职能。新时代首都发展，最重要的是牢牢把握好"都"与"城"的关系。处理好二者的关系，是新时代首都发展的关键所在。"都"根植于北京的历史与文化，承担政治中心的功能；"城"塑造北京的空间与风貌，承担服务与发展的功能。"都"是核心，"城"是支撑，"城"的发展是为了更好地支撑"都"这一核心。① "都"与"城"关系既是新时期首都发展恪守战略功能的逻辑线，也是作为超大城市高质量发展的指挥棒。首都功能和城市功能既存在紧密联系，又有着内涵的差异，在客观上潜藏着并不完全一致的矛盾。如果能把两个功能融合协同就能产生巨大的能量，反之如果失衡错位就会形成彼此之间的掣肘。② 因此，新时代首都发展的关键在于牢牢把握好"都"与"城"的关系。新时代首都发展

---

① 李国平：《把握首都发展内涵　切实加强"四个中心"建设》，《北京观察》2022年第2期。
② 文魁：《把握好北京"都"与"城"的关系》，《前线》2018年第4期。

"都"与"城"相谐互动、产生合力，有所为有所不为，着力提升首都功能，有效疏解非首都功能，做到服务保障能力与城市战略定位相适应、人口资源环境与城市战略定位相协调、城市布局与城市战略定位相一致。始终围绕"都"的功能谋划"城"的发展，以"城"的更高水平发展服务"都"的功能。

（二）转型特征：新时代首都发展"减量"与"提质"辩证统一

"减量"是通过"规模精简""功能减负""空间紧缩"等倒逼发展转型，由数量驱动向质量驱动转变。[①]"提质"是发挥创新作为引领发展的动力的作用，增加创新要素投入，在空间上优化配置增量资源。北京作为第一个提出减量发展的超大城市，目的非常明确，即通过系统性、全局性、前瞻性的减量，一方面提升首都功能、加强"四个中心"建设，另一方面也是应对北京"过度集聚"等"大城市病"的关键举措，是减量与提质的辩证统一。北京通过持续的减量发展，实现了人口、城乡建设用地、建设面积"三个减量"。与此同时，减量腾出的发展要素和发展空间服务于实体经济提质增效，推动存量要素在已有"天花板"下实现效益最大化。以推动产业升级为着力点，积极拥抱新产业新业态，大力提升经济发展水平。对首都原有功能中不适应或不合理的部分进行调整，为新的城市功能进行合理的空间布局，不断地调整和完善首都空间结构、要素和支撑体系，实现首都城市功能的转型与优化布局。政治中心、国际交往中心建设，进一步推动打造"北京服务"品牌；文化中心建设，更加擦亮了北京这座历史文化名城的"金名片"；科技创新中心建设，既承担国家任务，又为首都高质量发展持续注入新动能。

北京率先提出的减量发展，是系统性、全局性、战略工程，是主动

---

① 杨浚：《北京减量发展过程中的规模焦虑问题研究》，《北京规划建设》2022年第4期。

响应提升首都功能的核心战略，也是未雨绸缪，更是以"减"求"进"、谋定后动的智慧方略。

表 1　首都发展减量和增量数据

项目	绝对值	属性	备注
一般制造和污染企业	近 3000 家	减少	2014 年以来
疏解提升区域性专业市场和物流中心	近 1000 个	减少	2014 年以来
城市绿地	3600 公顷	增加	2017～2019 年
常住人口	11.1 万人	减少	2017～2022 年
城市休闲公园	190 个	增加	2017～2019 年
小绿地和袖珍公园	460 个	增加	2017～2019 年
市郊铁路里程	400 公里	增加	"十三五"以来
城乡建设用地	120 平方公里	减少	2017～2022 年
细颗粒物年均浓度	30 微克/米³	减少	比 2017 年下降 48.3%
拆除违建	2.4 亿平方米	减少	2017～2022 年

数据来源：根据公开报道整理。

（三）空间特征：新时代首都发展"外部协同"与"内部均衡"统筹兼顾

新中国成立以来至 2014 年，北京在空间上呈现快速发展、迅速极化的特点，形成"中心—外围"结构，这种空间组织的"虹吸效应"使得资源过度集聚，对内导致"大城市病"，对外不断拉大与周边区域之间的发展差距，区域空间发展不平衡现象凸显。京津冀协同发展战略实施以来，三地携手在交通、生态、产业、公共服务等重点领域取得新突破，"两翼"发挥着重要的承接功能。通过发展都市圈、城市群形成多中心网络化城市空间结构，谋求从单一城市发展转向京津冀协同发展、从要素驱动转向创新驱动、从聚集资源求增长转向疏解功能谋发展。新时代首都发展注重内部均衡，具体表现在：推进城南发展，缩小南北发展差距；推进生态涵养区发展，缩小山区与平原发展差距；推进乡村发展，缩小农村与城市发展差距。为促进北京城市南北均衡发展，从 2010 年起接续启动四轮"城南行动计划"，出台一系列支持政策，引导重大项目优先向城南布局，优质资源要素向城南流动，城南已从"打基础""补短板"阶段进入"筑高地""上水平"阶段。北京山区承担生态涵养的功能，生态涵养区通过构建大规模绿色空间，绿色发展能力显著提升，正在由守护绿水青山、筑牢首都生态屏障进入既要绿水青山又要金山银山、积极探索绿水青山向金山银山转化的新阶段。全面实施乡村振兴战略，不断深化农村改革，完成农业"调转节"任务、美丽乡村建设三年行动计划、低收入帮扶等"三农"重点任务，推进首都农业农村现代化建设取得新进展。

表 2　京津冀协同发展数据

项目	数量	年份	备注
京津冀经济总量	10.0 万亿元	2022	是 2013 年的 1.8 倍
三次产业结构	4.8∶29.6∶65.6	2022	第三产业比重提高 7.5 个百分点
新增就业累计人数	1442 万人	2022	—
研究与试验发展（R&D）经费	3949.1 亿元	2021	是 2013 年的 2.1 倍
第四批"专精特新"小巨人企业	535 家	2022	占全国的 12.3%
营运性铁路总里程	10848 公里	2022	较 2014 年末增长 38.3%
高速公路总里程	10585.5 公里	2022	较 2014 年末增长 32.6%
公交日均客运量	约 27 万人次	2022	38 条公交线路实现跨省常态化运营

数据来源：根据公开报道整理。

三　以中国式现代化推动新时期首都发展

（一）党的领导凝聚建设中国式现代化的磅礴力量，在新时代首都发展中发挥好党总揽全局、协调各方的核心作用

党的二十大报告强调，中国式现代化是中国共产党领导的社会主义现代化。中国式现代化是中国共产党扎根中国大地、立足中国实践、历

尽千辛万苦独立自主探索开辟出来的，是具有社会主义性质和中国特色双重属性的现代化。锚定北京率先基本实现社会主义现代化的奋斗目标，推进新时代首都发展，坚持和加强党的全面领导，坚持党对一切工作的领导，充分发挥党总揽全局、协调各方的领导核心作用，把中国式现代化的目标任务落实到首都发展的各领域、各方面、各环节，进一步提高党的政治领导力、思想引领力、群众组织力、社会号召力，确保首都社会主义现代化建设方向正确，确保首都发展拥有团结奋斗的坚强政治基础、思想基础、群众基础、社会基础。牢记"看北京首先要从政治上看"的要求，增强"四个意识"、坚定"四个自信"，带头坚持和捍卫"两个确立"，更加坚定地做到"两个维护"，增强政治判断力、政治领悟力、政治执行力，始终在政治立场、政治方向、政治原则、政治道路上与以习近平同志为核心的党中央保持高度一致。在北京"四个中心"的战略定位中，"政治中心"是居于首位的城市功能；在"四个服务"功能定位中，第一位的是"为中央党、政、军领导机关的工作服务"。中国式现代化进程中新时代首都发展必须站在国家战略高度思考和谋划，在服务国家大局中予以推进。①

（二）加快构建现代化产业体系，为新时代首都高质量发展提供动力

建设现代化产业体系是开启全面建设社会主义现代化国家新征程的基本途径。习近平总书记强调，建设现代化产业体系，这是党中央从党和国家事业全局出发，着眼于实现"两个一百年"奋斗目标、顺应中国特色社会主义进入新时代的新要求作出的重大决策部署。从发展理念来看，经济高质量发展与中国式现代化都蕴含人民至上的基本理念。新时代首都发展要把中国式现代化贯穿于发展全过程和各领域，开启质量变革、效率变革、动力变革等创新。率先探索构建新发展格局有效路

---

① 杨奎：《把党的领导贯穿首都发展的全过程》，《前线》2022 年第 8 期。

径，加快建设具有首都特点的现代化经济体系，形成高端引领、创新驱动、绿色低碳的产业发展模式。一是创新融合、提质增效推动"高精尖"产业发展。以"北京智造"品牌带动先进制造业聚焦高端、智能、绿色，进一步增强集成电路、医药健康、氢能等产业的带动作用，做大做强新能源汽车、智能装备制造等优势产业，前瞻性的布局电子、生命科学、低碳等产业，以"北京服务"增强现代服务业优势。二是以数字经济赋能现代化产业体系建设。数字经济是构建现代化经济体系的重要引擎，是实现经济发展质量变革、效率变革、动力变革的强劲动能，是解决发展不平衡不充分问题的有效路径。持续推动数字经济和实体经济深度融合，通过数字经济赋能产业、城市、生活、生态。筑牢城市数字底座，建设 5G、人工智能、区块链等新型基础设施，推动传统基础设施数字化改造。实施智慧城市发展行动和应用场景"十百千"工程，构建"城市大脑"智慧管理体系。加强数字政府、数字化社区（乡村）建设。落实数据基础制度，完善数字经济治理体系。积极参与数字领域国际规则和标准制定，探索数字经济改革发展模式，更好发挥数据要素作用，不断优化数字营商环境。三是持续推进科技现代化。锚定北京建设世界主要科学中心和创新高地的目标，布局建设前沿信息技术、生物技术等领域的世界一流新型研发机构。坚持"四个面向"，开展"卡脖子"关键核心技术、颠覆性技术攻关，实现更多"从 0 到 1"突破。发挥在京高校院所、企业、医院等创新主体的作用，建设一批前沿科学中心、创新联合体和共性技术平台，形成央地协同、政企结合、研产融合、国际合作的创新格局。加强基础研究和战略前沿高技术创新，培育人工智能、区块链等新兴产业集群，充分发挥科技创新出发地、原始创新策源地和自主创新主阵地的作用，加快形成重大科技基础设施集群，建设世界级原始创新承载区。打造医药健康和国际先进能源产业集群，建成全球领先的技术创新高地。深化科技体制改革，强化科技成果转化应用，激发创新主体活力，加强知识产权保护，营造一流的创新创业生态。

（三）促进区域协调均衡发展，为新时代首都发展注入活力

党的二十大报告提出，促进区域协调发展，深入实施区域协调发展战略、区域重大战略。现代化新征程中实现区域协调发展依然面临极大挑战，新时代首都发展仍需优化空间结构，在发展中实现相对平衡。一是进一步优化"中心城市—都市圈—城市群"的空间结构。新时代首都发展需要在更大的地域空间促进要素流动、合理分工，能否发挥好北京的辐射带动作用关系着京津冀协同发展和建设世界级城市群的成效。北京应增强自身的辐射带动能力，发挥"一核"辐射带动作用，通过空间重组和职能优化提升，更好地发挥在京津冀协同发展中的引领作用，从环境、产业和功能等各个方面全面提升北京的竞争力。积极构建现代化首都都市圈，以疏解为抓手，以拓展腹地为支撑，以一体化为路径，推动现代化首都都市圈和城市群建设。二是主副结合、多点支撑，形成高质量发展的空间结构。中心城区与北京城市副中心紧密对接、良性互动，顺义、大兴、亦庄、昌平、房山五个新城通过加强基础设施和公共住房建设，完善社区医疗卫生体系，大力提升新城产业承载能力。[1] 三是持续推进乡村振兴，统筹推进城乡区域协调发展。秉承"大城市带动大京郊、大京郊服务大城市"的城乡融合发展理念，积极推进都市型现代农业发展，实施种业振兴行动，建设宜居宜业和美乡村。推进城南、回天、京西、平原新城、生态涵养区等重点区域高质量发展。

（四）人与自然和谐共生，促进新时代首都绿色低碳发展

尊重自然、顺应自然、保护自然是中国式现代化的内在要求，以"两山"理论为指引，站在人与自然和谐共生的高度谋求发展。一是持

---

[1] 安树伟：《北京高质量发展的内涵与路径》，《北京社会科学》2022 年第 8 期。

续推进绿色北京战略，重点在于产业结构调整与污染治理、生态保护、应对气候变化协同推进，兼顾降碳、减污、扩绿和增长，以生态环境高水平保护助推首都高质量发展。二是坚持绿色低碳循环发展。积极推动从能耗"双控"向碳排放总量和强度"双控"转变，开展低碳技术攻关和低碳试点，构建清洁低碳、安全高效能源体系。推广绿色建筑，加强既有建筑节能改造，因地制宜发展超低能耗建筑。倡导简约适度、绿色低碳生活方式。三是统筹山水林田湖草沙系统治理。强化"两线三区"全域空间管控和"三线一单"生态环境分区管控，动态协调建设空间减量和生态空间增量，改善生态系统质量。四是健全生态文明体系。完善现代环境治理体系，全面实行排污许可制，健全自然资源资产产权制度，加强评价监测和确权登记。完善自然资源有偿使用和生态保护补偿制度，健全生态产品价值实现机制，实行生态环境损害责任追究制。

参考文献

李国平：《把握首都发展内涵　切实加强"四个中心"建设》，《北京观察》2022年第 2 期。

文魁：《把握好北京"都"与"城"的关系》，《前线》2018 年第 4 期。

杨浚：《北京减量发展过程中的规模焦虑问题研究》，《北京规划建设》2022 年第 4 期。

杨奎：《把党的领导贯穿首都发展的全过程》，《前线》2022 年第 8 期。

安树伟：《北京高质量发展的内涵与路径》，《北京社会科学》2022 年第 8 期。

以链串圈、点轴联动为支撑构建现代化首都都市圈研究

张立鹏[*]

摘　要： 建设现代化首都都市圈是深入推进京津冀协同发展、破解北京"大城市病"的有效途径，具备了一定的条件与基础，取得了一定的阶段性成效。针对首都都市圈和京津冀城市群建设中存在的规模断层、功能断层、产业断链等问题，新征程上高水平构建现代化首都都市圈，应以京津、京保石、京唐秦等重点轴线为"经"，以创新链、产业链、供应链为"络"，以环京跨界城市组团为联动支点，串联起首都都市圈各圈层，促进交界地区一体化发展，释放现代化首都都市圈整体优势，引领京津冀世界级城市群高质量发展。

关键词： 首都都市圈　京津冀城市群　跨界组团　产业链

一　研究背景

都市圈作为介于"城市"和"城市群"之间的区域概念，是城镇化进程中产业发展及空间重构的关键，其范围由通勤圈决定，一般最远辐

---

* 张立鹏，投资北京国际有限公司研究院副院长、副研究员。

射半径在 50 公里左右。京津冀协同发展规划纲要和"十四五"实施方案明确提出，要建设现代化首都都市圈。高水平建设现代化首都都市圈，有利于发挥北京"一核"辐射带动作用，优化京津冀人口、产业和空间结构，提升区域协同发展水平，推动建设京津冀世界级城市群。

受地理环境、历史文化、经济形态等因素影响，京津冀城市群和首都都市圈的发展基础、建设模式不同于长三角、粤港澳以及欧美等地的城市群、都市圈。后者多依托于水运或海运，基于市场经济长期自发形成，腹地支撑更为有力，区域内各城镇间产业分工特征明显，整体经济发展水平相差不大，形成多个经济增长极，协同水平较高。而京津冀城市群及首都都市圈建设更多的是受行政力量推动，整体产业结构偏重，区域间创新链、产业链、供应链联动不足，城镇体系梯度较大，结构失衡，京津两市过于"肥胖"，河北省各地市过于"瘦弱"，缺乏中等规模的城市或城市组团，存在规模断层和功能断层。由于京津两个超大城市的存在，其周边呈现出明显的圈层式布局特征，整个区域经济增长极较为单一，"一枝独秀""一超多弱"特征较为明显，以超大城市为核心，越往周边经济发展水平越低。

《京津冀协同发展规划纲要》提出，发挥首都"一核"辐射带动作用，推动京津双城联动，引导人口和资源沿京津、京保石、京唐秦等三条主要通道轴向集聚，优化区域空间发展格局，推进京津冀协同发展，构建以首都为核心的世界级城市群。北京市相关部门围绕市委"构建现代化都市圈"的要求，分解形成环京 50 公里"通勤圈"、京津雄 100公里"功能圈"、节点城市 150 公里"产业圈"的现代化首都都市圈建设思路。京津冀积极推进环京微中心和跨界城市组团建设，有助于解决环京地区规模断层、功能断层、产业断链等问题。目前，就分圈层建设现代化首都都市圈已达成一定共识。下一步，以京津、京保石、京唐秦等重点轴线为"经"，以创新链、产业链、供应链为"络"，以环京跨界城市组团为联动支点，串联起首都都市圈各圈层，促进交界地区一体化发展，对于释放现代化首都都市圈整体优势、引领京津冀建设世界级城市群而言具有重要意义。

二 现代化首都都市圈建设的现状与成效

现代化首都都市圈由通勤圈、功能圈、产业圈构成。其中，通勤圈包括廊坊市北三县（三河市、大厂回族自治县、香河县）、固安县、永清县、广阳区、安次区，保定市涿州市、涞水县，张家口市怀来县，承德市兴隆县，天津市武清区、蓟州区共 13 个区县；功能圈包括天津市（不含通勤圈所涉及的武清区、蓟州区）、雄安新区；产业圈包括张家口市、承德市、保定市、廊坊市、唐山市、沧州市共 6 个节点城市（各市均不含通勤圈、功能圈所涉及的区县）。

现代化首都都市圈总面积 14.6 万平方公里，常住人口 5227.0 万人，2021 年地区生产总值 3.9 万亿元，分别占京津冀的 66.7%、46.8%、41.0%。其中，通勤圈总面积 1.4 万平方公里，常住人口711.6 万人，地区生产总值 4316.6 亿元，分别占首都都市圈的 10%、14%、11%；功能圈总面积 1.1 万平方公里，常住人口 1312.5 万人，地区生产总值 1.5 万亿元，分别占首都都市圈的 7%、25%、37%；产业圈总面积 12.1 万平方公里，常住人口 3203.0 万人，地区生产总值 2.0 万亿元，分别占首都都市圈的 83%、61%、52%。总体来看，通勤圈与北京的联系更紧密，功能圈拥有更强的资源配置能力，产业圈具有更强的产业承载力。

当前，京津冀协同发展已进入关键阶段。非首都功能疏解向纵深推进，央地联动形成大疏解"一盘棋"格局拉开序幕，以"两翼"为引领，通州—武清—廊坊、大兴机场临空经济区等区域一体化进程提速，京津同城化深入推进，京津保联动加强，延庆—张家口、房山—保定、平谷—蓟州—三河—兴隆等地跨区域合作如火如荼。京津冀创新链产业链供应链联动步伐加快，催生发展新动能。这些为现代化首都都市圈建设创造了有利条件。

（一）通勤圈一体化发展水平不断提高

交通一体化方面，通勤圈已开通运营京津城际、京沪高铁、京广高铁、京雄城际、京张高铁、京哈高铁、京唐（滨）城际等 7 条高速铁路和城际铁路线路，通达时间为 20~40 分钟，运营跨区域公交线路 38 条线路，基本覆盖了通勤圈各区县，可满足功能圈、产业圈通勤交通需求。

生态环境治理方面，京津冀联合执法上升至国家层面，协同推动大气、水、综合执法工作。京冀共同谋划加强潮白河、大石河、官厅水库的治理工作。其中，潮白河北京段水质改善明显，优类水体从协同发展初期的 20% 提升到 70%，永定河用水功能逐步恢复，实现全线通水。

公共服务方面，北京的居住、养老、卫生等功能不断向周边延伸。北京城市副中心探索建立以居住需求为导向的房地产调控协同体系，推进区域职住协调发展。北京市持续为京籍老人异地养老机构提供床位补贴资金支持。津冀服务北京的养老机构名单不断增加，已有 50 家养老机构为京籍老人提供异地养老服务。

重点区域一体化取得显著成效。通州区与北三县一体化高质量发展全面推开，加快建设京津冀区域协同发展示范区。大兴国际机场临空经济区发挥京冀双自贸区优势，加快生命健康、新一代信息技术等产业项目落地，引领区域产业链分工协作。延庆区与怀来县一体化初见成效，围绕京张体育文化旅游带建设，推动全域旅游、新能源、体育科技等产业合作，引导首都教育、医疗等优质公共服务资源向张家口、乌兰察布等地延伸布局。房山区推动建设京雄保协同发展示范区，深化与涿州市、涞水县的一体化，构建京保石"研发—孵化—产业化"协作链条。平谷区与蓟州区、三河市、兴隆县持续推进"平蓟三兴"一体化。北京轨道交通 22 号线（平谷线）加快建设，中国农业大学等重大项目落地平谷，推动农业中关村和种业之都建设。

在环京不同方向的跨界组团中，北京市各区普遍比津冀相关区县有更好的发展基础和较高的首位度，为跨区域合作和一体化发展提供了较好的条件。其中，通州区相对于北三县的 GDP 为 1.28 倍、人口为 1.16 倍，说明通州区要素集聚优势明显；京南方向的大兴区、京西南方向的房山区、京东北方向的密云区在各自区域都有较合适的首位度，为打造跨界组团提供了有利条件。而京西北方向的延庆区、京东方向的平谷区在各自区域的首位度不够，需要加强要素资源导入，引领区域一体化发展。

表 1　2021 年环京通勤圈不同方向跨界组团中北京市各区的首位度情况

跨界组团	区县（市）	地区生产总值（亿元）	常住人口（万人）
京东方向： 通州—廊坊市北三县	北京市通州区	1206.3	184.3
	三河市	531.6	96.5
	大厂县	175.9	17.14
	香河县	234.9	44.9
	通州区首位度	**1.28**	**1.16**
京南方向： 大兴—廊坊市四区县	北京市大兴区	1461.8	199.5
	固安县	335.2	57.63
	永清县	220.1	38.48
	广阳区	476.2	53.88
	安次区	241.62	47.98
	大兴区首位度	**1.15**	**1.01**
京西南方向： 房山—涿州—涞水	北京市房山区	818.4	131.3
	涿州市	351.3	66.77
	涞水县	91.8	31.58
	房山区首位度	**1.85**	**1.34**
京西北方向： 延庆—怀来	北京市延庆区	204.74	34.6
	怀来县	133.9	34.87
	延庆区首位度	**1.53**	**0.99**
京东北方向： 密云—兴隆	北京市密云区	360.3	52.7
	兴隆县	125	27.16
	密云区首位度	**2.88**	**1.94**

续表

跨界组团	区县（市）	地区生产总值	常住人口
京东方向： 平谷—蓟州	北京市平谷区	359.3	45.7
	蓟州区	224.6	79.55
	平谷区首位度	**1.60**	**0.57**

注：首位度在一定程度上代表了城镇体系中的城市发展要素在最大城市的集中程度，通常以GDP或人口作为计算基数。正常的四城市指数应该是1，两城市指数应该是2。大兴—廊坊市四区县、房山—涿州—涞水仿照首位度概念进行计算对比。

资料来源：根据各区县（市）统计公报数据整理计算。

（二）功能圈京津雄错位联动格局初步形成

京津"双城记"深入实施。京津发挥首位度优势，加强城市功能互补和科技创新资源对接，"同城效应"不断加强。同城化交通体系日益完善，实现京津雄0.5小时通达，推进海港、陆港、空港联动发展，开通"天津港—平谷"海铁联运班列，打通了服务首都、辐射京津冀的集海铁联运、公铁联运、铁铁联运于一体的智慧绿色物流枢纽新通道。以首都机场集团为纽带，推动京津空港在航空服务、物流服务和多式联运等方面加强分工协作。发挥滨海—中关村科技园、宝坻京津中关村科技城、京津合作示范区等的带动作用，加速科技成果转移转化，重点打造汽车、生物医药、新材料等产业链。

北京新"两翼"错位发展。紧紧抓住疏解非首都功能这个"牛鼻子"，引导北京适宜产业在环京地区发展，加快北京城市副中心与雄安新区"两翼"对接协作，形成错位发展格局。城市副中心聚焦行政办公、商务服务、文化旅游、科技创新四大功能，与中心城区紧密对接、良性互动。雄安新区积极承接非首都功能疏解，北京市的相关高校、科研院所、医疗机构、企业总部、金融机构等加速向雄安新区聚集。围绕前沿信息技术、先进生物技术等领域，中央企业在雄安新区设立子公司、分公司及各类分支机构已达100余家。

（三）产业圈跨区域重点产业链加快构建

以中关村为龙头的创新园区链延伸布局。中关村国家自主创新示范区在京津冀协同创新共同体建设中发挥了引领支撑和辐射带动作用，已经在津冀两地建立了宝坻—京津中关村科技城、保定·中关村创新中心、曹妃甸中关村高新技术产业基地、石家庄（正定）中关村集成电路产业基地、天津滨海—中关村科技园等科技创新中心和成果转化基地，以园区链布局产业链。其中，宝坻—京津中关村科技城为共建共管模式，保定·中关村创新中心为技术品牌服务输出模式，成为中关村在京津冀延伸创新链、产业链的新探索。

京津冀跨区域重点产业链日益清晰。京津冀三地通过区域合作、部门协同、企业联合加强新能源汽车和智能网联汽车、生物医药、氢能、工业互联网、高端工业母机、机器人等重点优势产业链协同发展。新能源汽车和智能网联汽车产业链方面，通过北京研发、天津测试、河北示范的协作模式，联合创建雄安新区智能网联汽车应用示范区。生物医药产业链方面，充分发挥北京、天津的医药创新资源优势和河北生产制造优势，加快构建优势互补、协同创新的生物医药产业链。探索集中搬迁、异地监管模式，共建北京·沧州渤海新区生物医药产业园，产生了良好的经济和社会效应。氢能产业链方面，北京聚焦氢能关键核心技术攻关和终端应用，天津重点发展高效低成本大容量制氢设备、加氢站成套装备等先进装备制造，河北重点发展化工副产气体制氢、风电制氢、光伏制氢。工业互联网产业链方面，发挥北京工业互联网产业创新优势和天津、河北的应用场景优势，推动京津冀工业互联网产业一体化发展。

三 构建现代化首都都市圈的主要问题

目前，现代化首都都市圈发展格局日益清晰，但仍存在一些制约因素和结构性问题。

（一）各地发展差距大，不平衡不充分问题突出

现代化首都都市圈及京津冀地区各城市间资源要素分布不均衡，不同区域发展基础差异较大，不利于形成合理的产业分工。京津冀地区的经济重心和人口重心偏离较大。根据 2019 年各区县（市）的人口和经济数据，计算出当前京津冀的人口重心在雄县县城东南（38°54′22.17″N，116°9′55.83″E），经济重心在永清县城南（39°18′2.39″N，116°31′29.20″），二者间直线距离约 53 公里。这种人口重心偏向西南、经济重心偏向东北的特征，根源或在于冀中南地区相对于京津唐地区人口多但经济弱，即人均 GDP 偏低。

纵向看，以北京为中心，周边地区发展水平梯次降低，河北省各地的基础设施、公共服务、营商环境等普遍不如京津，人才、要素等吸引力弱，产业落差大，北京向外疏解的非首都功能、转移的高技术产业化项目，周边地区很难承接，进一步加剧了区域发展不平衡。以一般公共预算收入为例，北京通州区 2022 年为 92.4 亿元，是相邻的廊坊市三河市的 1.6 倍、香河县的 3 倍。公共服务资源配置方面，北京的"211"高校数量占全国总量的比重超过 1/5，而河北省内没有 1 所；河北每千人常住人口执业医师数相当于北京的一半。

横向看，在以首都为中心的同一圈层距离下，不同方向的不同地区也有较大的差异。以通勤圈为例，地处京津冀中部核心功能区的武清、三河、广阳等区县（市）具有明显的经济、人口优势，地处京津冀生态涵养区的涞水、怀来、兴隆等地经济发展水平、综合承载力较低。按区域看，北京东部"通武廊"地区（包括廊坊市北三县及天津市武清区）具有最高的人口密度、经济密度和承载力，以 20.1% 的面积承载了 38.5% 的常住人口、44.4% 的地区生产总值、51% 的一般公共预算收入。北京南部大兴机场周边地区（包括廊坊市固安县、永清县、广阳区、安次区）次之，以 16.8% 的面积承载了 27.8% 的常住人口、32.2%

的地区生产总值、27.2%的一般公共预算收入。京西南、西北、东北等其他区域的综合承载力较低。

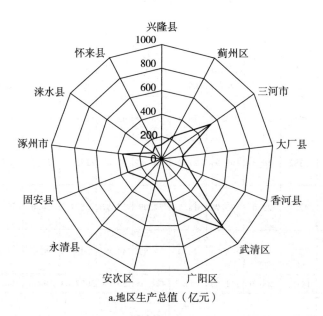

a.地区生产总值（亿元）

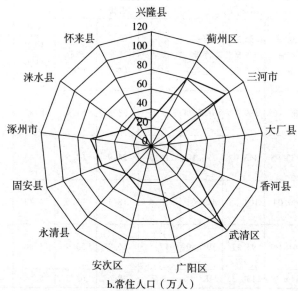

b.常住人口（万人）

图1 通勤圈各区县（市）的经济实力和人口承载力情况：按环京对应方位

资料来源：根据各区县统计公报数据绘制。

表2　通勤圈环京分区域比较

项目	面积		人口				经济			
	绝对值（平方公里）	占比（%）	常住人口		常住城镇人口（万人）	城镇化率（%）	GDP		一般公共预算收入	
			绝对值（万人）	占比（%）			绝对值（亿元）	占比（%）	绝对值（亿元）	占比（%）
京东"通武廊"地区	2842	20.1	273.67	38.5	173.29	63.32	1757.92	44.4	203.1	51.0
京南大兴机场周边地区	2382	16.8	197.97	27.8	126.45	63.87	1273.12	32.2	108.2	27.2
京西交界地区	4214	29.8	133.22	18.7	77.09	57.87	577	14.6	59.04	14.8
京东北交界地区	4713	33.3	106.71	15.0	47.82	44.81	349.6	8.8	27.82	7.0
合计	14151	100.0	711.57	100.0	424.65	59.68	3957.64	100.0	398.16	100

项目	产业						密度		
	增加值			占比			人均GDP（万元）	人口密度（人/公里²）	经济密度（亿元GDP/公里²）
	第一产业（亿元）	第二产业（亿元）	第三产业（亿元）	第一产业（%）	第二产业（%）	第三产业（%）			
京东"通武廊"地区	89.26	589.72	1078.95	5.1	33.5	61.4	6.42	963	0.62
京南大兴机场周边地区	133.95	343.07	796.10	10.5	26.9	62.5	6.43	831	0.53
京西交界地区	60.04	104.35	412.61	10.4	18.1	71.5	4.33	316	0.14
京东北交界地区	61.14	93.21	195.50	17.5	26.7	55.9	3.28	226	0.07
合计	344.39	1130.35	2483.16	8.7	28.6	62.7	5.56	503	0.28

资料来源：根据各区县（市）统计公报数据绘制。

（二）环京地区承载力弱，腹地支撑作用不足

相较于长三角、粤港澳等地，京津冀地区总体承载力和腹地支撑力较弱，产业活力不足，近年来人口不断流出，在全国的经济占比和人口占比均持续下降。环京地区以轨道交通为主的通勤交通体系还没有形成，制约通行效率提高。通勤圈作为首都空间拓展、人口结构置换、劳动力保障的腹地，存在功能不足、支撑力弱等问题。经计算，通勤圈人均 GDP 为 5.56 万元，人口密度 503 人/公里^2，经济密度 0.28 亿元 GDP/公里^2，分别是北京市相邻区整体水平的 66%、63%、40%，分别是上海大都市圈相对塌陷的第二圈层（上海主城区外围连接嘉定、青浦、松江、奉贤及南汇五个新城的空间范围）的 56%、26%、15%，承载力还有较大的提升空间。与其他世界级城市群的核心都市圈相比，北京市中心外 25～50 公里范围（可以等同于通勤圈）因产业、通勤交通、公共服务配套不足而人口承载能力相对较弱，现有人口约为 720 万人，是日本首都圈相同范围内人口承载力的 1/3，且 15～70 公里范围内城镇化水平较低，约为 67%，远低于东京、纽约等都市圈。

（三）创新链缺乏衔接，产业链断链现象突出

产业协同是京津冀协同发展的重要内容，也是难点所在。京津冀三地产业处于不同的发展阶段，关联性不高。北京的创新和科技资源优势明显，而河北经济发展水平相对落后，产业平台分布较为分散，应用场景少，承接能力不强，与京津两地缺乏有效互动，张家口、承德、唐山、保定、沧州等地节点城市的产业仍较为粗放式发展，未形成区域间产业合理分布和上下游联动机制。京津冀汽车、新能源、生物医药、轨道交通等重点产业协同面临着共性问题。诸如，产业起步早，但在规模化和集聚阶段后劲不足；集成创新应用领先，但在关键零部件配套方面

落后；产业基础较好，但各自为战，整体关联度不高，难以形成区域产业的有效循环，究其原因，京津冀地区长期民营经济不发达，市场主体数量少、活力不足、结构失衡，三地产业落差大、统筹规划不足、整体营商环境欠佳等。

（四）首都都市圈的顶层设计和发展合力不足

规划和立法是都市圈建设的重要保障。东京首都圈已经完成了7版规划，制定了《首都圈整备法》《工业控制法》。韩国围绕首尔非首都功能疏解，制定了《首都圈整备规划法》《城市规划法》，成立了首都圈整备委员会，以便推进相关工作。沪苏浙两省一市联合编制《上海大都市圈空间协同规划》，构建上海大都市圈，打造具有全球影响力的世界级城市群。而现代化首都都市圈、京津冀城市群尚缺乏规划指引，空间范围还未完全划定，遑论立法保障。顶层设计缺失，导致共识不足、合力不足。北京市各区参与建设都市圈的有效路径、各跨界组团的具体合作模式等还有待探索。天津市参与现代化首都都市圈建设的积极性有待提升。雄安新区尚处于集聚资源、加快建设阶段，要释放对区域发展的支撑作用还需要时日。

四 新征程上构建现代化首都都市圈的路径选择

完善相关顶层设计，明确现代化首都都市圈各圈层的战略定位和发展方向。发挥北京"一核"辐射带动作用，以提升区域承载力和首都城市能级、促进北京在更大范围内配置资源为目标，以重点轴线上若干跨界组团和同城化为依托，以创新链产业链联动和要素高效流通配置为纽带，合力加强重点区域、重点领域的一体化发展，消除区域落差，加快建设定位清晰、梯次布局、协调联动的现代化首都都市圈，推动形成京津冀城市群主干构架。

（一）聚焦重点地区，建设"跨界"组团，提升"通勤圈"综合承载力和一体化发展水平

1. 推动通州与廊坊北三县一体化高质量发展

落实通州区与北三县一体化高质量发展示范区总体方案要求，研究编制通州区与北三县一体化综合交通体系规划，率先破解交通瓶颈，支撑通勤圈建设。支持北京市级层面与河北方面加大沟通协调力度，调整北三县行业管理规范，实现与北京市在高新技术产业认定、人才资质鉴定、执业资格认证等方面保持程序一致、结果互认。支持通州区与北三县教育、医疗等公共服务一体化联动发展，加强常态化沟通对接，研究解决北京优质教育资源在北三县共建共享有关问题，推进医疗资源在北三县布局。

2. 高水平建设大兴国际机场临空经济区

加强与国家部门对接沟通，加快编制和出台推动大兴国际机场临空经济区高质量发展意见。发挥联合管委会作用，加强临空经济区核心区、管控区、北京片区、廊坊片区的规划衔接和一体化招商工作。由联合管委会牵头成立平台公司，建立科学性、实操性较强的股东结构，积极承接跨区域重大项目，高水平建设大兴国际机场临空经济区。利用大兴国际机场便捷的交通设施，研究构建以货运为主体的多式联运体系。加强铁路、民航部门间横向沟通，在体制机制上取得突破，实现空运、铁路运输联合协作发展。

3. 支持房山区建设京雄保协同发展示范区

推动房山区与涞水县、涿州市建立高层沟通对接机制，实质性推进房涞产业园建设，对接涿州京南经济开发区，促进产业链就近配套。发挥良乡大学城的科技创新优势，持续激发驻地高校、科研院所、企业研发活力，促进科技创新成果就地转移转化，畅通"三城一区"科技创新成果转化渠道，构建京雄保科技创新走廊，形成协同创新发展新格

局。整合房山区、涿州市、涞水县的世界地质公园、圣莲山、百草畔等旅游资源，强化景区景点联动发展，打造京冀文旅协同先行区。

4. 推动延庆区与怀来县一体化发展

充分发挥"延庆体育文化旅游发展核"的引领作用，深度谋划后冬奥时代可持续发展，推动区域共建、合作共赢。完善延庆与海淀、延庆与怀来、昌平与怀来等地的合作机制，推动海淀、昌平、延庆、怀来等地加强新能源、大数据、先进制造业、现代服务业等产业协作。发挥北京服务贸易和周边地区产能优势，建设好北京—二连浩特—乌兰巴托—莫斯科国际陆运通道，深度融入中蒙俄经济走廊。

5. 支持平谷区与蓟州区、三河市、兴隆县深化合作

推动轨道交通平谷线、承平高速等跨区域重大基础设施建设，支撑生态环境、文化旅游等一体化发展。聚焦平谷农业科技创新示范区建设，以中国农业大学科研与产业化项目为纽带，以农业育种、农业生物技术研发等为重点，支持平蓟三兴加强农业科技创新合作，推动区域绿色农业发展。以全域旅游示范区、国家级旅游业改革创新先行区建设为支撑，推动京东休闲旅游产业发展。

（二）推动两翼联动，加快京津雄同城化，推动"功能圈"首都服务功能和城市功能互补

1. 以协同创新和海空港联动唱好京津"双城记"

支持滨海—中关村科技园、宝坻京津中关村科技城等重点平台建设，促进北京创新成果在天津落地转化，带动高技术产业和现代服务业在区域内延伸布局。发挥京津公共服务优势，深化教育、养老、医疗等合作，带动交界地区基本公共服务共建共享。发挥北京空港型国家物流枢纽与天津港口型国家物流枢纽优势，推进北京空港、陆港与天津港的规划衔接和融合，畅通京平蓟津高速、京津铁路等骨干交通，完善"通道+枢纽+网络"物流体系。

2. 发挥腹地作用推动"两翼齐飞"和京雄保同城化

围绕"两翼"、大兴国际机场临空经济区、"通武廊"等重点地区，继续推动京津优质公共服务资源向京津雄腹地延伸，提升区域吸引力和承载力，进而支撑"两翼"联动。建议在大兴机场临空经济区设立政府会议服务区，承办国家及各部门每年定期举办的全国性重大会议、培训，既能丰富该区域的高端服务功能，又能避免之前每逢重大会议时对首都核心功能区的脉冲式交通压力。以雄安新区为纽带，围绕协同创新、健康服务等领域，加强北京市与保定市协同，推动京雄保同城化发展。加快雄安新区中关村科技园建设，依托重点交通干线，串联海淀、丰台、房山等地创新资源，推动建设京雄保科技创新走廊，为京津冀创新发展提供更多助力。

3. 引领建设京津冀世界级机场群和港口群

加快北京航空"双枢纽"建设。优化首都国际机场精品航线、商务航空、航空物流等产业布局，带动临空经济区提升转型。加快大兴国际机场航线网络恢复，围绕国家"一带一路"布局、城南地区及雄安新区建设发展，加快基地航空公司网络建设，支持构建以国际中转、航空货运为主的航空网络，提升区域航空资源整合和控制力。推动京津冀机场群合理分工定位。发挥首都机场集团、基地航空公司、空管中心等的纽带作用，支持天津机场、石家庄机场等功能优化，推动天津机场打造区域国际枢纽和国际货运物流中心、石家庄机场发展大众化航空服务，增加京津冀机场群第二梯队机场的运输规模，优化京津冀机场群布局。发挥北京通航机场、航空航天等资源优势和津冀直升机等装备设备优势，优化环京低空航路，为京津冀及周边区域的防汛防火、应急救援工作提供支持，并与生态旅游休闲等结合，促进通用航空产业联动发展。构建以大兴国际机场、首都国际机场为核心，高效连接京津冀机场群、港口群的区域综合交通网络，推进以北京为龙头的京津冀机场群和以天津为龙头的津冀港口群的联动发展。

（三）统一要素市场，促进"三链"融通，引领"产业圈"重点产业链上下游分工协作

围绕首都发展和京津冀协同，聚焦京津冀重点产业，强化科技赋能，培育创新高地，促进产业链创新链深度融合，争取国家重大生产力和产业项目在京津冀区域内布局，提升区域产业一体化水平。

1.提高科技协同创新水平

充分发挥首都科技中介、新型研发机构、创新产业联盟等社会组织功能，搭建重大技术创新研究平台，建设创新创业资源共享服务平台，提升科技协同服务能级。支持在产业圈创新资源富集区设立联合孵化中心，通过项目路演对接、联合举办创新创业大赛等方式，加强资源常态化对接。编制京津冀创新产品推荐目录，加大创新产品政府采购力度。允许利用债券市场拓展直接融资渠道，适度鼓励通过风险投资、知识产权质押以及融资租赁等多种新型融资渠道参与科技创新。探索成立区域科技创新信贷担保公司，为产业科技创新和技术研发突破融资瓶颈提供杠杆支撑。

2.加强产业链供应链对接协作

积极应对全球化，深化要素市场化改革，以重点产业平台为依托，构建上下游衔接的产业链，维护区域产业链、供应链安全。推动节点城市"放管服"改革，改善区域营商环境。鼓励北京企业根据自身发展实际，结合津冀资源禀赋，通过投资共建、参股、并购、授权委托、品牌输出等多种方式在区域内延伸布局。依托北京龙头型城投企业，推动京津合作示范区等"飞地园区"产业链协作。支持市场化主体开展产业链对接服务，围绕节点城市产业重点，组织开展信息交流与项目落地等市场化对接服务，为产业链供应链协作创造有利条件，实现精准对接。

3.推动产业优化布局

加快北京国际科技创新中心主平台建设，推动"三城一区"联动

发展，重点提升原始创新与技术服务能力。发挥中关村各园区引领、辐射和带动作用，构建以中关村为引领的创新园区链，依托相关企业总部、共建园区、各类基金、品牌活动等，进一步提升对京津冀区域的产业服务能力。推动唐山高新区、保定中关村等建设，促进人工智能、新材料、能源环保、生物医药等产业分工协同。强化资源要素轴向聚集。完善区域交通功能布局，推动区域节点城市发展，支持京津、京保石、京唐秦发展轴建设，打造科技和制度创新双轮驱动的先试走廊。结合国家"东数西算"工程布局，支持京张跨区域园区结对合作，推动海淀、昌平数字企业和科技研发机构沿京张高速向怀来等地布局，加强能源、大数据及数字经济协作。加强京津冀应用场景合作共建与融合赋能。发挥大兴国际机场的综合交通优势和临近全国人口重心的区域优势，结合涿州城市航站楼及区域交通网络建设，开辟大兴机场至解放军总医院涿州培训保障基地的绿色通道，促进国内外航空旅客与区域优质医疗资源对接，积极发展大健康产业，既能减缓中心城区的交通和医疗资源压力，也能促进河北建设国家区域医疗中心，带动京津冀协同发展。聚焦节点城市的钢铁、装备、石化、建材、食品、纺织等重点行业智能化、数字化升级改造需求，支持北京企业参与产业圈应用场景建设，搭建相关工业互联网平台。加快国家工业互联网大数据中心、工业互联网标识解析国家顶级节点（北京）建设，推动人工智能、5G等新一代信息技术和机器人等高端装备与工业互联网融合应用，形成服务京津冀、辐射全国产业转型升级的工业互联网赋能体系。

参考文献

张立鹏：《京津冀一体化的"三线"建设——中国首都圈区域协同发展之道》，中国书籍出版社，2015。

彭秀良、魏占杰：《幽燕六百年：京津冀城市群的前世今生》，北京大学出版社，2017。

京津冀协同发展领导小组办公室编《京津冀协同发展报告 2022 年》，中国市场出版社，2022。

安树伟、张晋晋等：《都市圈中小城市功能提升》，科学出版社，2020。

叶堂林、李国梁等：《京津冀发展报告（2022）——数字经济助推区域协同发展》，社会科学文献出版社，2022。

张立鹏：《北京双枢纽机场下的区域战略抉择》，《投资北京》2019 年第 8 期。

以疏解非首都功能为抓手
推进现代化首都都市圈建设

李　原[*]

摘　要： 非首都功能疏解对构建现代化首都都市圈具有牵引作用。通过选取若干指数对北京疏解非首都功能促进京津冀协同发展实施效果进行评价，发现首都减量发展初见成效，但京津冀三地经济发展差距持续拉大。首都都市圈建设及京津冀协同发展效果不及预期，受北京辐射引领作用不突出、创新链产业链协同分工不足、参与国际"大循环"竞争力不强等困境制约。为了进一步强化非首都功能疏解在推动现代化首都都市圈建设中的引领作用，建议北京在加强顶层设计、精准疏解非首都功能、强化创新溢出作用、构筑区域创新链和产业链、引领全方位协同开放等方面集中发力，为建设定位清晰、梯次布局、协调联动的现代化京津冀世界级城市群贡献"领头羊"力量。

关键词： 首都都市圈　非首都功能疏解　京津冀协同发展

　　2014 年，京津冀协同发展上升为国家重大战略，习近平总书记指出，疏解北京非首都功能、推进京津冀协同发展，是一个巨大的系统工

---

　　* 李原，北京市社会科学院市情研究所助理研究员，经济学博士。

程。疏解北京非首都功能是北京城市规划建设的"牛鼻子"，围绕迁得出去、落得下来，研究制定配套政策，形成有效的激励引导机制。疏解北京非首都功能是京津冀协同发展的"牛鼻子"，加快构建现代化首都都市圈是京津冀城市群加快融入国内经济"大循环"和国际"外循环"的"压舱石"。本文尝试从融入新发展格局视角，突出非首都功能疏解对构建首都都市圈的牵引作用，分析非首都功能疏解促进京津冀协同发展的实施效果，挖掘制约首都都市圈建设的障碍因素，并提出对策建议，以期在党的二十大精神指引下，推动北京谱写京津冀协同发展的新篇章。

一 以疏解北京非首都功能为"牛鼻子"的 京津冀协同发展实施效果评价

党的十八大以来，以习近平新时代中国特色社会主义思想为指导，北京坚持有序疏解非首都功能，充分发挥"一核"的辐射带动作用，推动雄安新区和城市副中心"两翼"联动发展，持续增强与天津、河北的协同联动，在都市圈建设方面取得了显著成绩，现代化首都都市圈生机勃勃。积极开展疏解整治促提升专项行动，基本完成制造业企业退出、区域性批发市场疏解任务；全力支持雄安新区和城市副中心建设，打造通州区与北三县一体化高质量发展示范区；强化北京"一核"辐射带动作用，构建京津冀现代化首都都市圈，加快产业对接，实现区域创新协同和开放协同，促进区域公共服务共建共享。

《京津冀协同发展规划纲要》明确指出首要任务是解决北京"大城市病"，重点疏解一般性产业特别是高消耗产业、区域性物流基地、区域性专业市场等部分第三产业，以及部分社会公共服务功能。因此，指标选取需要关注非首都功能疏解的"减量发展"效果以及疏解要素转移承接对京津冀整体区域产生的"倍速发展"效果。参考借鉴已有研究，对标纲要要求，本文从人口增速、资源消耗、工业及批发零售企业数、人均地区生产总值差异系数等维度，选用2015~2021年时间序列数据，从时间维度反映北京疏解非首都功能促进京津冀协同发展的实施效果（见表1）。

表 1　以疏解北京非首都功能为"牛鼻子"促进京津冀协同发展评价指标

	维度	指标	来源
以疏解北京非首都功能为"牛鼻子"的京津冀协同发展	人口	常住人口增速	根据《北京统计年鉴》数据计算
	水资源消耗	用水总量增速	根据《北京统计年鉴》数据计算
	京津冀协同	京津冀人均GDP差异系数	由 Pearson 提出的最常用的差异系数，$CV=S/M\times100\%$，CV 为差异系数，S 为三地人均 GDP 标准差，M 为人均 GDP 平均数
	产业疏解	第二产业增加值占GDP比重（市辖区）	《北京统计年鉴》《北京市国民经济和社会发展统计公报》
		规模以上工业企业单位数增速（市辖区）	《北京统计年鉴》《北京市国民经济和社会发展统计公报》
		限额以上批发和零售业法人单位数增速（市辖区）	《北京统计年鉴》《北京市国民经济和社会发展统计公报》

从分项数据来看，发现北京"减量发展"成果初显，但推进京津冀协同倍速发展效果不及预期。

（一）非首都功能疏解稳步推进，但需警惕"回流"现象

图1显示，北京常住人口逐年减少，2015年增速为0.88%，从2017年开始则一直为负增长；用水总量增速从2015年的1.87%降至2021年的-1.72%。图2显示，市辖区第二产业增加值占GDP比重整体降低，由2015年的19.74%下降至2020年的15.83%，市辖区规模以上工业企业单位数从2016年开始一直为负增长，2016年增速为-5.86%，之后几年虽然降低速度放缓但也基本保持在-2%左右，在一定程度上反映了一般制造业企业集中退出取得了重要进展。从数据上看，2015

年市辖区限额以上批发和零售业法人单位数大幅降低 26.28%，但从
2017 年开始又恢复正增长，甚至 2019 年达到 39.44%，2021 年增速回
落至 1.7%（见图 2），反映出北京市疏解搬迁工作可能遇到"回流"
现象，需进一步实施"梳理整治促提升"行动，聚焦重点区域健全常
态化管控机制。

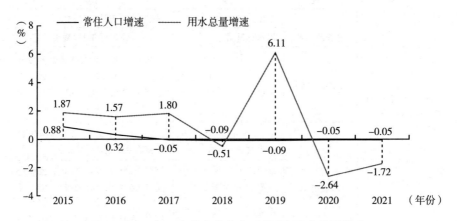

图 1　2015~2021 年北京常住人口增速和用水总量增速

图 2　2015~2021 年北京产业疏解情况

（二）北京科技溢出效应初显，但京津冀三地经济发展差距增大势头未得到遏制

从图3来看，2018～2021年北京技术合同流向天津和河北成交总额[①]持续增长，由227.4亿元增长至350.4亿元，年均增速超过20%，且技术合同成交总额中流向天津和河北的占比保持在23%左右，体现了首都为加快产业对接实现区域创新协同和开放协同作出了积极贡献。但是，人才、资本等生产要素向北京集聚趋势仍未改变，导致三地经济产业结构持续分化，区域差距持续扩大。据测算，三地人均GDP差异系数从2015年的0.4219攀升至2020年的0.4532，2021年有所回落但仍然保持在0.4523的高位（见图4）。这主要是人才、资本等经济要素向北京集聚导致经济产业结构分化，京津冀尚未形成较完整的区域产业链和创新链，造成京津冀发展脱节，区域协同发展效果不及预期。

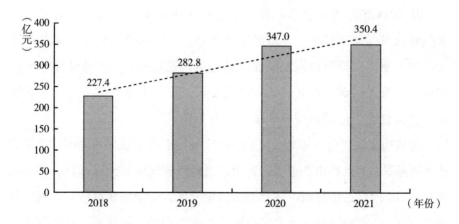

图3　2018～2021年北京技术合同流向天津和河北成交总额

---

① 目前只披露了2018年以后的此项数据，因此该指标未被纳入评价指标体系。

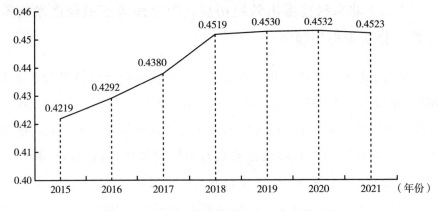

图 4　2015~2021 年京津冀人均 **GDP** 差异系数

二　制约北京非首都功能疏解引领首都都市圈
建设的困境分析

从 2014 年习近平总书记提出京津冀协同发展并将其上升为重大国家战略以来，北京坚定不移疏解非首都功能，以构建现代化首都都市圈为统领，推进京津冀协同发展在交通通达、规划对接、产业转移等重点领域取得重大突破。但是，正如前文分析，近年来京津冀三地经济发展差距持续拉大，区域协同发展效果不及预期。

加快构建现代化首都都市圈，要求建设环京周边地区通勤圈、京津雄地区功能圈和节点城市产业圈。其中，通勤圈建设依靠交通基础设施互联互通，功能圈建设依靠城市规划衔接错位发展，产业圈建设依靠以创新链带动产业链，形成区域内上下游衔接的产业链和供应链体系。目前京津冀协同发展效果不及预期，短板在于产业圈层薄弱，以北京为核心的京津冀区域尚未形成紧密联系的产业圈层，区域整体参与国内分工与国际分工的优势不明显，融入"双循环"发展格局面临挑战，具体体现在：北京对津冀的辐射引领作用不够突出，区域参与国际"大循环"竞争力不强。

（一）北京作为核心城市极化作用强但辐射作用弱

北京科技创新引领作用不突出，2015~2021年，北京R&D经费内部支出占京津冀的比重从62%增加到70%，高技术产业营业收入占京津冀的比重从40%左右增加到60%左右。[①] 2020年，北京流向外省市技术合同成交额3718.5亿元，其中流向津冀地区成交额347.0亿元，占比仅为9.33%，甚至比2019年下降了0.6个百分点，超过五成技术合同成交额流向长江经济带的上海市、江苏省、浙江省和安徽省。[②] 由于京津冀地区创新结构和产业结构不匹配，北京的大部分创新成果只能"蛙跳式"在津冀以外地区落地转化，进而凸显北京在京津冀城市群的极化现象。[③] 而北京对津冀人才虹吸效应依然较大，目前京津冀城市群内人口主要从中小城市向北京流动，2022年3月百度地图迁徙数据显示，河北和天津流入北京人口占流入北京总人口的近五成。2021年京津冀城市群有15万人流出，其中河北常住人口出现"负增长"。人才、资本等经济要素持续向北京集聚，导致津冀尤其是河北省与北京的经济产业结构分化，加剧了北京的极化效应，导致协同效果不佳、区域差距持续扩大。

（二）京津冀区域参与国内大循环遇到一定阻碍

一是融入国内大循环产业链的基础不稳固。完整、多元、灵活的工业体系是区域参与国内大循环的重要保证。对比长三角和粤港澳大湾区城市群，目前京津冀地区第二产业比重下降过快，这种"过度去工业化"的现象易引起生产率同步下降。[④] 2015~2020年，全国第二产业比

[①] 数据来源于《中国科技统计年鉴》。

[②] 数据来源于《北京技术市场统计年报》。

[③] 孙瑜康、李国平：《京津冀协同创新中北京辐射带动作用的发挥效果与提升对策研究》，《河北经贸大学学报》2021年第5期。

[④] 孙久文、王邹：《新时期京津冀协同发展的现状、难点与路径》，《河北学刊》2022年第3期。

重下降近 4 个百分点，粤港澳大湾区和长三角城市群的第二产业比重约下降 6 个百分点，而同期京津冀地区下降约 12 个百分点。2020 年京津冀第二产业占 GDP 的比重仅为 28%。同时，作为我国经济核心增长极，京津冀地区生产总值占全国的比重从 10% 下降至 8.5%，而粤港澳和长三角分别提升 0.4 个百分点和 0.77 个百分点。京津冀与长三角、粤港澳大湾区的发展差距相比不断拉大。从正面看，首都非核心功能疏解与服务业迅速发展是区域产业升级的表现；但从反面看，第二产业占比大幅下降将导致科技创新转化应用场景减少，很有可能会影响京津冀地区参与国内生产、分配、流通、消费等社会扩大再生产的稳定性和延续性。

二是尚未形成创新集聚优势和动能转型优势。国家"十四五"规划纲要指出，要发挥东部地区创新要素集聚优势，培育世界级先进制造业集群。京津冀区域要在国内大循环中占据先导地位，产业就必须实现从劳动密集型、资本密集型向技术密集型转型。[①] 但与长三角、粤港澳地区相比，京津冀区域高技术产业发展相对滞后，竞争力不强。2015~2021 年，京津冀区域高技术产业企业数量、主营业务收入和利润总额均呈波动增长，但三项占全国的比重均呈下降趋势，企业数量增长 248 家，但在全国的占比从 7% 下降到 5.42%；主营业务收入从 9945 亿元增长到 11222 亿元，但在全国的占比从 7.8% 下降到 6.4%；利润总额从 697 亿元增长到 971 亿元，但在全国的占比从 8.6% 下降到 7.8%，占比低于长三角和珠三角地区。[②] 同时，京津冀高技术产业固定资产投资额总体呈上升态势但增速不稳定，2017 年增速最低，为 -0.28%。区域高技术产业固定资产投资额在区域制造业固定资产投资额中的比重，2015 年以来保持在 9% 左右，一直低于全国

① 孙久文、蒋治：《新发展格局下区域协调发展的战略骨架与路径构想》，《中共中央党校（国家行政学院）学报》2022 年第 4 期。

② 数据来源于《中国高技术产业统计年鉴》，严格意义上的长三角包括上海、江苏 9 地市、浙江 8 地市以及安徽 8 地市，珠三角包括广东 9 地市。但受限于数据可获得性和高技术产业实际地理分布等原因，本文长三角和珠三角相关数据均是城市群所涉及省份的数据加总。

平均水平（12%以上）；同时 2015 年以来京津冀高技术产业固定资产投资额在全国高技术产业投资额中的比重呈下降趋势。[①] 这在一定程度上暴露了京津冀地区主要依靠北京创新驱动的现状，津冀短板明显且承接北京产业转移和技术转移能力不足，这将减缓京津冀区域企业创新资源集聚和高质量发展动能转化速率，从而对区域整体融入国内大循环产生影响。

（三）京津冀地区在"外循环"中仍处于边缘位置

如前文分析，由于京津冀尚未形成相互融合的产业链和创新链，区域协同开放进程较为缓慢，在参与国际"外循环"过程中处于价值链的低端，区域整体竞争力不强。从货物贸易来看，机械制造产品是京津冀地区出口额增长最快的产品，2021 年出口额超过 550 亿元，但其出口比较优势逐渐削弱；而最具出口比较优势的是附加值低的矿产品。从出口产品技术分工维度，2020 年京津冀高技术产品比较优势从 0.66 下降到 0.6，中高技术比较优势从 1.36 下降到 0.77，区域整体在"外循环"中处于中低价值链地位。[②] 从服务贸易来看，2021 年京津冀服务贸易总额 1627.8 亿美元，比 2015 年增长 66.4 亿美元，虽然总量有所增加，但在全国服务贸易进出口中的比重急速下降，2021 年占全国的比例为 3.07%，远远低于 2015 年的 21.9%。这说明京津冀区域不仅处于"外循环"中产业链下游，且贸易竞争力逐渐下降，在一定程度上反映出北京科技创新中心建设和"两区"建设对京津冀区域辐射带动作用不强，存在较严重的价值链低端锁定问题和市场约束问题。

[①] 孙威、高沙尔·吾拉孜：《京津冀地区高技术产业地位变化的成因探析》，《智库理论与实践》2022 年第 2 期。

[②] 贺灿飞、任卓然、王文宇：《"双循环"新格局与京津冀高质量协同发展——基于价值链分工和要素流动视角》，《地理学报》2022 年第 6 期。

三 北京强化非首都功能疏解、推进现代化 首都都市圈建设的对策建议

进入新发展阶段，京津冀要以建设世界级城市群为目标，以问题为导向，不断增强区域参与国际大循环的竞争优势，加快融入新发展格局，成为高质量推进我国区域重大战略向纵深发展的重要支点。其中，北京要注重发挥"一核"引领辐射作用，为建设定位清晰、梯次布局、协调联动的现代化京津冀世界级城市群发挥"领头羊"作用。

（一）加强顶层设计，一体谋划推动

坚持"一盘棋"思想，进一步强化制度对区域协同发展的引领作用，尤其要重视"中央—地方"和"政府—市场"两个维度。

1.处理好央地关系

建立健全多层级、常态化京津冀协同发展协调机制。在中央统筹协调下，三地要达成共识，破除行政壁垒，全方位强化政策协同，立足区位条件、资源禀赋、经济基础，在体制机制改革、产业准入标准、人才资质互认等方面加强政策协同。在组织领导上，充分发挥中央与地方区域性协调机制作用，加大力度针对京津冀协同发展出台更多的顶层设计方案、对接方案和专业人才支持方案。在资源配置上，继续大力争取中央对非首都功能疏解的政策支持，推动顶层资源向市场机制难以实现的、地方行政力量无法解决的、协同矛盾突出的领域倾斜。由于非首都功能疏解对象类型多样，涉及各类主体，资金需求大，要积极协助申请非首都功能疏解专项补偿基金，帮助企业在搬迁期平稳运营。

2.发挥市场在资源配置中的决定性作用

加快京津冀地区要素市场一体化改革步伐。在用足用好中央推动要

素市场化方面的重要政策，在行政规划、搭建产业载体、信息资源共享等方面为非首都功能疏解破题。北京要牵头进行京津冀共同市场建设：土地要素市场方面，探索建立区域城乡统一的建设用地市场；人力资源要素市场方面，完善区域劳动力市场，进一步深化户籍制度改革，消除高端人才在落户、教育和医疗等方面的后顾之忧；资金要素市场方面，研究设立京津冀区域性开发银行，探索设立京津冀共同出资的产业结构调整基金，以北交所建设为契机，为区域中小企业筹集资金拓宽渠道；数据要素市场方面，以北京打造全球数字经济标杆城市为依托，进一步整合区域资源，研究建立京津冀区域大数据中心，建设一体化网络基础设施，推进信息化与数据应用市场建设。政府进一步发挥引导和服务作用，努力破除要素和产品流通壁垒，维护统一开放、竞争有序的市场环境，完善跨区域利益补偿机制。

（二）严控增量疏解存量，提升非首都功能疏解质效

有序疏解北京非首都功能是京津冀协同发展战略的核心和关键环节，对推动首都都市圈建设具有先导作用。目前非首都功能疏解已经从规模疏解阶段转向精准疏解阶段，针对前文提出的疏解产业回流、津冀承接能力不够等问题，要多方发力。

1. 增强北京产业疏解的内生动力

坚持严控增量和疏解存量相结合，内部功能重组和向外疏解转移双向发力，完善功能疏解与优化提升一体化政策机制，增强疏解内生动力。按照国家层面统一部署，支持配合部分央属资源向雄安新区等地疏解转移，落实好北京承担的工作；围绕教育、医疗等领域稳妥有序推进一批疏解项目。严格执行并适时修订禁限目录。深化疏解整治促提升专项行动，坚定退出一般制造业企业，推动区域性专业市场实现动态清零，巩固疏解成效。与津冀加强联动，做好疏解商户回访、政策支持等服务保障工作，坚定商户扎根创业信心，多措并举坚决防止回流反弹。

实施城市更新行动，不断优化提升首都功能。

2.加强疏解政策统筹，提高政策集成效应

非首都功能疏解涉及北京市级、区级众多职能部门，要进一步加强行政统筹，研究制定非首都功能疏解配套政策和实施方案，形成部门合力。对疏解对象进行科学分类，制定分类疏解标准，针对不同类型的疏解对象面临的不同问题和政策诉求，给予分类指导。在政策疏解执行层面，根据不同疏解功能进行全市统筹和细化，防止部分疏解项目和人员在北京内部不同区域间转移。整合现有京津冀产业对接平台，针对目前产业对接平台众多、承接地无序竞争和重复性建设等问题，统筹建立疏解工作体系，避免形成"多区对一市、一企多地争"的低效疏解局面。

3.发挥北京辐射作用进一步完善"通勤圈"

为优化非首都功能承载地服务环境，加快推进以市郊铁路、高速公路和跨界道路为支撑的快速交通体系建设。特别是，积极争取国家支持，合理规划、优先建设北京到各个集中承接地的专用市郊铁路，打造以北京中心城区为中心、轨道交通微衔接、多条市郊铁路向外辐射的京津冀"一小时交通圈"。进一步发挥好城市副中心的辐射带动作用，加快与廊坊北三县的跨界道路建设和医疗、教育资源合作，提升疏解功能承接能力。

（三）强化北京创新引领作用，深化区域创新协同

北京要充分发挥创新优势，依托创新资源打造京津冀创新生态链。

1.提高"政产学研金介贸"合作效率

与其他地区相比，政府在推进京津冀协同发展中的主导作用较强，且北京市政府及科研机构、高等院校的基础性研究经费比例较高。在新发展阶段，注重"政产学研金介贸"在科技创新中的密切配合，整合科研院所、高校等创新主体力量，跨界联动形成区域创新协同联盟，主

导推出区域创新人才直通车、新技术应用场景集。利用北京示范效应和溢出效应带动天津、河北自主创新能力提升，实现区域创新载体和创新机制深度协同，提升京津冀地区整体科技创新竞争力。

2. 构建京津冀区域创新合作网络矩阵体系

北京聚集了我国众多的科研院所和高等院校，是基础创新和原始创新的重要基地，但北京乃至京津冀区域都欠缺高新技术产业化的能力，北京大部分科技成果需要到外地转化，导致区域整体处于创新链中不利的地位。要发挥北京创新中介集聚度优势，辐射引领创新主体加速向津冀两地集聚。建议由北京牵头主导区域创新联动，培育创新网络节点和区域性创新赋能中心，提高科技创新成果区域内转化效率，为北京更好地发挥创新辐射带动作用提供载体和支撑。加强北京与雄安新区、天津滨海新区、河北石家庄、廊坊等重要创新节点的创新要素开放型合作，探索区域创新要素共生共融共建共享的京津冀协同发展模式。北京负责原始创新，津冀重要节点负责创新孵化、中试和生产制造等环节，形成结构合理、梯度分工的创新协同网络体系。充分发挥中关村国家自主创新示范区作为科技创新中心的作用，形成以中关村为龙头的京津冀区域创新协同生态网络。依托中关村科技园在重要节点建立分园，输出科技创新人才、技术等，协同布局重大创新资源。引导北京优质高校、研究机构、高科技企业在共建园区内设立分支机构、研发基地和转化平台，通过北京科创主体内部组织网络空间重组，推动创新成果在津冀转化和孵化，吸引一批高质量的科技项目入驻。

（四）构筑京津冀产业圈层，优化特色产业集群

非首都功能疏解不能简单地"搬走企业，排出人口"，而是要"疏解存量，优化增量"，北京要坚持将不适宜的产业"搬出去"，同时将高科技附加值的产业"引进来"，津冀等产业承接地要根据自身产业基础和资源禀赋有选择性地承接，形成京津冀产业的深度连接。

1.着力增强京津冀创新链与产业链协同

北京具有建设国际科技创新中心的基础和优势，是京津冀构建高技术产业链的原动力，应充分发挥科技创新中心对市场主体、资金、人才的吸引作用，通过协同创新增强津冀资源优势和挖掘发展潜能，推动三地高端创新要素合理配置，以创新链带动产业链，共同打造区域性产业圈，实现创新驱动型经济增长。在北京市内部圈层，以"三城一区"为主平台，打造中关村科学城、怀柔科学城、未来科学城、创新型产业集群示范区，重点给予海淀、怀柔、密云、昌平、经开区和顺义等区域更为灵活的产业政策、创新政策和资金政策支持，在电子信息、人工智能、新能源、生物医药等高精尖领域形成规模更大、产业链更为齐全的产业集群。在津冀外部圈层，依托北京高技术领域的原始创新优势，推动创新链对应的产业链环节和相关企业在津冀建立孵化与生产基地，形成区域内部"北京研发—就近转化"的产业链协作关系。

2.强链补链培育京津冀特色优势产业

京津冀先进制造业尚未形成强大的发展合力。要进一步强化先进制造业在区域的核心地位，强链、补链、延链，做大做强特色产业链、高技术产业集群，在城市群内构建高技术产业地域综合体，推动区域产业链向高技术、高价值环节攀升，在国内大循环中占据有利地位。基于京津冀城市结构断层现状，紧抓雄安新区和北京城市副中心建设、节点城市培育的机遇，积极支持重点产业承接平台建设，在重要节点城市布局高技术产业园区和产业走廊，引导北京不同层级产业向津冀集聚，优化区域产业布局。三地探索共建新能源汽车、工业互联网等上下游衔接的供应链和产业链体系，优化区域产业分工，在国内大循环中高端制造业领域占领高端、引领发展、培育优势。

（五）提升区域全方位协同开放，重塑"外循环"分工格局

鉴于京津冀在国际"外循环"中仍处于知识网络和市场的边缘位

置，应着力提升区域整体在全球价值链分工中的地位，以"内循环"产业链升级带动技术升级的形式反哺"外循环"，构建紧密联系、相互溢出的区域协同关系，重塑"外循环"中京津冀协同发展分工格局。

1. 积极畅通世界市场大通道

要强化对外商贸枢纽角色，推动区域拓展国际市场。依托首都国际机场、大兴国际机场两个"双枢纽"，逐步恢复国际货运和国际客运线路，利用自贸区、服务业扩大开放综试区、综保区等多层次政策叠加功能优势，围绕航空、医药、文化、汽车、会展、升级型消费等，推动政策功能创新，打造具有服务贸易特色、具备区域带动作用的国际服务贸易新高地；积极借力津冀海上通道，锚定东北亚市场，与亚洲地区乃至更广阔的新兴和发达国家市场开展服务贸易，增强城市群的国际贸易韧性。

2. 加强京津冀国际经贸政策协同创新

借鉴长三角自贸区联盟机制，探索在京津冀协同办公室下构建自贸区合作机制。加快构建以北京自贸区为核心的京津冀高能级开放合作平台，以大兴自贸区组团为突破口，政府实现三地自贸区联动创新，实现政策和制度创新成果共用共享。争取国家支持京津冀三地自贸区实行"一地生效，三地同效"制度，即区域内任何一个自贸区的新制度，都能自动在其他自贸区实行并向京津冀全域推广。北京充分发挥区域对外开放桥头堡作用，探索实施一批对标《区域全面经济伙伴关系协定》（RCEP）的开放措施，成为 RCEP 地方经贸合作先行区。加强三地开放协同，依托"两区"制度创新与开放的叠加优势，对标国际在数字经济、服务贸易等领域开展先行先试，主动探索数字贸易等国际经贸规则的新议题。促进区域实现从要素开放向制度开放全面拓展，率先建立与国际通行规则相互衔接的开放型经济体制。

参考文献

习近平：《构建新发展格局 实现互利共赢》,《人民日报》2020 年 11 月 20 日。

习近平：《稳扎稳打勇于担当敢于创新善作善成 推动京津冀协同发展取得新的更大进展》,《人民日报》2019 年 1 月 19 日。

孙瑜康、李国平：《京津冀协同创新中北京辐射带动作用的发挥效果与提升对策研究》,《河北经贸大学学报》2021 年第 5 期。

孙久文、蒋治：《新发展格局下区域协调发展的战略骨架与路径构想》,《中共中央党校（国家行政学院）学报》2022 年第 4 期。

孙久文、王邹：《新时期京津冀协同发展的现状、难点与路径》,《河北学刊》2022 年第 3 期。

贺灿飞、任卓然、王文宇：《"双循环"新格局与京津冀高质量协同发展——基于价值链分工和要素流动视角》,《地理学报》2022 年第 6 期。

孙威、高沙尔·吾拉孜：《京津冀地区高技术产业地位变化的成因探析》,《智库理论与实践》2022 年第 2 期。

赵亚洲：《促进京津冀自贸区协同发展》,《北京观察》2021 年第 8 期。

首都都市圈视域下北京超大城市
发展方式转变研究

陆小成[*]

摘　要： 北京作为国家首都和超大城市，加快发展方式转变，是破解"大城市病"难题、推进新型城镇化、构建现代化首都都市圈的必然要求。北京超大城市"因大而险"，是各类传统与非传统安全风险交织的"高风险场域"，转变城市发展方式面临经济、社会、文化、生态等多方面的难题。在构建现代化首都都市圈背景下，加强北京超大城市发展方式转变，应以五大转变为方向，强化规划引领，完善治理体系，选择科学手段，加快形成北京超大城市与首都都市圈协同融合、高质量发展的新格局。

关键词： 首都都市圈　北京　超大城市

习近平总书记在党的二十大报告中强调，坚持人民城市人民建、人民城市为人民，提高城市规划、建设、治理水平，加快转变超大特大城市发展方式。这是党中央在全面建设社会主义现代化国家开局起步的关键时期作出的重大战略部署，是推进超大特大城市发展的根本遵循和行

---

* 陆小成，博士，北京市社会科学院城市问题研究所研究员。

动指南。① 北京作为国家首都和超大城市，加快发展方式转变，是破解"大城市病"难题、推进新型城镇化、加快构建现代化首都都市圈的必然要求。都市圈作为中心城市与城市群融合发展的中间环节，具有承上启下的空间拓展功能。目前，我国超大城市主要包括北京、上海、广州、深圳、天津、成都、重庆等。北京超大城市"因大而险"，是各类传统与非传统安全风险交织的"高风险场域"，是具有高集聚性、高流动性、高异质性的复杂巨系统，涉及方方面面，牵一发而动全身，转变超大城市发展方式面临经济、社会、文化、生态等多方面的困难，亟待研究解决。

一 都市圈视域下
北京超大城市发展方式转变的战略意义

美国较早提出了"都市区"概念。日本则在"都市区"概念的基础上，结合东京都等超大城市发展特点而形成了"都市圈"这一术语。2014 年 3 月，我国在《国家新型城镇化规划（2014—2020 年）》中提出了"都市圈"概念，指出特大城市要推进中心城区功能向"一小时交通圈"扩散，培育形成通勤高效、一体发展的都市圈。北京作为国家首都和超大城市，是我国政治、文化、科技创新、国际交往的中心，在全国经济社会可持续发展中发挥着动力源和增长极的作用。在都市圈背景下，北京超大城市发展方式转变具有重要的战略意义。一方面，加快超大城市发展方式转变，有利于加快破解"大城市病"难题、推进新型城镇化建设；另一方面，应跳出北京看北京，以都市圈与城市群的协同发展带动周边发展，加快构建新发展格局、推进实现中国式现代化。

---

① 龚正：《加快转变超大特大城市发展方式》，《人民日报》2022 年 12 月 16 日。

（一）破解"大城市病"难题、推进新型城镇化建设的题中之义

从超大城市自身发展视角看，北京多年形成的"大城市病"难题需要破解。根据全球城市化演变规律，人口越来越向超大、特大城市集聚。超大特大城市拥有相对发达的基础设施、公共服务、科技、信息、人才等资源要素优势，形成了其他中小城市、乡镇农村难以比拟的规模经济效应，就业创业、产业发展等方面的机会更多，能吸引更多的人口和企业集聚。而随着人口和企业的逐渐增加，一旦超越了城市自身的资源能源、生态环境承载力，就会不可避免地带来交通拥堵、环境恶化、教育医疗资源紧张等多方面的"大城市病"难题。针对"大城市病"难题，北京把大力加强"四个中心"功能建设、提高"四个服务"水平作为首都发展的全部要义，紧紧抓住非首都功能疏解这个"牛鼻子"，从编制新一版城市总体规划入手，推动北京超大城市发展方式发生深刻转型。北京出台疏解非首都功能及"以业控人""以水定产""以产定人"等系列措施，改变"单中心聚集、摊大饼发展"的发展模式，首都发展格局实现历史性变革。北京市常住人口规模由 2016 年的 2195.4 万人峰值降至 2021 年的 2188.6 万人，平原地区开发强度由 2016 年的 46.15％峰值降至 2021 年的 44.31％，城乡建设用地规模净减量约 110 平方公里，北京成为全国首个实现"减量发展"的超大城市。北京加快超大城市发展方式转变，有利于从单一"城"的发展转向"都"的功能提升，从集聚资源求增长转向疏解功能谋发展，从规模扩张向内涵提升转变，实现人口规模、土地开发强度不断下降，超大城市资源环境承载力不断提升，中心城市辐射带动作用持续增强，形成以都市圈、城市群为主体形态的大中小城市和小城镇协调发展的新型城镇化格局。

（二）构建现代化首都都市圈、推进京津冀城市群协同发展的必然要求

从都市圈和城市群的视角来看，加快北京超大城市发展方式转变有利于跳出北京看北京、跳出北京谋发展，从更宽广的空间尺度推动资源优化配置、推动首都都市圈和京津冀城市群协同发展。建设现代化首都都市圈有利于打破京津冀各区域行政壁垒，使北京不同城区的疏解和发展需求与京津、京冀相邻地区发展需求相结合，使核心城市与不同外围地区一一对接，有针对性地进行开发和建设。① 北京超大城市实现更高质量、更加安全、更可持续发展，必须加快发展方式转变。一方面，既要突出自身资源优势，加快科技创新和发展方式转变，实现创新引领；另一方面，更要突出协同发展的空间优势，从都市圈、城市群的空间尺度更好配置资源、推动创新链产业链价值链融合发展，实现辐射带动。加快北京超大城市发展方式转变，从单一城市发展转向以都市圈、城市群为主体形态的大中小城市协调发展，有利于更好发挥北京超大城市资源集聚优势，整合都市圈、城市群资源与力量，形成以中心城市带动都市圈、都市圈引领城市群、城市群支撑区域协调发展的空间协同效应，构建便捷高效的通勤圈、便利共享的功能圈、梯次配套的产业圈，更高质量、更高水平构建现代化首都都市圈，打造以首都为核心的京津冀世界级城市群。

（三）构建高质量发展新格局、率先实现中国式现代化的战略选择

从全国发展大局视角，加快北京超大城市发展方式转变，有利于加快构建高质量发展的新格局、率先实现中国式现代化。党的二十

---

① 姚永玲：《开放式首都都市圈 协同式空间大格局》，《前线》2022 年第 6 期。

大吹响了全面建设社会主义现代化国家的冲锋号，发出了实现中国式现代化、全面推进中华民族伟大复兴的动员令。根据第七次全国人口普查数据，7 个超大城市、14 个特大城市人口占全国的 20.7%，国内生产总值占全国的三成以上，走在我国现代化建设的前列。超大特大城市必须加快转变发展方式、率先探索中国式城市现代化，在推进中国式现代化、全面建设社会主义现代化国家中发挥标杆引领作用。① 北京作为全国超大城市，既是辐射带动周边协同、畅通国内大循环的重要节点，也是创新引领全国乃至全球发展、推动国内国际双循环的关键引擎。加快北京超大城市发展方式转变，更好发挥北京作为全国政治中心、文化中心、全球科技创新中心、国际交往中心的重要节点作用，率先探索中国超大城市现代化道路，为构建高质量发展的新格局、率先实现中国式现代化作出更大贡献，在更好满足人民对美好生活向往、全面建设社会主义现代化国家中发挥标杆引领作用。

二 北京超大城市发展方式转变面临的主要难题

从全国乃至全球来看，"大城市病"既是全球超大城市空间演化中的共同性难题。国外许多大城市因多方面原因也存在较为严重的"大城市病"难题，也体现了中国发展情况的特殊性。随着大城市规模不断扩大，城市空间压力集聚，经济增长乏力、生态环境污染、交通日益拥堵、房价居高不下、安全事故频发等"大城市病"难以根治，成为影响超大城市高质量发展的障碍与难题。转变超大城市发展方式涉及多领域的城市转型难题，存在发展方向不明确、思想不积极、规划不完善、措施不得力等深层次原因，主要表现如下。

---

① 龚正：《加快转变超大特大城市发展方式》，《人民日报》2022 年 12 月 16 日。

（一）产业转型难、能源结构不合理等难题，制约经济发展方式转变

从经济层面看，北京超大城市存在传统产业转型难、新兴产业培育难，以及能源结构不合理等难题，制约经济发展方式转变。

一是缺乏具有自主创新力、全球引领力和国际竞争力的产业链及龙头企业，粗放型经济增长模式转变难。改革开放以来，因生产要素供应充足且科技水平较低，我国形成了粗放型城镇化模式，微观上企业运营形成了"粗放型经营模式"及对其的路径依赖。[①]许多传统产业大而不强，创新力不足，高能耗、高污染、高排放的粗放型经济增长模式不可持续。近年来，北京以疏解非首都功能为"牛鼻子"，推动京津冀协同发展，不少低端产业被关停并转、疏解外迁，但缺乏有效的替代产业及时跟进。以美国为代表的发达国家对我国企业实行贸易封锁，我国新兴产业发展受到压制、动力不足、增长乏力。一方面，超大城市服务业占比高是城市产业结构优化的重要优势，但另一方面，对资金、人才等要素形成虹吸效应，加剧"制造业空心化"风险。以金融业为代表的虚拟经济增速快于以制造业为代表的实体经济，容易引发泡沫经济和系统性金融风险。此外，超大城市产业和功能过度集中，而周边区域要素流动与配置效率低，制约产业转型与协调发展。

二是能源自给率低、传统能源比重大，绿色新能源开发不足，能源发展方式转变难。除天津、深圳能源自给率达到62%、重庆为37%外，北京不到8%，其他超大特大城市一次能源自给率低，一旦出现极端天气或异常状态，可能引发能源供给的脆弱性和安全性危机。北京持续优化能源结构，能源品种结构逐步优化，清洁能源比重持续提高，基本形成了多源多向、清洁高效、覆盖城乡的城市能源体系。2012 年，北京市提

---

① 陈明生：《产业升级、要素收益提高与我国城市发展方式的转变》，《新疆社会科学》2017年第 4 期。

出压减燃煤计划；2017 年，北京城六区和南部平原地区基本实现"无煤化"；2020 年全市煤炭消费量压减至 135 万吨，占能耗总量的比重仅为 1.4%，实现平原地区基本无煤化。2021 年全市可再生能源电力消纳总量达到 244.66 亿千瓦时，超额完成国家下达的任务。如表 1 所示，从能源生产来看，北京促进能源生产结构转型，原煤生产量从 2005 年的 945.2 万吨降低至 2019 年的 36.1 万吨，2020~2021 年均为 0。而可再生能源生产量增加，如水电从 2005 年的 4.0 亿千瓦时上升为 2021 年的 13.7 亿千瓦时，风电从 2008 年的 0.9 亿千瓦时上升为 2021 年的 4.0 亿千瓦时，光伏发电从 2013 年的 0.1 亿千瓦时上升为 2021 年的 6.2 亿千瓦时，可以预期的是风电、光伏发电将持续增加，助力北京实现碳中和目标。

表 1 2005~2021 年北京能源生产量

年　份	一次能源合计（万吨标准煤）	原　煤（万吨）	水　电（亿千瓦时）	风　电（亿千瓦时）	光伏发电（亿千瓦时）
2005	679.5	945.2	4.0	—	—
2006	460.6	642.1	4.1	—	—
2007	466.1	648.8	4.2	—	—
2008	414.2	578.5	4.5	0.9	—
2009	475.7	641.3	4.4	1.4	—
2010	499.9	500.1	4.3	3.1	—
2011	500.3	500.1	4.5	3.1	—
2012	507.2	493.1	4.2	3.1	—
2013	541.7	500.1	4.7	3.3	0.1
2014	514.0	457.5	6.8	2.8	0.1
2015	545.6	450.1	6.6	2.6	0.5
2016	445.8	317.6	12.2	3.3	1.1
2017	416.9	255.0	11.1	3.5	2.0
2018	611.5	176.2	9.9	3.5	3.1
2019	691.1	36.1	10.2	3.4	4.8
2020	576.8	0.0	11.5	3.7	6.2
2021	385.6	0.0	13.7	4.0	6.2

数据来源：《北京统计年鉴 2022》，https://nj.tjj.beijing.gov.cn/nj/main/2022-tjnj/zk/indexch.htm。

从能源消费及构成来看，北京能源消费总量持续攀升，如表 2 所示，从 2010 年的 6359.49 万吨标准煤增加到 2019 年的 7360.32 万吨标准煤，2020 年有所回落，降低至 6762.10 万吨标准煤。2021 年又上升到 7103.62 万吨标准煤。其中，煤炭占能源消费总量的比重从 2010 年的 29.59%下降到 2021 年的 1.44%，下降幅度较大；石油占能源消费总量的比重从 2010 年的 30.94%下降到 2021 年的 28.66%，变动幅度不算大；天然气占能源消费总量的比重从 2010 年的 14.58%增加到 2021 年的 36.15%，增幅较大。北京能源消费向绿色低碳方向转型，能源消费结构不断优化。北京不断加强新能源开发，但仍面临新能源能量密度低且具有不稳定性及储能滞后等问题，制约了能源转型。此外，北京超大城市的交通领域存在交通能源转型滞后、能耗强度大、污染严重等问题，建筑领域存在建筑技术落后、能耗高及建筑质量差等问题。

表 2   2010~2021 年北京能源消费总量及构成情况

单位：万吨标准煤，%

年份	能源消费总量	占能源消费总量的比重						非化石能源占能源消费总量的比重
		煤炭	石油	天然气	一次电力	电力净调入(+)、调出(-)量	其他能源	
2010	6359.49	29.59	30.94	14.58	0.45	24.35	0.09	—
2011	6397.30	26.66	32.92	14.02	0.45	25.62	0.33	—
2012	6564.10	25.22	31.61	17.11	0.42	25.38	0.26	—
2013	6723.90	23.31	32.19	18.20	0.35	24.99	0.96	—
2014	6831.23	20.37	32.56	21.09	0.41	24.03	1.54	—
2015	6802.79	13.05	33.79	29.18	0.40	21.71	1.88	—
2016	6916.72	9.22	33.14	31.88	0.66	23.37	1.73	4.60
2017	7088.33	5.06	34.00	32.00	0.65	26.15	2.14	7.20
2018	7269.76	2.77	34.14	34.17	0.61	25.68	2.63	7.80
2019	7360.32	1.81	34.55	34.01	0.67	25.79	3.17	7.90
2020	6762.10	1.50	29.27	37.16	0.84	26.96	4.26	10.40
2021	7103.62	1.44	28.66	36.15	0.90	28.70	4.15	12.00

数据来源：《北京统计年鉴 2022》，https：//nj.tjj.beijing.gov.cn/nj/main/2022-tjnj/zk/indexch.htm。

（二）生活成本高、贫富差距悬殊等难题，制约社会发展方式转变

从社会层面看，存在生活成本高等问题，制约超大城市社会发展方式转变。北京作为超大城市，人口、产业、建筑等要素在局部空间过度密集，基础设施建设与公共服务供给不均衡，居民生活成本升高。老城区存在大量的老旧小区，面临设施更新资金缺口大、基础设施更新滞后、与新一代信息技术融合不足等问题。常住外来人口为推动超大城市经济社会发展作出了重要的历史性贡献。部分地区存在"城中村"、城乡接合部、棚户区居住环境欠佳，社会保障体系不完善等现象。市民化程度严重不足，"半城镇化"问题突出，任其长期存在将会产生一批缺少归属感的"失落群体"。超大城市在马太效应作用下，区域发展差距拉大。如表3所示，2015~2021年，北京市居民家庭生活情况得到有效改善，人均可支配收入、人均消费支出、人均住房建筑面积均有所提升。但城镇居民家庭与农村居民家庭在人均可支配收入、人均消费支出等方面的差距有所扩大。2015年农村居民家庭人均可支配收入比城镇居民家庭少32290元，2021年则少48215元。2015年农村居民家庭人均消费支出比城镇居民家庭少20831元，2021年则少23202元。超大城市人口多，公众利益诉求纷繁复杂，社会发展方式转型难。此外，超大城市还面临重大传染病传播风险、安全治理成本高等难题。

表3　2015~2021年北京市居民家庭生活基本情况

项目	2015 年	2016 年	2017 年	2018 年	2019 年	2020 年	2021 年
全市居民家庭生活基本情况							
人均可支配收入（元）	48458	52530	57230	62361	67756	69434	75002
人均消费支出（元）	33803	35416	37425	39843	43038	38903	43640
居民家庭恩格尔系数（%）	22.4	21.5	20.2	20.2	19.7	21.5	21.3
人均住房建筑面积（平方米）	33.23	34.02	34.23	34.86	34.52	34.56	35.59

项目	2015 年	2016 年	2017 年	2018 年	2019 年	2020 年	2021 年
城镇居民家庭生活基本情况							
人均可支配收入（元）	52859	57275	62406	67990	73849	75602	81518
人均消费支出（元）	36642	38256	40346	42926	46358	41726	46776
居民家庭恩格尔系数（%）	22.1	21.1	19.8	20.0	19.3	21.0	20.8
人均住房建筑面积（平方米）	31.69	32.38	32.56	33.08	32.54	32.60	33.40
农村居民家庭生活基本情况							
人均可支配收入（元）	20569	22310	24240	26490	28928	30126	33303
人均消费支出（元）	15811	17329	18810	20195	21881	20913	23574
居民家庭恩格尔系数（%）	27.7	26.9	24.7	23.8	25.3	28.5	28.3
人均住房建筑面积（平方米）	43.03	44.50	44.89	46.26	47.19	47.08	49.61

数据来源：《北京统计年鉴 2022》，https://nj.tjj.beijing.gov.cn/nj/main/2022-tjnj/zk/indexch.htm。

（三）城市文化内涵与特色缺失等难题，制约文化发展方式转变

从文化上看，城市文化内涵与特色缺失等制约超大城市文化发展方式转变。"千城一面"、缺乏城市个性与文化特色是许多超大城市共同面临的难题。重经济轻文化造成城市文化发展失衡。各城市盲目发展文化产业园区、特色小镇、生态旅游等文化产业，"千城一面""千楼一面"，一味模仿而缺乏特色，对城市历史文化内涵的继承、发掘、发扬和创新的重视程度不够。[①] 在大拆大建中，不少城市出现大量的、密集的高层建筑，缺乏文化特色和可识别性。城市里一些有历史文化价值的传统建筑遭到一定程度破坏或被拆毁，缺乏科学的文化发展定位，不能彰显当地的文化资源特色，盲目开发文化园区、"仿古"小镇，发展文

---

① 刘展旭：《以转变城市发展方式推进新型城市建设研究》，《经济纵横》2021 年第 12 期。

旅产业等，文化发展模式雷同，形成同质化竞争，缺乏文化内涵、城市特色和文化活力。

（四）环境污染、绿色消费滞后等难题，制约生态发展方式转变

从生态环境层面看，环境污染、生态恶化、绿色消费滞后等制约超大城市生态发展方式转变。

一是存在能耗和碳排放强度大、环境污染问题。近年来，北京加快产业转型、强化环境治理，效果明显。超大城市及其周边地区产业集聚，能耗和碳排放强度大，企业的清洁生产、节能减排难度大。生态文明建设滞后于经济发展，环境污染问题加剧，环境风险升级，成为超大城市发展方式转变的瓶颈。

二是存在垃圾"围城"、绿色消费滞后难题。当前，超大城市生活垃圾量约占全国生活垃圾总量的 35%，年生活垃圾量平均增速为 7%，个别城市增速甚至超 10%。如表 4 所示，北京的生活垃圾产生量总体呈现上升态势，从 2012 年的 648.3 万吨增长到 2021 年的 784.2 万吨，其中 2019 年最高，达到 1011.2 万吨。北京生活垃圾清运量及无害化处理率均较高，能够全部完成生活垃圾的无害化处理，生活垃圾无害化处理能力从 2012 年的 17530 吨/日增长到 2021 年的 33861 吨/日。许多市民认识不足，绿色消费行为习惯尚未养成，垃圾治理配套设施不完善，垃圾回收再利用滞后。在消费导向下，垃圾"围城"风险日益凸显，"邻避"效应易引发群体性事件，绿色低碳的生活方式还未形成，影响市民生命健康与社会和谐稳定。

三是存在生态空间被挤压、生态系统脆弱等难题。超大城市的摊大饼式发展使得资源环境承载力不足，过度城市化导致抗风险能力减弱，环境污染和生态风险加剧。随着城市规模的扩大，一些城市在建设过程中偏重于道路、管网、照明等必要设施的"硬件建设"，而忽视或轻视

"生态修复"工程的配套建设。这种"单打一"的建设模式，埋下了许多"城市隐患"。① 未来，超大城市可能还面临病毒攻击、网络攻击、电网攻击、极端天气攻击等风险，在极端气候，如持续高温或寒流等情况下，超大城市生态系统尤为脆弱。

表4　2012~2021年北京生活垃圾情况

年份	生活垃圾无害化处理能力（吨/日）	生活垃圾产生量（万吨）	生活垃圾清运量（万吨）	生活垃圾无害化处理率（%）
2012	17530	648.3	648.3	99.12
2013	21971	671.7	671.7	99.30
2014	21971	733.8	733.8	99.59
2015	27321	790.3	790.3	99.80
2016	24341	872.6	872.6	99.84
2017	24341	924.8	924.8	99.88
2018	28591	975.7	975.7	99.94
2019	32711	1011.2	1011.2	99.98
2020	33811	797.5	797.5	100.00
2021	33861	784.2	784.2	100.00

数据来源：《北京统计年鉴2022》，https://nj.tjj.beijing.gov.cn/nj/main/2022-tjnj/zk/indexch.htm。

三　加快北京超大城市发展方式转变，构建现代化首都都市圈的路径选择

构建现代化首都都市圈是加快北京发展方式转变、建设京津冀世界级城市群的关键支撑，有利于更好发挥北京"一核"辐射带动作用，有利于探索人口经济密集地区发展方式转变、构建新发展格局、推进高质量发展的新路径。北京加快发展方式转变，需要从首都都市圈、城市群等更广的空间尺度进行思考，以疏解非首都功能为"牛鼻子"，推动

① 马彤：《转变城市发展方式 推进海绵城市建设》，《城乡建设》2022年第19期。

首都都市圈创新链、产业链、供应链融合发展，实现资源优化配置与功能分工，从根本上破解超大城市"摊大饼"发展难题，以更加合理的空间布局实现更高质量、更加安全、更加低碳的协同发展，打造宜居、韧性、智慧的超大城市现代化建设新格局，加快推动现代化首都都市圈建设。

（一）着眼思维转变，以五大转变为方向强化规划引领

在顶层设计层面，着眼于思维转变，以五大转变为方向，提高思想认识，强化规划引领。深刻把握超大城市发展规律，切实纠正和转变过时、不合理的传统发展理念，打破传统思维惯性，推动超大城市在经济、社会、文化、生态、空间等五大领域的全面转型。一是从传统粗放经济向现代高质量经济转变，即实现由粗放型经济增长向集约型、创新型、内涵式经济发展转变，加快向以技术创新为引擎、以绿色能源为主导、以低碳产业为支撑、以清洁生产为过程、以低碳排放为要求的高质量发展方式转变。二是从传统落后社会向现代文明社会转变，即实现从单一主体、全能管控的传统管制模式向以人为本、共建共治的社会公共治理模式转变，彰显多元参与的社会协同效应，推动基本公共服务均等化、社会公平公正、包容普惠发展。三是从文化缺失向文化引领转变，即实现从文化趋同、千城一面的传统文化发展模式向传承城市文化、彰显城市特色、提升城市形象的现代文化发展方式转变。四是从环境污染向生态宜居转变，即实现从传统高能耗、高污染的高碳发展模式向低能耗、低污染的低碳发展模式转变，从消费主义导向的传统生活方式向绿色消费的低碳生活方式转变。五是从"大城市"向"大都市"转变，即实现从单中心集聚、"摊大饼"式的城市发展模式向提升超大城市能级和创新力、辐射带动周边发展的都市圈与城市群协同发展模式转变，打造具有全球引领力、国际一流的和谐宜居之都。以五大转变为重要方向，提高思想认识，强化顶层设计，将转变发展方式纳入超大城市总体

发展规划进行高位统筹，科学谋划超大城市生产、生活、生态空间，制定转变超大城市发展方式的专项规划和实施方案，推动超大城市转型与高质量发展。

（二）着眼管理转型，建立超大城市现代化治理体系

在体制机制层面，着眼于管理转型，建立健全促进超大城市发展方式转变的现代化治理体系。一是构建党委领导、党建引领的超大城市治理新体制。借鉴北京超大城市治理中构建"街乡吹哨、部门报到"机制、以党建引领基层治理的重要经验，解决传统管理中存在的条块分割、单兵作战、自我封闭等问题，高规格建立由党委牵头抓总、多部门参与协同的促进超大城市发展方式转变的治理体系，突出党建引领，注重社会动员，强化多部门联动。加快形成"党委领导—科学决策—执行有力—民主监督—高效反馈"的超大城市治理新体制，完善法规体系和保障制度。二是构建责任追究、跨域协同的超大城市治理新机制。建立责任追究、风险评估机制。坚持党政负责、部门担责，明晰发展方式转变的责任边界，加强风险评估，强化失责追究，倒逼发展方式转型。建立公众参与、跨域协同机制。将专家论证、公众参与、跨部门跨区域协同等作为关键环节，切实加大促进超大城市发展方式转变的资源整合力度，实现中心城市带动都市圈、都市圈引领城市群、城市群支撑区域协调发展的跨域协同效应。

（三）着眼重点领域，推动经济、社会、文化、生态等全方位转变

在破解难题层面，着眼于重点领域，深入推动产业、能源、社会、文化、生态等多维度、全方位的发展方式转变。

一是在产业领域，以技术创新为引擎促进传统产业转型，加强低碳化、智能化的高端制造业布局，出台政策引导金融资本服务实体经济发

展，破解产业结构性失衡难题。转变超大城市开发建设方式，合理疏解中心城区非核心功能与产业，在首都都市圈内加快打造一批功能与产业疏解承接地，在北京周边新城培育反磁力中心。北京应加强与津冀的合作，推动科技创新成果在首都都市圈内落地转化，聚焦新能源和智能网联汽车、生物医药、工业互联网、氢能等重点产业，促进提升产业配套能力，进一步优化区域产业分工和生产力布局，推动应用场景和技术项目合作，以创新链带动产业链，共建上下游衔接的产业链和供应链体系。① 加快北京超大城市经济发展方式转变，以提升中心城区产业引领力、增强周边区域辐射带动力为主攻方向，加强创新链产业链融合与区域联动，推动首都都市圈高质量发展。

二是在能源领域，加快传统能源替代，既要筑牢传统能源安全供给的"压舱石"，也要筑强绿色新能源发展的"增长极"，提高能源自给率。以首都都市圈建设为契机，北京与周边地区加强新能源合作，加大新能源合作开发力度，实现氢能与燃料电池、光伏风力发电、光储智能微网、能源互联网等颠覆性技术突破。北京加强与张家口、承德等周边地区的新能源开发合作，大面积开发光伏风力发电等，构建城市源、网、荷、储智慧协同体系。以新能源开发利用为抓手，推动首都都市圈能源合作与协同发展，从源头上实现节能减排、绿色生产，提高低碳可再生能源比重，助力实现碳达峰碳中和目标。

三是在社会领域，坚持以人民为中心，从人口管理转向人口治理，提高就业、教育、医疗、养老、托幼等领域的服务能力，加快常住外来人口"市民化"进程，增加创新创业机会和就业岗位，将庞大的人口规模及其"压力"转变为超大城市创造财富、激发活力的人力资本。针对超大城市新市民、青年人多的特点，加快建立多主体供给、多渠道保障、租购并举的住房制度，降低租房成本。建立同工同酬制度，完善

---

① 贺勇：《加快建设现代化首都都市圈 推动协同发展取得新成效》，《人民日报》2023 年 3 月 27 日。

社会保障制度。加强重大传染病传播风险防范，加快基层疾病防控与应急能力建设。

四是在文化领域，坚持"留改拆"并举、以保留保护为主，加强城市传统优秀文化传承保护，尊重和珍惜城市的历史传统、地域风貌和民族特色，推动城市历史文化与文化产业融合发展，避免千城一面和"有城无魂"，打造城市名片，提升城市品牌的可识别性。城市品牌是城市发展的"导向牌"、凝聚人心的"吸铁石"、城市形象的"金名片"。① 加快北京超大城市文化发展方式转变，注重城市文化内涵提升，以重大节事活动为契机，以全国文化中心建设为平台，以城市品牌为龙头，充分发挥城市品牌对行业、企业、产品品牌的辐射带动作用，充分发挥活动的宣传效应，注重活动的营销推广，传承古都文脉与发展文化创意产业融合，切实提升北京超大城市和历史古都的文化影响力和辐射力。

五是在生态领域，加强生态环境保护和污染治理，推动形成超大城市的绿色低碳生产生活方式。加强"垃圾围城"难题治理，将超大城市生活垃圾纳入公共治理范畴，加大投入，提高垃圾无害化终端处理能力，健全全生命周期垃圾治理体系。制定严格的生态环境相关政策，积极发展绿色产业、绿色交通、绿色建筑，倡导清洁生产与循环利用，鼓励绿色消费。以留白增绿拓展生态空间，划定城市生态红线，加强生态环境治理，增加城市绿化面积，打造生态宜居的城市生产生活环境。

（四）着眼城市更新，加快打造"宜居城市""韧性城市""智慧城市"

在技术方法层面，着眼于城市更新，加快打造"宜居城市""韧性城市""智慧城市"。党的二十大报告提出实施城市更新行动，加强城

---

① 王国平：《以城市发展方式转变推动经济发展方式转变》，《红旗文稿》2014年第12期。

市基础设施建设，打造宜居、韧性、智慧城市。将"宜居城市""韧性城市""智慧城市"建设作为北京超大城市发展方式转变的重要手段，以首都都市圈建设为核心在更大空间尺度进行战略布局，推动首都城市能源、供排水、交通、数字信息、防灾、环保等基础设施改造提升，助力首都高质量发展。

一是加强城市更新改造，打造"宜居城市"。引入社会资本，创新基础设施投资模式，加大城市设施等公共项目建设投入，既要解决当前城市设施建设中的难点，也要瞄准未来城市乃至都市圈发展的新要求，适度超前布局，增加新技术、绿色低碳、韧性智慧等新基建内容，推动城市更新与发展方式转变相融合。针对老建筑、老旧小区、"城中村"等，采取"集中成片""微更新"等方式，为社区邻里中心、基础设施、市政道路、绿地等提供更多空间，提升城市温度，打造人居环境。

二是筑牢城市生命安全防线，打造"韧性城市"。将健康、安全、韧性作为北京超大城市发展方式转变的基本要求，制定和完善北京超大城市韧性发展专项规划与实施方案，设立多部门协同的韧性城市建设机构，实施北京韧性城市基础设施建设工程，彻底解决"设施陈旧、标准偏低、超期服役或超负"等难题，筑牢与现代国际大都市经济实力相匹配的城市生命安全防线。

三是建设超大城市"大脑"，打造"智慧城市"。加快建设高速泛在、天地一体、云网融合、智能敏捷、绿色低碳、安全可控的超大城市智能化综合治理平台，打造超大城市或首都都市圈"大脑"。推动超大城市数字化、智能化转型，实现都市圈公共服务"一网通办"和城市安全运行"一网统管"，扩大智能化发现手段的覆盖面，推动北京超大城市与首都都市圈的数据共享、开放合作、精细治理，加快推动北京超大城市发展方式转变，构建现代化首都都市圈高质量发展的新格局。

参考文献

龚正：《加快转变超大特大城市发展方式》，《人民日报》2022 年 12 月 16 日。

姚永玲：《开放式首都都市圈 协同式空间大格局》，《前线》2022 年第 6 期。

陈明生：《产业升级、要素收益提高与我国城市发展方式的转变》，《新疆社会科学》2017 年第 4 期。

刘展旭：《以转变城市发展方式推进新型城市建设研究》，《经济纵横》2021 年第 12 期。

马彤：《转变城市发展方式 推进海绵城市建设》，《城乡建设》2022 年第 19 期。

贺勇：《加快建设现代化首都都市圈 推动协同发展取得新成效》，《人民日报》2023 年 3 月 27 日。

王国平：《以城市发展方式转变推动经济发展方式转变》，《红旗文稿》2014 年第 12 期。

首都都市圈背景下
北京"两区"建设的问题与路径

陈首珠　姚舜天*

摘　要：党中央要求北京市做好"两区"建设，以促进首都都市圈经济高质量发展，从而服务全国新发展格局。北京市应利用好这一机遇，充分发挥政策的叠加优势，加快进行"两区"建设，更好地服务于首都都市圈建设。本文分析了"两区"建设的基本状况及主要成就。针对现存的一些问题，应进一步从强化人才建设、优化营商环境、协调发展体系、加强数字应用四大方面入手，不断进行制度创新，加快产业升级，构建现代化首都都市圈。

关键词："两区"建设　北京　首都都市圈

2020年9月，习近平总书记在中国服贸会全球峰会上宣布了对北京"两区"建设的支持。"两区"分别是"国家服务业扩大开放综合示范区"和"以科技创新、服务业开放、数字经济为主要特征的自由贸

---

* 陈首珠，博士，北方工业大学马克思主义学院副教授，硕士生导师；姚舜天，北方工业大学马克思主义学院。

易试验区"。① 作为"五子"联动的关键一环，北京市 17 个区域的"两区"建设均已步入正轨，取得了诸多成果，促进了首都都市圈经济发展，在全国发挥了引领示范作用。

为推进"两区"建设，首先要理解其科技创新、服务业开放及数字经济三大特征。进入 21 世纪，国与国之间或区域之间的竞争常常表现为科技竞争。习近平提出，科技创新，就像撬动地球的杠杆，总能创造令人意想不到的奇迹。② 在新一轮科技革命的背景下，我国要想把握住新的战略发展机遇，就必须勇立潮头，注重科技创新，促进产业升级。近年来世界经济下行，很多国家开始转向贸易保护主义，传统的货物贸易已不能满足经济开放需求。与此同时，中国服务业的地位随经济发展而日益提升，2020 年中国服务业增加值占 GDP 的 54.5%，传统制造业的规模已然被服务业超越了。在这种局面下，将货物贸易转化为服务贸易已刻不容缓。数字经济是以数据要素为核心资源、以互联网平台为活动载体的新经济模式。③ 随着信息技术的飞速发展，数字经济逐渐成为经济发展的主要驱动力。因此，在数字经济时代，我国必须根据数字经济发展状况不断调整相关政策，进行制度创新，为数字经济营造最佳的发展环境。

一 北京"两区"建设的基本情况与成就

（一）基本情况

北京"两区"建设一开始并非齐头并进的。2015 年开启服务业

---

① 习近平：《在 2020 年中国国际服务贸易交易会全球服务贸易峰会上的致辞》，《人民日报》2020 年 9 月 5 日。
② 习近平：《习近平谈治国理政（第一卷）》，外文出版社，2018。
③ 陈晓红、李杨扬、宋丽洁等：《数字经济理论体系与研究展望》，《管理世界》2022 年第 2 期。

开放试点。2020 年 8 月，北京自由贸易区设立。次月，服务业开放试点升级为综合示范区。"两区"建设正式走上了共同发展的道路。

"两区"建设恰逢"十四五"开局的重要时刻。"两区"建设作为北京市经济发展的发力点，具有关键性作用。北京市积极推进"两区"建设。围绕"两区"建设的 251 项政策清单仅半年内就完成了140 余项。截至 2023 年 2 月，政策清单已完成 244 项，其中 80 多项更是首创性政策。"两区"建设呈现的北京式加速度，在全国起到了示范作用。

根据国务院的规划，国家服务业扩大开放综合示范区（以下简称"示范区"）建设分两步走。到 2030 年，北京市服务业规模与竞争力都排世界前列。而北京自由贸易区（以下简称"自贸区"）的建设目标是成为京津冀协同发展的高水平对外平台。示范区覆盖了北京市全市域 16 个区，这 16 个区联同经开区，构成了"17+9+4"战略框架中的 17 个区域。而自贸区为三大片区七大组团的结构，总面积约120 平方公里。

在上述方案的基础上，以服务企业的精神为核心，针对九大领域和四大要素，北京市分别制定了相应的实施方案（见表 1），各区也根据具体情况制定了本区的"两区"建设计划。如果该区同时是自贸区的组团，还会制定本区组团的实施方案。围绕"两区"建设，市区各级政府相互协调，多方督促，形成了可观的政策叠加优势。

2023 年，在北京"两区"建设取得重大成就的基础上，国务院又同意在南京等 6 市开展服务业扩大开放试点，加上 2021 年天津等四地开启的试点，中国针对服务业开放已形成"1+10"的格局。[1] 在这一格局下，北京起着示范性作用，引领其余 10 地的服务业开放。在未来几

---

① 汪文正：《服务业开放引擎更强劲》，《人民日报海外版》2023 年 1 月 3 日。

表 1　九大重点领域实施方案

重点领域	实施方案
文化旅游	加强制度创新引领，提升综合服务效能；推进各区特色化发展，形成示范带动效应；推动文化产业升级，促进文化融合互鉴
科技	提升全球创新资源聚集能力；合作共建高端开放创新平台；加快培育高质量发展新动能；积极构建科技创新合作共同体；加快营造世界一流创新生态
数字经济	加强数字经济基础设施建设，扩大数字经济跨境领域开放，培育数字经济新型业态，以数字经济赋能高水平开放发展；推动高端产业领域开放创新突破，支持落地建设高端产业项目，支持建设国际合作产业园，推动高端产业领域开放发展
金融	以"五个一批"为引擎，培育金融发展新动能；聚焦"九个"重点领域，构建金融全方位稳健开放新模式；对标国际国内最新实践，优化"四方面"金融营商环境
教育	扩大国际教育供给，完善外籍人员子女学校布局，允许中小学按国家有关规定接收外籍人员子女入学；探索引进考试机构及理工类学科国际教材；鼓励外商投资成人类教育培训机构，支持外商投资举办经营性职业技能培训机构；推进一批职业教育国际合作示范项目；研究制定外国留学生在我国境内勤工助学管理制度，自贸试验区制定有关实施细则
医疗	支持设立国际研究型医院，建设研究型病房，加速医药研发成果孵化进程；开展跨境远程医疗，推动自贸试验区内医疗机构按照有关规定开展干细胞临床研究；促进"互联网+医疗健康"创新发展；支持医疗器械创新北京服务站在北京市内开展业务，加快医药产业转化，提高审批效率；加速急需医疗器械与研发用材料试剂和设备通关
专业服务	系统制定专业服务领域政策；积极放宽资质认可条件提升发展质量；多措并举促进高端专业服务要素集聚；全力推进专业服务营商环境优化；全面打造示范引领性项目品牌；持续构建全球化专业服务网络
航空服务	加快"双枢纽"国际航空物流发展；积极完善北京国际航线网络；培育通用航空开放发展新业态；依托首都优势打造口岸功能区新高地；推动"双临空经济区"成为区域发展新引擎；打造充满活力的国际航空服务软环境
商务服务	建设国际消费中心城市；打造开放平台；提升开放能级；完善开放网络；优化开放环境

资料来源：《首都之窗："两区"方案》，https://open.beijing.gov.cn/html/programme.html。

年，作为唯一的示范区，北京仍将加大制度创新力度，不断扩大服务业开放，力争取得更多更大的首创性成就，发挥龙头作用带动全国服务业开放。

随着一系列政策的落地实施，"两区"建设初具规模，建设规划不断完善。2023 年，北京市将实施"一五一六三"的建设规划，围绕一条主线、聚焦五个要素、提升一批园区、完善六项机制、强化三方面保障予以推进。[①] 四要素转化为五要素，除了人才和知识产权两大要素保留不变外，国际收支、贸易与投资取代了财税与通关两要素，要素的优化则服务于高质量发展这一条主线。

（二）主要成就

两年多来，北京市"两区"建设取得了一系列重大成就，带动了首都都市圈经济的稳步发展。

2022 年，受全球经济环境不振及新冠疫情影响，北京市第一、第二产业发展欠佳。在这种局面下，第三产业增加值仍达到约 3.5 万亿元，经济总量保持增长态势。而在第三产业中，信息与科技服务业以及金融业的占比更是进一步增加，达到 45.9%。在北京市全年吸收外商投资中，84%与服务业投资相关，共计 146 亿美元。[②] 这既体现了服务业在北京市总体经济格局中的地位，也彰显了北京市"两区"建设的成就。

截至 2022 年底，全市入库项目超 9000 项，其中落地项目占六成以上。其中 100 余项落地项目都是引领性项目，可以吸纳外资、促进创新，推动地方经济高质量发展。[③] 下文通过介绍几个区域取得的成就简要展现"两区"建设的总体成就。

2021 年服贸会上北京市证券交易所被确认设立。在"两区"建设刚刚经过一年飞速发展期的节点，北交所的设立有利于新的中小企业的

---

① 夏骓：《向全国推广 34 项改革创新经验》，《北京日报》2023 年 2 月 24 日。

② 北京市统计局、国家统计局北京调查总队：《北京市 2022 年国民经济和社会发展统计公报》，https://www.beijing.gov.cn/zhengce/zhengcefagui/202303/t20230321_2941262.html，2023 年 3 月 21 日。

③ 马婧、曹政：《五子联动　落准走稳》，《北京日报》2023 年 2 月 24 日。

融资与发展。作为北交所的属地，西城区不断优化服务机制，推动了北交所发展壮大。在北交所开市一周年之际，已有 123 家上市公司，其中近八成为中小企业。北交所起好了服务小微企业的良好平台作用。除北交所外，西城区也很好地发挥了金融中心的作用，吸引了 122 家金融机构入驻，造就了中国金融产业最密集的金融街，贡献了全市四成的金融增加值。

北京市经开区十分重视制度创新，经不断尝试与突破，共出炉了两批次 26 个改革创新实践案例。其中 5 个在全市推广，2 个甚至推广至全国。为了优化营商环境，经开区推进"证照联办""一业一证"改革，各项许可证合而为一，成为一个综合许可证，并可与营业执照同时申办。这样的话，原来一个月左右才能完成的申办流程现只需五天就能完成。经开区还启动建设新视听产业和智能网联汽车产业，充当了探路者的角色。两年来，经开区的储备项目超 1000 项，体现了经开区参与"两区"建设的积极态度。

顺义区十分重视高新科技发展，建设北京创新产业集群示范区。汽车、半导体、航空航天等产业项目纷纷在顺义落地，创新链对产业链的带动效应逐渐显现，截至目前，顺义的企业数量、专利授权数、技术合同成交额均快速增长。作为首都机场所在地，顺义区发挥"第一国门"的关键优势，不断扩大服务业开放。顺义承建了北京中德产业园，吸引了 90 余家德资企业的投资。在金融服务业、航空航天业、文化艺术业等方面顺义也吸收了大量的企业入驻。

二 北京"两区"建设的主要问题

北京市在"两区"建设方面已取得了显著成效，但仍存在以下问题。

在服务贸易方面，北京市服务贸易在质和量上均有很大程度的提升空间。首先，服务贸易逆差仍然很大，北京服务业竞争力不强。虽然近年来逆差逐渐缩小。不过，这主要是因为海外旅行业收缩，北京市服务水平并没有大幅上升。对境外服务业的开放需求远超于境内服务业的输出需求。其次，与上海相比，北京服务贸易规模不大。在服务业增加值相差无几的情况下，北京的服务贸易规模仅占上海的2/3，北京的外资利用率也远远低于上海。2021年，上海市新入驻外企达6708家，而北京仅1900多家，相当于上海的29%。最后，北京市服务贸易专业化水平有待提升。2021年，北京市知识密集型服务贸易额仅相当于上海的73.8%，文化产业贸易额更是只相当于上海的37.7%。[①] 在发展服务贸易、革新服务行业方面北京市任重道远。

在"两区"建设的管理层面，北京市各区相关部门的工作仍可持续改进。首先，现有管理模式是市级小组及文化旅游协调工作组、人才领域协调工作组、京津冀协同协调工作组、数字经济协调工作组等12个专项小组的模式。这样的管理模式有利于相互督促、共同解决问题，但也会导致管理"叠床架屋"、政策落实速度缓慢的问题。其次，三大自贸区片区地处北京七区，均为跨区发展，各区组团工作也需要协调安排。最后，"两区"政策整体呈现平行推进态势，联动效应不足，没有形成很好的政策叠加效应。

在发展数字经济方面，北京也存在若干问题。首先，数据的共享性质有待提高。数字经济的优越性就在于高效的共享机制。然而，目前北京公共数据平台只注重量而不注重质，在收集了1.7万个数据集的同时，与群众并无多少互动。[②] 其次，京津冀的数字经济发展并未形成合力。北京市的数字经济实现了飞跃式的发展，但未带动天津及河北的数字经济协同发展，没有做到区域协同。最后，数字技术的发展与实体经

---

① 薛熠、国慧霄：《依托"两区"建设推动北京服务贸易高水平创新发展》，《智慧中国》2022年第12期。

② 葛红玲、方盈赢、李韫珅：《北京数字经济发展特点及提升方向》，《科技智囊》2023年第2期。

济的运行各行其是，融合不足。因此，传统企业的数字化转型障碍重重，难以相互协调、同步发展。

在促进现代化首都都市圈建设方面，"两区"建设发挥的作用不大。在地理上，北京与天津将河北一分为二，形成了三区四地的割裂空间。在这个空间格局中，各地发展不均、产业同质、城市断层，难以有效地完成协同发展战略任务。首都都市圈的构建有利于打破现有行政区划限制，加强各次级行政区的交流与合作，突破地方保护主义和要素流动障碍，促进三区四地的一体化发展。2021年，首都都市圈发展已初具规模，不过地区间差距仍然显著。表2展示了2021年京津及河北六市（廊坊、唐山、保定、沧州、张家口、承德）的产业发展情况。

表2 2021年京津及河北六市产业发展情况

单位：亿元，%

首都圈城市	北京	天津	河北六市
GDP	40269.60	15695.05	23096.90
GDP增长率	8.5	6.6	6.9
第三产业增加值占比	81.7	61.3	47.6
高技术产业增加值增长率	110	15.5	12.0
战略性新兴产业增加值增长率	89.2	10.3	12.1

数据来源：董燕菊、于书宇、胡谢利等：《首都都市圈产业协作分工研究》，《中国工程咨询》2023年第1期。

由此可见，北京不仅经济更加发达、产业结构更加优化，发展速度也大大超过了河北与天津。"两区"建设带动了北京市高技术产业及战略性新兴产业的高速发展，其速度已远超津冀两地，这说明了"两区"建设成果虽大，却尚未更好地惠及首都都市圈内其他地区。与长三角和珠三角的都市圈相比，北京市的虹吸效应较为突出，对周边城市的辐射效应稍显不足，这对现代化首都都市圈的建设形成了不小的挑战。

三 首都都市圈背景下加快北京"两区"建设的实施路径

北京为有效推进"两区"建设，更好地服务于首都都市圈建设，可以从人才建设、营商环境、体系建设、数字经济等方面采取有效的措施。

（一）强化人才建设

在"两区"建设进程中，人才是关键要素。作为首都，北京市有充分的人才资源，发挥了人才集聚效应，但在人才建设方面依然有很大的发展空间。为加强人才建设，实现人才的规模化、集聚化，首先，务必要改善现有人才培养模式。在人才培养过程中，北京各大高校应发挥人才建设主阵地的作用，完善教学模式，加强教育与实践的结合；相关企业应起到辅助作用，积极聘请相关科技人才，促进产业转型升级，为人才提供平台；政府相关部门则应发挥协调作用，沟通各院校、平台与企业，为人才的培养发挥作用，使人人学有所成、学有所用，共同服务于"两区"建设的大方针。其次，应做好人才保障工作。根据创新创业形势，开展制度创新，为创新创业人才提供制度性保障。比如，可以设立专项基金为创业人才兜底，安排住房供创新创业者居住，提供平台岗位让应届毕业生得到锻炼等，以此消除人才的后顾之忧，避免人才外流。最后，应加强人才引进工作。可以加强国际性人才交流，积极推动国际化的科研单位与科研人员在北京落户；可以发挥"两区"建设的政策优势，深化人才制度改革，赋予用人单位扩充科研编制、增加科研经费等自主权。

（二）优化营商环境

为了吸引国内外企业入驻，促进经济高质量发展，必须坚持市场化、国际化原则，不断进行制度创新，优化营商环境。首先，应放宽市场准入准营，制定一套投资便利化方案，促进北京国际服务贸易发展。应尽可能地压缩负面清单，取消对外企外资的不合理设限，实施快速审批、准入即准营的政策，增强企业入驻北京的便利度。其次，应对标国际化自由贸易都市，不断进行行政管理体制改革，提高城市治理水平与管理能力。要改革现有管理制度，发挥市场的调节作用，在完善监督体系的情况下给予企业充分的发展空间，从而激发市场活力。最后，应注重对本国企业的培养，在建立针对国际大企业的服务体系的同时，为本国的小微企业搭建好发展平台。要打造一批服务型跨国公司，制定保障政策，以政府采购、资金注入等方式促进企业成长壮大、走出国门。

（三）协调发展体系

"两区"建设应积极构建协调发展的体系。首先，应协调北京"两区"建设与"双碳"目标、"一带一路"倡议等之间的关系。大力发展绿色贸易，对标国际准则，专门制定生态政策条款来促进绿色贸易发展，加强自然环境保护；大力发展服务贸易，以贸易结构的变革推动产业结构转型，加强与周边国家的服务贸易联系，推动人类命运共同体的构建。其次，应基于北京市各区的建设特点，结合京津冀一体化大局，发挥各区的差异优势，形成高效的区域协同。比如，西城区可以着重发展金融业，昌平区可以着重发展医药业，经开区可以担负起政策先行先试的任务。与此同时，北京也应与河北、天津加强经济交流与人才沟通，为建立现代化首都都市圈添砖加瓦。天津与河北的基础工业较为完善，可与北京市的服务业优势互补，从而增强对各类外资的吸引力。最后，应简政放权，赋予各片区更大的自主权。

"两区"建设中的重大改革仍涉及多部门的协商与审批，费时费力。可以进行管理体制改革，通过立法一揽子授权，提高工作效率，加速政策落实，促进贸易发展。

（四）加强数字应用

为促进北京市产业结构升级，务必要重视数字技术的应用。首先，应该严格执行《北京市数字经济促进条例》（以下简称《条例》），为发挥数字经济优势提供坚实的法治保障。作为新兴的经济发展模式，数字经济的监管法规还不够完善，作为北京市第一个相关法规，2023 年 1 月 1 日开始实施的《条例》，不仅为北京市数字治理体系的完善打下了基础，也为全国数字经济的立法工作提供了有益借鉴。其次，应在培养新兴产业的基础上，推动产业数字化转型。北京市的数字产业发展颇具规模，区块链、人工智能等产业蓬勃发展。必须利用好这一发展态势，打造出一批有数字特色的新兴产业，从而以点带面，带动产业数字化转型，实现产业融合发展。最后，应大力推动数据资源资产化。作为生产要素，数据已深深地融入生产、流通、消费等各个环节。相关部门应重视这一新变化，迅速采取措施激活数据资产，围绕数据资产打造产业链，最大化数据资产收益率。

参考文献

习近平：《在 2020 年中国国际服务贸易交易会全球服务贸易峰会上的致辞》，《人民日报》2020 年 9 月 5 日。

习近平：《习近平谈治国理政（第一卷）》，外文出版社，2018。

陈晓红、李杨扬、宋丽洁等：《数字经济理论体系与研究展望》，《管理世界》2022 年第 2 期。

汪文正：《服务业开放引擎更强劲》，《人民日报海外版》2023 年 1 月 3 日。

夏骅：《向全国推广 34 项改革创新经验》，《北京日报》2023 年 2 月 24 日。

马婧、曹政：《五子联动　落准走稳》，《北京日报》2023 年 2 月 24 日。

薛熠、国慧霄：《依托"两区"建设推动北京服务贸易高水平创新发展》，《智慧中国》2022 年第 12 期。

葛红玲、方盈赢、李韫坤：《北京数字经济发展特点及提升方向》，《科技智囊》2023 年第 2 期。

董燕菊、于书宇、胡谢利等：《首都都市圈产业协作分工研究》，《中国工程咨询》2023 年第 1 期。

产业篇

数字经济赋能首都都市圈产业协同发展的路径研究

李嘉美[*]

摘　要：数字技术正在深刻改变产业发展模式，引领着世界经济实现新的变革。推动首都都市圈产业协同发展，数字经济不仅成为不可或缺的新引擎、新纽带和新动能，也为首都都市圈的产业协同带来了新机遇。北京市要充分利用数字经济优势，以数字科技创新为引领，构建突破数字经济核心技术的生态圈，带动数字经济业态创新联动、制度协同共享、要素畅达流动，进而促进产业协同发展、同步跃升。

关键词：数字经济　首都都市圈　产业协同

当前，以数字技术为引领的科技革命方兴未艾，并带来数字经济的繁荣发展，成为当下改变经济模式和经济格局的重要力量。在北京建设首都都市圈战略中，必然需要大力发展数字经济，以数字新技术和新业态推动京津冀实现更高水平的协同发展，构建辐射作用更强大的"产业圈"。

---

* 李嘉美，博士，北京市社会科学院管理所研究员。

一 数字经济是首都都市圈产业协同的必然要求

（一）数字经济是首都都市圈产业协同的新引擎

20 世纪 90 年代以来互联网和移动互联网技术加快发展，重塑全球经济分工与合作，基于数字经济的新经济、新业态不断出现，成为经济发展中最活跃的部分。特别是近年来，大数据、云技术、人工智能等技术的发展，更进一步赋能传统产业，改变产业发展的模式和结构，有效促进了航空航天、机械制造、物流、金融、商业等诸多领域的快速发展，涌现出一批新经济、新业态。新冠疫情对世界经济带来了深远影响，以数字技术为主要支撑的数字经济成为抗击疫情、恢复生产、提振经济的重要力量，数字经济为后疫情时代世界经济的发展注入了新的力量。在全球范围内，数字产业化和产业数字化深度交融，正在深刻改变资源要素的结构和效率，对世界经济产生深远的革命性影响。新基建成为推动数字经济发展的结构性力量，信息等资源成为生产要素中最活跃的因子，智能制造正在赋能延伸传统制造产业链。在当下区域经济发展中数字经济已经成为不可忽视、不容或缺的高质量经济要素。近年来我国数字经济发展迅猛，数字经济规模连续多年排名世界第二。在数字经济成为大国经济竞争制高点的当下，数字经济发展已成为国家或地区经济发展中的重要引擎。从经济总量来看，首都都市圈内北京市 GDP 突破 4 万亿元、天津市达到 1.6 万亿元，其他城市 GDP 相对较小（见图 1）。在首都都市圈建设中北京市要构建"产业圈"，必然要求形成产业的制高点，进而形成能够引领产业协同发展的核心区。近年来北京市数字经济快速发展，北京数字经济占 GDP 比重不断攀升，居全国首位，成为引领区域经济发展的新动能，在首都都市圈建设过程中大力推动数字经济发展，形成以数字经济为牵动力的产业先导区，成为带动首都都市圈产业发展的先手棋和原动力。

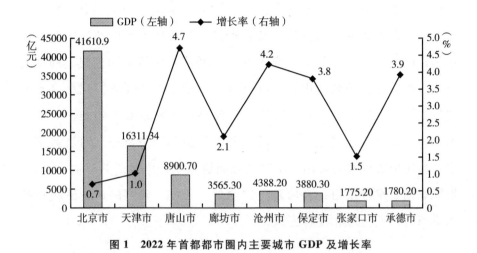

图 1　2022 年首都都市圈内主要城市 GDP 及增长率

（二）数字经济是首都都市圈产业协同的新纽带

当前，世界数字经济体系与数字技术融合发展，正在构建信息化时代全球经济的新秩序和新格局。从科技发展来看，移动互联网、大数据、区块链等数字经济新技术的应用，不断催生数字经济的新形态，进而推动新技术在全球范围的广泛应用。在移动互联网等新技术的应用下，世界变为"地球村"，世界各地的经济联系更加便捷、高效。尤其是 5G 网络、虚拟现实的发展，进一步拉近了世界各国之间的距离，可以通过数字技术实现随时随地的感知与分享。从要素形态来看，随着数字化信息作为新的资源要素融入生产全过程，传统资源要素传输方式正在发生改变。信息作为全新生产要素正在成为决定生产全流程的因素，并因此改变着生产模式和组织形式。同时，传统生产要素正在发生数字化转变，线上撮合交易、远程协同工作、电子金融平台等，使各类生产要素通过互联网被快速传输和分享，世界经济正在发生前

所未有的巨大变革。当前，从产业结构来看，首都都市圈内各城市的
服务业占比差异较大（见表1、图2）。北京市在首都都市圈建设中的
产业协同水平必然需要基于更高经济发展质量而进一步提升，数字经
济发展正在不断催生新科技、新技术，成为科技创新的新生力量，无
论是在时间上还是在效率上都不断促进经济要素流通和重组，助推北
京建设为国际科技创新中心，以科技为引领，带动经济实现更高水平
的发展。从发展格局来看，首都经济圈涵盖了北京及周边地区，数字
经济发展将有效连接起不同地区、各类资源和经济形态，通过数字技
术、数字资源的整合应用，实现区域间资源要素更便捷的流动、流通、
协同联动、聚合发力，为构建更加便捷、开放、兼容的产业圈提供技
术支撑、产业支撑和发展支撑。

表1 首都都市圈内各城市 2022 年产业结构情况

区域	产业结构
北京市	0.30∶15.90∶83.80
天津市	1.70∶37.00∶61.30
廊坊市	6.46∶33.53∶60.02
唐山市	7.20∶55.40∶37.50
承德市	23.59∶33.71∶42.70
张家口市	17.88∶26.30∶55.82
保定市	11.98∶35.86∶52.16
沧州市	8.38∶41.56∶50.07

（三）数字经济是首都都市圈产业协同的新任务

近年来，北京市将数字经济发展提升至战略层面，贯穿于经济社
会发展的各领域、各方面。北京市数字经济近年来发展较快，但也要
看到与实现数字经济强国目标相比还存在差距，主要表现为："卡脖

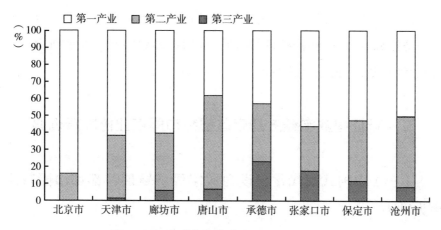

图 2　2022 年首都都市圈内各城市产业结构

子"技术突破难，制约着数字经济发展，在关键核心零部件、核心算法、基础软件等方面仍存在薄弱环节；具有国际竞争力的数字企业培育难，数字经济领域的独角兽企业数量较多，仅次于美国硅谷，一批新创数字科技企业正在快速发展，但缺少市值在千亿元以上的具有国际竞争力的龙头企业；数字经济制度创新难，一方面数字经济制度尚不成熟，如在云技术、物联网等领域还存在标准不明确、具体规范不细化等问题；另一方面在无序市场竞争下的市场监管日趋收紧，新的数字经济业态发展面临的监管压力越来越大，同时也对相关领域的制度创新与规则构建形成了新的制约。数字经济人才培育难，数字经济发展对人才提出了更高的要求，需要具有数字技术背景和商业运营能力的复合型人才。当下针对数字经济的人才教育体系尚未建立，数字经济发展人才往往来自数字技术领域和商业领域，仍然需要在社会商业实践中培养数字人才，数字人才供需不匹配。数字经济既是首都都市圈产业协同的支撑和动力，也是首都都市圈建设的重要内容。首都都市圈建设有利于整合更大范围内的人才、资金、信息等资源，通过多点位、多方面的试点试验，为包括数字经济在内的各类经济发展提供更加广阔的承载空间。在首都都市圈建设中，作为新经济、新业态数字经济必然成为优先发展选项，通过首都都市圈产业协同与全球数字经济标杆城市等战略的协同联动，推动破解数字经济发展瓶颈，带动数字经济实现更好的发展。

二 新征程数字经济开启首都都市圈产业协同新机遇

（一）中国式现代化建设为数字经济赋能首都都市圈带来更大动力

党的二十大提出以中国式现代化全面推进中华民族伟大复兴。推进中国式现代化的进程就是我国科技进一步跃级提升的过程，必然带动与之相适应的科技创新，包括在顶层设计上构建中国科技创新体制机制，面向世界科技前沿和国家重大发展需求开展重点科技攻关，推动科技基础研究突破，着力攻克"卡脖子"瓶颈，带动新兴数字技术进一步应用。目前，在新一代数字科技革命背景下人工智能、量子计算、数字孪生、元宇宙等新的信息技术加速迭代。这正是数字经济实现更快发展的基础，必然带动数字经济向着更高水平发展。可以说，数字经济对一个国家或地区的经济发展和国际竞争力而言至关重要，目前我国科技企业具有较强的竞争力，在6G数字技术专利申请量等方面处于世界领先地位。数字经济的发展将有力推动经济发展和全要素生产率提升。数字经济更多的应用场景落地，以及生产生活等的数字化、智能化、网络化，将有效带动区域经济的进一步整合升级。在首都都市圈建设中，北京市数字经济的快速发展有利于赋能首都都市圈科技创新，带动产业进一步转型升级，形成以知识密集型企业为核心的产业集群，实现以科技创新引导产业升级，同时，也有利于进一步推动首都都市圈经济、金融、服务等领域的发展，通过服务业的发展为首都都市圈产业发展赋能。

（二）"一带一路"国际合作为数字经济赋能首都都市圈带来更广空间

"一带一路"倡议是我国为适应全球化发展的新时代要求而提出的，旨在进一步促进沿线国家间的经贸、文化交流，实现经济要素更自由流动、更高效配置，推动实现更大范围、更深层次、更高水平的开放合作，共同构建开放包容的区域经济发展格局。在全球经济复苏缓慢、逆全球化暗流涌动的背景下，共建"一带一路"有利于发掘市场潜能、增强投资和消费信心，为推动世界经济复苏和实现结构性调整带来新机遇，也为我国开展国际经贸合作提供更广阔的空间。北京作为我国的首都，是全国的政治、经济、文化和科技创新中心，也是国际交往中心，在加强与"一带一路"沿线国家的合作，在推动政策沟通、贸易畅通、服务融通和人心相通等方面具有天然优势，有利于共建"一带一路"国家加强经贸合作，提升国际影响力。近年来，北京市围绕首都城市战略定位，服务国家整体战略布局、服务对外开放大局，加强与"一带一路"沿线国家的对外交往、科技合作、人文交流和服务支持等，充分发挥在开放合作、辐射带动、交流互鉴等方面的引领带动作用。2022年，北京与"一带一路"沿线国家之间的贸易发展稳步向好。北京全年对"一带一路"沿线国家进出口 1.59 万亿元，增长 28.2%，占地区进出口总值的 43.7%。同期，对中东、非洲、拉美分别进出口 9005.6 亿元、3249 亿元、2757.7 亿元，分别增长 52.3%、19.7%、10%；对俄罗斯进出口 1896.9 亿元，增长 42.1%。[①] 首都都市圈建设在疏解北京非首都功能的同时，通过构建产业圈进一步整合资源要素，提升产业的国际竞争力，为首都都市圈优势产业"走出去"参与更广泛的国际合作创造良好的国际环境。

---

① 张钦：《2022 年北京地区进出口规模创历史新高，外贸增长贡献率居全国首位》，北青网，2023 年 1 月 19 日。

（三）"两区"建设持续深化为数字经济赋能首都都市圈带来更大支撑

"两区"建设是党中央支持北京市深化改革开放的重要战略部署，北京市国家服务业扩大开放示范区"立足首都城市战略定位，对标国际先进规则，以负面清单制度为引领，统筹对内对外开放，着力打造全面开放型现代服务业发展先行区"。[①] 重点围绕制度环境、文化交流、国际贸易等领域进行探索，进一步完善支持服务业发展的体制机制，持续提升服务业发展的开放水平和国际竞争力，探索与国际通行经贸规则接轨的服务贸易体制机制，形成更加开放的服务业发展新格局，并实施促进京津冀协同发展的服务业开放举措。北京自贸试验区聚焦制度创新的核心任务，以可复制可推广为基本要求，围绕党中央提出的创新驱动发展战略和京津冀协同发展战略，加快建设服务业扩大开放先行区、数字经济试验区，建设更高水平的对外开放平台。北京市在"两区"建设中将数字经济、京津冀协同等作为重要内容。北京市"两区"建设的迭代升级，将为数字经济的发展和首都都市圈建设提供更大的支持、带来更多的机遇。"两区"先行先试在为首都都市圈产业发展提供机遇的同时，也提供了更开放的环境。数字经济的发展和全球数字经济标杆城市的建设，有利于促进数字经济与传统产业深度融合，推动首都都市圈产业协同发展，京津冀协同发展战略的深入实施，必然带动以北京为核心的区域经济交流的进一步深入、产业合作进一步升级。首都都市圈作为京津冀协同发展战略实施的核心区，既承载着促进京津冀协同发展的纽带功能，也成为京津冀协同发展中信息、资金、人才、科技等要素流动的枢纽平台，这些都将为北京打造首都都市圈带来更多有利的条件。

---

① 《国务院关于全面推进北京市服务业扩大开放综合试点工作方案的批复》（国函〔2019〕16号），中国政府网，2019年2月22日。

三 数字经济赋能首都都市圈产业协同的发展路径

（一）科技引领，数字经济构建核心技术生态圈

首都都市圈建设是落实京津冀协同发展战略重要的节点布局，是建设京津冀世界级城市群的必经之路。首都都市圈内的产业圈建设要充分发挥北京高等院校、科研院所等科技资源集聚优势，通过技术创新引领节点城市产业链延展、升级。当前，数字经济已经进入新的发展阶段，离不开科技创新引领，尤其要掌握数字科技关键领域的核心技术，加紧布局人工智能、算力中心、量子计算等前沿科技，筑牢经济发展的底座。要充分发挥首都都市圈的科技人才集聚优势，统筹考虑科技创新需求，针对科技人才的薪酬、住房、子女入学等制定支持政策，厚植科技攻关的人才沃土，着力引育留用一批数字科技领军人才。推动世界一流高校和科研院所建设，培育具有世界影响力的科学团队和学科带头人，坚持高起点、高标准创新青年科技人才培养和支持模式，形成一批从事基础科学研究的杰出青年人才。从世界范围内吸引能够承担重大科研任务、开展前沿科技攻关的高端人才，形成"塔尖效应"顶尖人才队伍。围绕培育创新型企业，优化创新资源要素配置，充分发挥政府、科研院所和企业科研优势，聚焦新能源、智能网联汽车等重点产业，紧密分工合作，集中攻克一批"卡脖子"技术。充分利用有为政府和有效市场的结合，释放各类主体的科技创新动能，充分利用北京科教资源优势和中科院、中关村等科技创新要素资源，围绕国际创新中心建设，统筹规划中关村科学城、怀柔科学城和未来科技城等，破除行业壁垒、技术壁垒和信息壁垒，充分推动央地联合创新，优化科技资源在首都都市圈的分布，聚焦全球高端资源要素，推动基础科学、前沿科技实现重大突破。

（二）应用创新，数字新业态增添产业新动能

数字经济随着数字技术发展而不断更迭业态，不断催生数字应用场景，壮大经济发展新引擎。要加快推动数字技术应用创新，推动数字经济新业态、新场景落地。要围绕北京市"两区"建设，推动数字经济在服务业领域的创新应用，在交通物流领域，探索在园区运输中使用自动驾驶和智能航运技术，推动智能配送、自动摆渡接驳等，推动机器人全自动分拣、物料搬运、仓储信息终端溯源等智慧应用场景落地，在金融领域探索利用大数据、人工智能分析金融风险防控、企业信用画像、企业信用融资、智能反欺诈等。聚焦提升美好生活的便利性，推动数字业态创新，支持智能家居等产业发展，构建家庭智慧互联、产品个性定制、实时在线监测等家居应用场景。探索无人超市、无人售货、无人智慧导购等消费新场景。围绕提供更优质的教育、医疗、养老等服务，推动新场景的应用创新。推动在线课堂、虚拟仿真训练、智慧校园等应用场景在中小学落地，通过数字技术提供城乡同质一体化的教育教学资源，推动首都都市圈教育等领域的均衡化发展。探索医疗影像智能辅助诊断、互联网医院、远程医疗、智能医疗设备等应用场景，充分推动北京市优质丰富的医疗资源与首都都市圈乃至京津冀城市圈的连接，借助数字经济增强优质医疗资源的辐射作用。通过智能可穿戴设备、养老护理机器人等科技应用，为养老提供更便捷、更多样的方式。加快数字场景的应用推广，培育数字经济新场景应用下的高新企业。通过参与城市治理、产业应用推动业态发展，要鼓励高等院校、科研院所等探索将新技术应用于社会经济发展中，不断挖掘数字经济应用于日常生活中的场景创意，并使其加速转化为推动城市建设、产业发展和生活提质的应用场景，支持数字经济应用场景借助大型展会等不断普及。

（三）完善制度，数字治理构建协同互通机制

制度是维系社会经济有序运行的根本保障，数字经济有序发展离不开制度的完善，同时数字经济发展也为社会数字治理带来新的机遇和挑战。在首都都市圈构建"产业圈"的过程中，需要加强数字治理的应用，通过数字治理赋能首都都市圈建设。要聚合首都都市圈各领域和各方面资源优势，充分把握政府数字治理的内在机理、运行机制，跟踪数字经济最新技术应用，运用系统思维统筹谋划数字治理的赋能模式，形成政府、企业、社会和公众等多方参与、共同发力的多元化社会治理格局。推动建立首都都市圈数据整合和共享机制，随着数字经济的发展，数字治理渗透至各个领域，可实现对城市治理的全生命周期管理。要打破传统单打独斗的模式，做好数据共享的顶层设计，通过数据标准化、接口标准化、平台标准化，实现不同政府部门间、政府与企业间的数据有效交换和共享，推动平台一体化发展，实现首都都市圈在政务领域的数据互联互通互换。要加强在数字经济监管方面的探索，坚持包容审慎的原则，对于新业态、新场景等，在不触碰安全底线的前提下，进行适度、有效监管，推动数字经济新业态发展。对涉及公共安全、人民生命健康安全和财产安全等领域的问题要严守监管底线。当下对平台经济的监管涉及多部门协同，要整合反垄断、价格监管、数据监管等方面的监管需求，充分发挥政府监管、行业自律、企业自治、社会监督等多方面的作用，在监管中更好地体现政府的服务职能，依托政府平台对数字经济、平台经济的新业态、新模式进行研究，发布相关信息引导行业健康发展。要增强数字经济的制度协调性，建设具有统筹性、科学性、协同性的数字经济制度体系，以数字经济的制度创新推动城市数字治理水平的提升。

（四）区域联动，数字经济赋能产业要素流通

首都经济圈中的产业圈覆盖了以北京为核心的京津冀三个省级行政

区，构建一体化产业圈需要加强区域间的协同联动。数字经济快速发展改变了传统经济下不同区域间资源要素的流动方式，为首都都市圈的产业圈构建提供了支撑。要加强顶层设计，推动首都都市圈内相关城市共同编制城市产业协同分工专项规划，建立产业协同联动工作机制，整体谋划首都都市圈的产业发展。围绕都市圈重点产业和智能装备、工业互联网等战略性新兴产业，统筹制定覆盖首都都市圈的产业支撑系统。理顺各产业园、各地区之间的产业支持政策，实现产业政策同向发力、交叉共享，避免都市圈内城市和产业园区间的恶性竞争。以产业分工协同为重点，规划首都都市圈整体产业发展图谱。要加强首都都市圈产业企业横向间协作，通过产业数字转型促进企业间的信息流动，促进产业集群价值链的纵向分工，积极发展智能网联汽车、智能装备等产业，拓展上下游产业链条，提升产业链配套水平。加强北京与首都都市圈内其他地区在产业园区方面的合作，通过廊坊经开区、曹妃甸经开区等产业园区协同发展，借助数字经济产业链条和数字技术应用，实现园区间以"轻资产"模式开展合作，共享招商资源，建设数字经济赋能的产业协同示范区。强化首都都市圈内资金政策的协同，设立产业发展专项基金，支持首都都市圈产业协同发展，积极推动在金融领域的服务创新，加强对跨区域创新平台、产业平台的扶持，探索发展不同区域和园区之间的"飞地"经济，通过创新区域合作机制，实现园区间的强帮弱、大带小，鼓励通过优势产业园区跨区域管理，提升园区间协同发展质量。

（五）产业赋能，数字经济促进产业圈转型升级

当前，数字技术发展与产业深度融合，并成为推动产业转型升级的重要力量。在首都都市圈内的产业圈发展中，要充分发挥北京数字经济发展优势，通过数字技术应用和推广赋能产业圈周边城市，共同培育数字经济创新平台，加大创新力度，推动传统产业数字化，实现产业提质

升级。加速数字经济与传统制造产业的融合，实现在产业业态、生产要素、发展理念等领域的变革，促进人工智能、区块链等技术在制造业领域的应用。北京市要充分发挥百度、小米等互联网龙头企业赋能周边地区制造业发展，如为保定中国汽车城导入移动互联网基因，提升优势车型竞争力和关键核心汽车部件产能，整合区域工业互联网资源，推动汽车产业电动化、网联化、智能化、共享化。要使用海量数据为产业赋能，数据资源是企业发展中最宝贵、最重要和最核心的资源，通过对海量数据资源的整合、分析和处理，能实现研发、设计、生产、流通、销售等产业全链条的精准分析、精确控制，能够精准掌握市场需求，实现按需定制。要充分利用北京建设全球数字经济标杆城市的优势，通过数字经济赋能有效利用企业的海量数据，突破制造业在创新链、价值链和供应链方面的障碍，推动制造企业生产运营创新，实现产业发展协同、高效、共享。数字经济发展中各类平台经济的出现，使商品和服务信息更加透明，改变了消费者在商品信息方面的弱势地位，降低了消费决策成本。要推动数字经济与服务业融合发展，在服务端通过数字化技术降低服务业生产成本和交易成本，依托数字平台经济提升首都都市圈服务业效率。在消费端通过改变企业服务方式和服务模式，促进消费方式转变，进而带动服务业驱动模式和运营模式变革，实现首都都市圈内服务业协同发展。

参考文献

葛红玲、方盈赢、李韫珅：《北京数字经济发展特点及提升方向》，《科技智囊》2023 年第 2 期。

李丽、张东旭、薛雯卓：《数字经济驱动服务业高质量发展机理探析》，《商业经济研究》2022 年第 3 期。

叶凌峰、何郁冰、王芳、周佳铭：《面向关键核心技术突破的产学研深度融合机制探析》，《海峡科学》2022 年第 10 期。

李三希、武玙璠、李嘉琦：《数字经济与中国式现代化：时代意义、机遇挑战与路径探索》，《经济评论》2023 年第 2 期。

秦国民、王紫薇：《政府数字治理赋能制度创新的内在机理与实现路径》，《领导科学》2023 年第 2 期。

李嘉美、韩建雨：《自贸试验区推进我国数字经济发展的路径研究》，《宏观经济管理》2022 年第 7 期。

唐建国：《数据要素驱动，北京建设全球数字经济标杆城市》，《当代金融家》2022 年第 6 期。

董燕菊、于书字、胡谢利：《首都都市圈产业协作分工研究》，《中国工程咨询》2023 年第 1 期。

张晓莉、段洪成、渠帅：《我国数字经济新业态发展现状及对策研究》，《现代审计与会计》2022 年第 10 期。

刘权：《数字经济视域下包容审慎监管的法治逻辑》，《社会科学文摘》2022 年第 10 期。

王鹏、贾映辉、李秋爽：《数字经济标杆城市建设视角下智慧北京发展策略研究》，《数字经济》2022 年第 8 期。

数字经济发展对京津冀产业
结构的影响研究

吕静韦 *

摘　要： 数字经济是产业结构升级的重要推动力。与长三角地区相比，京津冀地区在数字专业人才、数字经济效益、数字基础设施、数字商务活动等方面均需要提升；从京津冀地区内部看，数字经济发展不均衡现象较为突出，北京在各方面的领先优势和带动效应有待进一步释放，通过数字专业人才、数字经济效益和数字商务活动等对京津冀整体产业结构优化升级的推动作用有待进一步发挥。建议做大数字经济增量，推动现代产业体系加快构建；推动数字经济协同发展，促进资源要素配置不断优化；提高数字经济活跃度，提升现代化产业体系活力；加大数字化人才培育力度，筑牢产业高质量发展根基。

关键词： 数字经济　产业结构　京津冀地区

党的二十大报告指出，要加快发展数字经济，促进数字经济和实体经济深度融合，打造具有国际竞争力的数字产业集群。习近平总书记强调，要加快建设制造强国、质量强国、网络强国、数字中国，打造具有

---

　　* 吕静韦，博士，天津社会科学院数字经济研究所副研究员。

国际竞争力的数字产业集群。数字经济发展已经成为我国新时代建设现代化经济体系的重要动力，也成为重塑资源要素结构和优化产业结构的重要抓手。立足京津冀地区数字经济发展现状，深刻分析数字经济发展对京津冀产业结构的影响及其面临的问题，对于推动京津冀地区产业结构持续优化、推进京津冀协同纵深发展具有重要意义。

一　京津冀数字经济发展现状

数字经济发展需要人才和基础设施支撑，通过技术服务、软件业务出口等产生经济效益，同时受到电子商务交易的活跃度等影响。

（一）数字专业人才

与长三角地区相比，京津冀地区在数字化专业人才方面的优势正在逐渐转变为劣势。2011 年，京津冀地区共有数字化专业人才 57.1 万人，较长三角地区多 22 万人，而 2021 年，京津冀地区的数字化专业人才为 121.7 万人，较 2011 年增加了 64.6 万人，但较长三角地区少 6.4 万人（见图 1）。

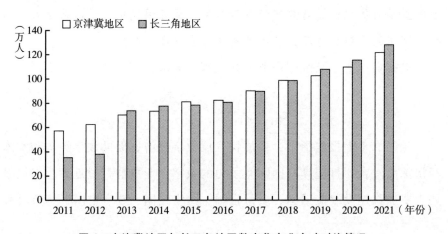

图 1　京津冀地区与长三角地区数字化专业人才对比情况

从京津冀地区内部看，北京在数字化专业人才数量方面具有绝对优势，占京津冀数字化专业人才的82%以上，虹吸效应显著；2011~2021年，京津冀地区在专业化人才数量方面的差距呈现扩大趋势。2011年，北京数字化专业人才较天津多47万人，较河北多43.2万人；2021年，北京数字化专业人才与天津和河北之间的差距分别扩大到92.9万人和89万人（见图2）。

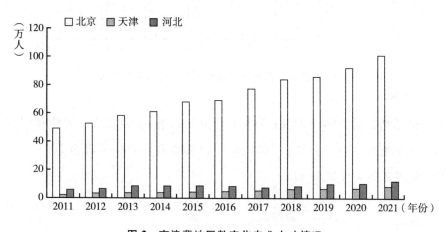

图2　京津冀地区数字化专业人才情况

（二）数字经济效益

信息技术服务收入方面，京津冀地区与长三角地区都呈现逐年上升趋势，虽然两个区域之间存在明显差距，但该差距有缩小的趋势。2014年，京津冀地区的信息技术服务收入为3600.7亿元，较长三角地区低2457亿元；2021年，该差距缩小至1618.2亿元（见图3）。

从京津冀三地之间的信息技术服务收入来看，北京与天津和河北之间的差距不断扩大，分别从2014年的2395.99亿元和2831.5亿元扩大至2021年的12279.93亿元和14165.15亿元。从京津冀三地所占区域信息技术服务收入的比重看，北京的信息技术服务收入占比最大，且呈现不断

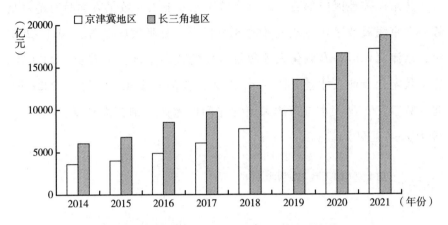

图3 京津冀地区与长三角地区信息技术服务收入

上升的趋势，从 2014 年的 81.73% 上升至 2021 年的 84.82%，天津和河北
的比例则有所下降，分别从 2014 年的 15.18% 和 3.09% 下降至 2021 年的
13.1% 和 2.09%（见图4）。

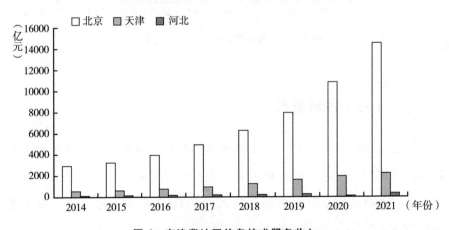

图4 京津冀地区信息技术服务收入

软件业务出口方面，2014~2021 年，京津冀地区呈现逐年上升趋
势，长三角地区则呈现波动上升趋势，但两个区域间的差距仍然显著。
与 2014 年相比，2021 年京津冀地区和长三角地区的软件业务出口收入分别增长了 48.04 亿美元和 63.6 亿美元，但京津冀地区与长三角地区之间的差距由 109.71 亿美元扩大至 125.27 亿美元（见图 5）。

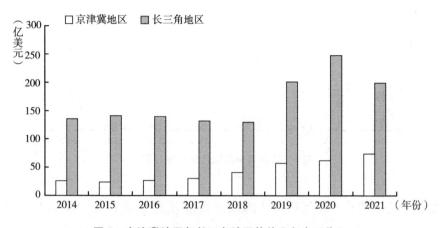

图 5　京津冀地区与长三角地区软件业务出口收入

从京津冀三地之间的软件业务出口收入来看，北京与天津和河北之间的差距呈现扩大趋势，分别从 2014 年的 15.43 亿美元和 19.8 亿美元扩大至 2021 年的 69.12 亿美元和 70.08 亿美元。从京津冀三地所占区域软件业务出口收入的比重看，北京的软件业务出口收入占比最大，且呈现不断上升的趋势，从 2014 年的 78.24% 上升至 2021 年的 95.88%，绝对优势显著，同期，天津和河北的占比则有所下降，分别从 2014 年的 19.22% 和 2.53% 下降至 2021 年的 2.71% 和 1.41%（见图 6）。

（三）数字基础设施

2011～2021 年，京津冀地区与长三角地区的数字基础设施建设均呈现加速态势。从年均增长率看，京津冀地区和长三角地区的光缆线路增长速度相当，年均增长率均为 15%。从光缆线路长度的铺设里程看，京津冀地区和长三角地区的光缆线路长度分别由 2011 年的 74.91 万公里和 266.81 万公里增加至 2021 年的 309.73 万公里和 1111.27 万公里，

图 6 京津冀地区软件业务出口收入

京津冀地区和长三角地区的光缆线路长度分别增加了 234.82 万公里和 844.46 万公里，长三角地区的光缆线路增加量更大（见图 7）。从光缆线路的建设密度看，2021 年，京津冀地区和长三角地区分别为 0.03 公里/人和 0.05 公里/人，长三角地区的光缆建设密度更高。

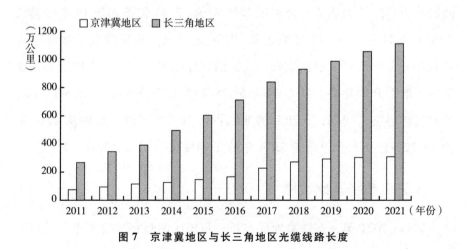

图 7 京津冀地区与长三角地区光缆线路长度

从京津冀地区内部的光缆线路长度来看，河北的建设里程最长，增长速度也最快，其中，北京的光缆线路长度由 2011 年的 14.74 万公里增长至 2021 年的 47.19 万公里，天津的光缆线路长度由 2011 年的 7.7

万公里增长至 2021 年的 32.51 万公里，河北的光缆线路长度由 2011 年的 52.48 万公里增长至 2021 年的 230.04 万公里，京津冀三地的光缆线路年均增长率分别为 12.34%、15.49%、15.93%（见图 8）。从光缆线路的建设密度看，2021 年北京、天津、河北分别为 0.02 公里/人、0.02 公里/人、0.03 公里/人，河北的光缆建设密度最高。

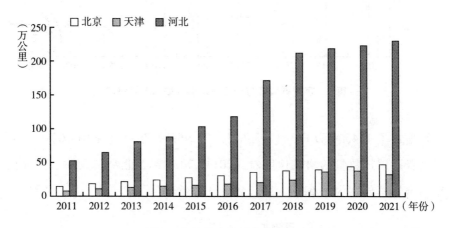

图 8　京津冀地区光缆线路长度

2014~2021 年，京津冀地区与长三角地区的互联网普及率均有所增长，但两区域差距越来越大。从互联网普及用户数量看，2014~2021 年，京津冀地区的互联网普及用户数量增加了 2368.9 万户，长三角地区的互联网普及用户数量增加了 6624.3 万户，两个区域之间的差距由 2076.7 万户扩大至 6332.1 万户（见图 9）；从互联网普及用户数量增长速度看，京津冀地区的年均增长率较长三角地区低 2.6 个百分点。

从京津冀地区内部的互联网普及情况来看，河北的互联网普及率最高，且与京津之间的差距持续拉大。2014 年，河北的互联网普及用户数量较北京多 645.2 万户，较天津多 918.8 万户，较京津两市之和多 436.4 万户；2021 年，河北的互联网普及用户数量较北京、天津、京津之和分别多 1990.6 万户、2212.4 万户、1406.1 万户，与 2014 年相比

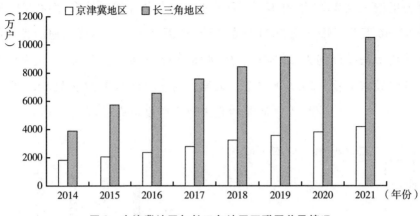

图9　京津冀地区与长三角地区互联网普及情况

分别增加了 1345.4 万户、1293.6 万户、969.7 万户（见图 10）。从互联网普及用户数量的增长速度看，2014~2021 年，北京、天津、河北的年均增长率分别为 7.61%、15.74%、13.86%。

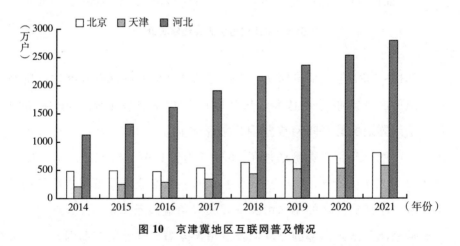

图10　京津冀地区互联网普及情况

从移动互联网户均接入流量看，2014~2021 年，京津冀地区增长了 440.45GB，长三角地区增长了 611.12GB；同时，京津冀地区与长三角地区之间的户均接入流量差距呈不断扩大趋势，由 2014 年的 1.67GB 扩大至 2021 年的 172.35GB（见图 11）。从 2014~2021 年移动互联网户均接入流量的增长速度看，京津冀地区和长三角地区的年均增长率分别为 76.72% 和 80.34%，京津冀地区相对长三角地区低 3.62 个百分点。

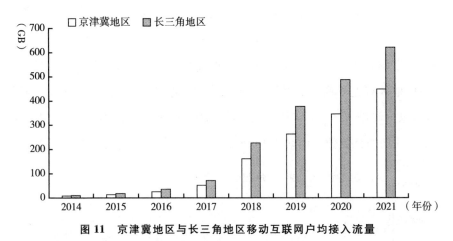

图 11　京津冀地区与长三角地区移动互联网户均接入流量

从京津冀地区内部的移动互联网户均接入流量情况来看，天津的户均接入流量优势明显且持续，2014 年，天津户均接入流量较北京和河北分别高 0.96GB 和 1.98GB，2021 年该差距分别扩大至 21.5GB 和 46.95GB（见图 12）。从年均增长率看，2014~2021 年天津的移动互联网户均接入流量年均增长 72.73%，北京和河北的年均增长率较天津分别高 4.04 个百分点和 10.91 个百分点，但总量仍低于天津。

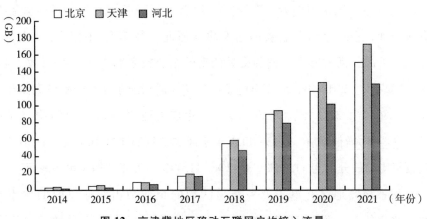

图 12　京津冀地区移动互联网户均接入流量

（四）数字商务活动

2014~2021 年，京津冀与长三角地区有电子商务交易活动的企业数均有所增加，其中，京津冀地区增长 1.98 倍，长三角地区增长约 1.6 倍。同时，京津冀地区与长三角地区之间的差距不断拉大，2014 年和 2021 年京津冀地区有电子商务交易活动的企业数分别较长三角地区少 1.8 万家和2.6 万家（见图 13）。从年均增长率看，2014~2021 年京津冀地区有电子商务交易活动的企业数年均增长 10.29%，较长三角地区高出 3.37 个百分点。

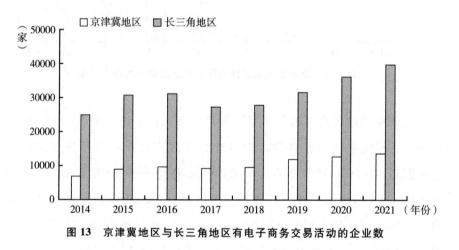

图 13 京津冀地区与长三角地区有电子商务交易活动的企业数

从京津冀地区内部看，京津冀三地有电子商务交易活动的企业数均有所增加，且北京的企业数远超天津和河北。与 2014 年相比，2021 年，北京、天津、河北有电子商务交易活动的企业数分别增加了 4902 家、451家、1427 家。2014 年，北京有电子商务交易活动的企业数分别较天津和河北多 3086 家和 3111 家，而 2021 年该差距扩大至 7537 家和 6586 家（见图14）。从年均增长率看，2013~2021 年京津冀三地有电子商务交易活动的企业数年均增长分别为 11.36%、4.42%、11.49%，天津的增长水平较低。

从京津冀地区有电子商务交易活动的企业数占企业总数的比重来看，北京较高，说明 2013~2021 年北京在有电子商务交易活动的企业

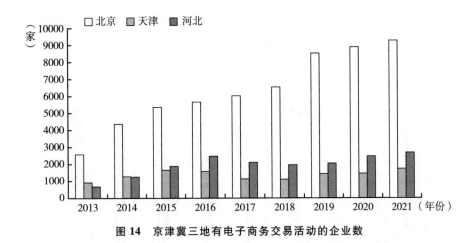

图14 京津冀三地有电子商务交易活动的企业数

数方面增长较快,天津最低,2021年较2014年仅增长了2个百分点(见图15)。从年均增长率看,2013~2021年北京分别较天津和河北高8.92个百分点和1.4个百分点,河北较天津高出7.52个百分点。

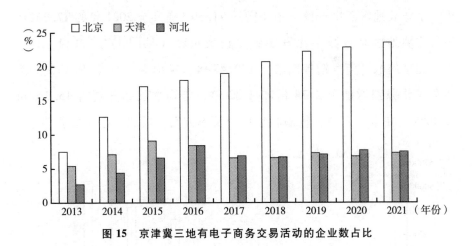

图15 京津冀三地有电子商务交易活动的企业数占比

2014~2021年,京津冀地区与长三角地区的电子商务销售额均有不同程度的增长,从绝对数值看,京津冀地区和长三角地区分别增长了2.78万亿元和3.93万亿元,同时,京津冀地区与长三角地区之间的差距有所扩大,2021年较2014年销售额差距扩大了11494.5亿元(见图

16）。但从 2014~2021 年增长情况看，京津冀地区的年均增长率较长三角地区高 3.9 个百分点，呈现追赶势头。

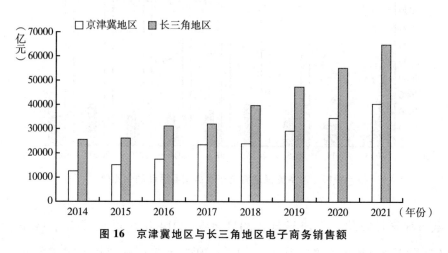

图 16 京津冀地区与长三角地区电子商务销售额

从京津冀地区内部看，北京的电子商务销售额遥遥领先，从 2014 年占京津冀地区总电子商务销售额的 71.59% 提升至 2021 年的 77.26%，为京津冀地区企业数字化发展做出较大贡献（见图 17）。2014~2021 年，北京的电子商务销售额增长了 3.47 倍，年均增长率为 19.43%；天津和河北分别增加了 2.78 倍和 2.33 倍，年均增长率分别为 15.7% 和 12.82%，在电子商务销售额和年均增长率方面均较北京存在显著差距。

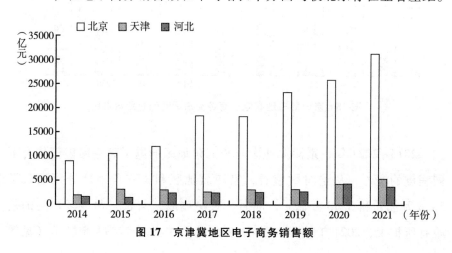

图 17 京津冀地区电子商务销售额

二 数字经济发展对京津冀产业结构的影响

（一）京津冀产业结构情况

2014~2021 年，京津冀三地产业结构不断优化，第一产业增加值占 GDP 比重由 5.93% 下降至 4.54%，第三产业增加值占 GDP 比重由 59.15% 上升至 65.17%，第二产业增加值占 GDP 比重由 34.92% 下降至 30.29%，产业结构向高级化发展（见图 18）。

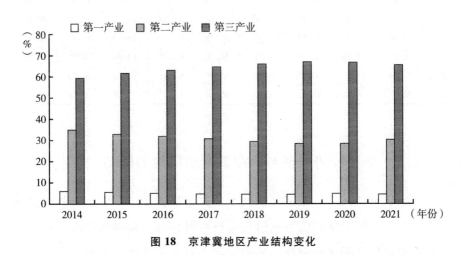

图 18 京津冀地区产业结构变化

从京津冀三地各自的产业结构看，北京的产业结构最佳，2014~2021 年第一产业增加值和第二产业增加值占 GDP 比重分别下降了 0.42 个百分点和 1.34 个百分点，第三产业增加值占 GDP 比重由 2014 年的 79.97% 上升至 2021 年的 81.73%，提高 1.76 个百分点；天津的产业结构优化速度最快，2014~2021 年第二产业增加值占 GDP 比重下降了 7.21 个百分点，下降幅度最大，同期，第三产业增加值占 GDP 比重由 55.13% 上升至 62.14%，提高 7.01 个百分点；河北的产业结构有待优化，2014~2021 年第一产业增加值占 GDP 比重虽下降幅度最大，但比重仍然最高，产业结构由以第二产业为主转向以第三产业为主。

表1 京津冀三地产业结构

单位：%

年份	北京			天津			河北		
	第一产业占比	第二产业占比	第三产业占比	第一产业占比	第二产业占比	第三产业占比	第一产业占比	第二产业占比	第三产业占比
2014	0.69	19.34	79.97	1.49	43.38	55.13	12.55	45.53	41.92
2015	0.57	17.84	81.60	1.49	41.27	57.24	11.75	43.64	44.62
2016	0.48	17.25	82.27	1.47	38.06	60.47	10.83	43.31	45.86
2017	0.41	16.90	82.69	1.36	36.66	61.98	10.22	41.70	48.08
2018	0.36	16.54	83.09	1.31	36.18	62.50	10.27	39.71	50.01
2019	0.32	15.99	83.69	1.32	35.20	63.48	10.06	38.29	51.65
2020	0.30	15.97	83.73	1.50	35.06	63.43	10.77	38.22	51.00
2021	0.27	18.00	81.73	1.70	36.17	62.14	9.98	40.49	49.54

（二）数字经济发展对京津冀产业结构的影响

从数字专业人才、数字经济效益、数字基础设施、数字商务活动四个角度对京津冀数字经济发展情况进行衡量，以产业结构高级化程度对产业结构优化水平进行衡量，其中，数字专业人才的主要解释数据来自信息传输、计算机服务和软件业从业人数（万人），数字经济效益的具体衡量指标包括互联网宽带接入用户数（万户）、信息技术服务收入（亿元）、软件业务出口（万美元），数字基础设施的具体衡量指标包括光缆线路长度（公里）、互联网普及用户数（万户）、移动互联网户均接入流量（GB），数字商务活动的具体衡量指标包括有电子商务交易活动的企业数（家）、有电子商务交易活动的企业数占比（%）、电子商务销售额（亿元），产业结构高级化程度的具体衡量指标为第三产业增加值占 GDP 的比重（%）。利用因子分析法对 2014~2021 年的样本数据进行降维处理，分别得到尽可能多地保留原始变量信息并能最大限度呈现四个解释变量意义的面板数据。

以产业结构优化水平为被解释变量，数字专业人才、数字经济效益、数字基础设施、数字商务活动为解释变量，进行回归分析，可以发现，整体来看，数字经济发展对京津冀产业结构优化的促进作用是显著的，其中，数字基础设施建设的初步效果已显现，但对京津冀产业结构优化的促进作用有待充分发挥；数字专业人才、数字经济效益、数字商务活动对京津冀产业结构优化的影响显著性较低，需要进一步加强。

表2 数字经济发展对京津冀产业结构的影响

变量	未标准化系数		标准化系数	t	显著性
	B	标准误差	Beta		
数字专业人才	0.000	0.001	−0.086	−0.141	0.889
数字经济效益	0.017	0.028	0.311	0.629	0.537
数字基础设施	−0.035	0.007	−0.621	−4.846	<0.001
数字商务活动	0.014	0.051	0.249	0.273	0.788
常量	0.916	0.031		29.602	<0.001
Model 显著性	0.000				
F	13.909				
R^2	0.745				
调整 R^2	0.692				

三 数字经济推动京津冀产业结构优化面临的问题

（一）与其他区域数字经济发展存在差距

从京津冀地区数字经济发展现状看，京津冀地区与长三角地区在数字专业人才、数字经济效益、数字基础设施、数字商务活动等方面的差距均较为明显。2012 年之前，京津冀地区在数字化专业人才总量方面较长三角地区具有相对优势，但由于近年来数字专业人才增长率略低于长三角地区，京津冀的数字专业人才优势逐渐消失，2019年开始与长三角地区的差距不断拉大。数字经济效益方面，京津冀地区在信息技术服务收入和软件业务出口方面的差距显著，但2014~2021年信息技术服务收入差距呈现缩小趋势，而软件业务出口收入差距呈现扩大趋势。数字基础设施方面，京津冀地区的光缆线路铺设里程始终低于长三角地区，虽然近年两个区域的增长速度在15%左右，但长三角地区的增加量是京津冀地区的3.6倍，同时，京津冀地区的人均拥有光缆线路长度较长三角地区低0.02公里；从互联网普及用户数来看，京津冀地区与长三角地区的差距呈现扩大趋势，2014~2021年，京津冀地区的互联网普及用户数年均增长率低于长三角地区，互联网用户数增加量仅是长三角地区的35.76%；从移动互联网户均接入流量增长情况看，2014~2021年，京津冀地区的增长量较长三角地区低170.67GB，户均接入流量差距扩大了103倍，年均增长速度也相对较低。数字商务活动方面，京津冀地区有电子商务交易活动的企业数增长较快，但与长三角地区相比差距仍然较为明显，并且在电子商务销售额增长量上两地区也存在差距，但京津冀地区的电子商务销售额增长速度相对较快。

（二）京津冀内部数字经济发展不均衡

从京津冀地区内部看，三地在数字专业人才、数字经济效益、数字基础设施、数字商务活动等方面的发展不均衡。数字专业人才方面，北京较天津、河北具有较强优势，三地的这一差距不断扩大。数字经济效益方面，北京的信息技术服务收入和软件业务出口总量最大，且与天津和河北之间的差距不断拉大。数字基础设施方面，河北的建设速度最快和长度最长，其中，光缆线路建设长度最长、年均增长率最高、密度最高；另外，河北的互联网普及用户数也较北京和天津更多。数字商务活动方面，北京较天津、河北拥有更多有电子商务交易活动的企业，且增长速度较快，天津有电子商务交易活动的企业最少且增长速度最低；从有电子商务交易活动的企业数占企业总数的比重看，北京较天津和河北更高且年均增长率最高，天津该占比为京津冀地区的短板，年均增长率最低；从电子商务销售额看，北京对京津冀地区的总额贡献最大，销售额和年均增长率均远高于河北和天津，且三地的差距不断扩大。

（三）数字经济对产业结构优化的促进作用需要进一步加强

2014~2021 年，京津冀总体产业结构不断优化，第三产业增加值占 GDP 的比重上升 6.02 个百分点，第二产业增加值占 GDP 比重下降 4.63 个百分点。同时，京津冀三地的产业结构也呈现不断优化趋势，其中，北京产业结构较天津和河北更优，河北的产业结构有待优化，第三产业增加值占 GDP 的比重不到 50%。在此产业结构下，数字经济发展对京津冀产业结构的影响总体显著，其中对产业结构影响最显著的为数字基础设施建设，说明京津冀数字基础设施已经较为成熟和完善，能够对产业结构优化产生明显影响，但数字专业人才、数字经济效益和数字商务活动等在京津冀产业结构优化中发挥的作用还不明显，需要进一步关注。

四　数字经济背景下京津冀产业结构优化的对策建议

（一）做大数字经济增量，推动现代产业体系加快构建

一是推动数字产业集群化发展。北京在数字专业人才、数字经济效益和数字商务活动方面的绝对优势是京津冀数字产业集群化、规模化发展的重要支撑，雄安新区的发展为京津冀产业结构优化提供了动力。围绕京津冀三地产业对接和协作，厘清数字产业链条，完善区域产业规划和上下游联动机制，推进强链补链，避免同质化发展和恶性竞争，强化

产业配套能力建设，完善区域数字产业联盟机制，培育建设一批具有国际影响力和竞争力的数字产业集群。二是提高数字经济协同创新发展能力。以京津冀协同创新共同体建设为抓手，构建高水平产业创新协同平台和载体，形成更高层次的产业协同创新格局，推动创新链产业链资金链人才链深度融合、创新链价值链协调发展、创新驱动与数字经济和产业结构优化协同并进，引领和支撑京津冀产业结构整体优化。三是积极融入新发展格局，拓展数字经济应用场景。围绕数字场景和数字应用，推动智慧城市建设，发挥平台型企业的带动效应，打造区域数字经济"云平台"，构建系统化多层次的产业"云上"体系，形成面向数字经济的产业新生态。

（二）推动数字经济协同发展，促进资源要素配置不断优化

一是完善要素对接机制，以要素供给侧的深度分工协同促进数字经济发展整体效率提升。以创新链条为承接脉络，加强促进要素对接的顶层设计，充分发挥空间层级的区位优势，强化承接载体建设，建立有利于要素流动的立体化综合交通体系，加快推进京津科技走廊、静沧廊、通武廊、京津雄创新三角区等战略合作发展，在更大范围、更广领域、更深层次推动京津冀空间格局重构和京津冀数字产业对接。二是搭建要素承接平台，推动要素资源在京津冀区域内部稳定化。围绕怎么建平台、由谁建设平台、承接什么要素、如何承接要素四大问题，重点关注天津、河北的承接环境建设，避免恶性竞争，注意要素政策尤其是人才认定和引进政策的协调性和一致性，打造有序的市场环境、优质的营商环境和良好的公共服务体系与人居环境，增强人才等要素的吸引力与集聚力，促进要素与产业良性互动。三是充分发挥市场对资源配置的决定性作用，促进要素流动。探索形成负面清单制，制定促进要素流动、资源共享和公平竞争的各种行政规定和管理措施，形成政府引导和市场主导的要素优化配置模式。

（三）提高数字经济活跃度，提升现代化产业体系活力

数字经济是新一轮产业竞争的方向和产业结构优化升级的动力，为现代化产业体系建设提供数智化根基。京津冀地区的数字经济发展不均衡，直接影响产业协同发展。一是提高创新活跃度。依托北京全球数字经济标杆城市建设和北京、天津国际消费中心城市建设，加快完善京津冀城市群的数字化网络，为拓展数字经济应用场景、促进京津冀产业结构优化增添活力。二是提高生产活跃度。依托北京全球最大的超大规模智能模型"悟道2.0"、国内首个超导量子计算云平台、国内首个自主可控区块链平台"长安链"等，以天津"天河一号"超级计算机、曙光计算机、飞腾CPU、银河麒麟操作系统等为代表的自主安全可控全生产链，以及北京在平台数量、接入资源量、国家级智能制造系统方案等方面居全国前列的优势，促进数字经济产业链供应链向河北延伸，形成数字化、网络化协同模式，助力订单共享、设备共享、产能协作和制造协同在京津冀地区加速发展。三是提升组织管理活跃度。依托于数字经济发展改变原有产业内单个企业内部数字化发展路径，实现网络化产业组织下的跨产业协作，促进传统的单一化、线性化组织结构向模块化、网络化组织结构转变。拓展传统农业、工业、服务业的组织范畴和边界，助力数字化思维加快融入实体经济管理过程，更新传统管理观念和管理方式。深入推进企业"上云用数赋智"，以信息化和工业化融合促进传统工业领域的全方位全链条的信息化管理，基于数字商务、移动支付、网约车、网上外卖、数字文化、智慧旅游、智慧农业等拓展服务业数字化经营管理新空间。

（四）加大数字化人才培育力度，筑牢产业高质量发展根基

人才培养和队伍建设是数字经济发展的基础，也是产业结构不断优化升级的人力资本保障。产业数字化转型离不开人才。一是在职业院校

（含技工院校）加快设置人工智能、量子信息、互联网等数字化领域的学科，加快数字经济领域的新工科、新文科建设，加大数字技能类人才培养力度。二是扩大数字经济人才认定和支持范畴。紧跟技术发展趋势和产业发展趋势，鼓励将数字经济领域的人才纳入各类人才计划支持范围，积极探索制定灵活的人才引进、培养、评价及激励政策，促进人才链与创新链、产业链有机深度融合。三是积极培养复合型数字化人才。随着数字经济与实体经济的深度融合，聚焦特定领域的数字化管理人才、数字化专业人才、数字化应用人才需求增加，与产业、场景、业务深度融合的诸多岗位需要数字技能和专业技能充分融合的多元化数字人才。

参考文献

陆岷峰：《新发展格局下数据要素赋能实体经济高质量发展路径研究》，《社会科学辑刊》2023 年第 2 期。

刘洋：《数字经济、消费结构优化与产业结构升级》，《经济与管理》2023 年第 3 期。

王园园、王亚丽：《数字经济能否促进产业结构转型？——兼论有效市场和有为政府》，《经济问题》2023 年第 3 期。

贺琳婧、魏志飞：《黄河流域数字经济发展对产业结构升级的影响》，《合作经济与科技》2023 年第 5 期。

张姝、王雪标：《数字经济对产业结构升级影响的实证检验》，《统计与决策》2023 年第 3 期。

首都都市圈背景下
推动京张算力合作的思路与前景

王　鹏　张路阳*

摘　要： 为了进一步提高京津冀协同发展水平，2022 年 4 月京津冀协同办提出加快构建现代化首都都市圈。在数字产业一体化发展方面，北京利用建设全球数字经济标杆城市的优势，推动数据中心建设，加强京津冀算力合作，但也面临一些发展难题。建议紧抓现代化首都都市圈建设契机，紧抓"牛鼻子"坚定不移疏解非首都功能，推动京张合作共建数据中心，破解北京建设数据中心的阶段性发展瓶颈；发挥北京都市圈核心城市的引领带动作用，带动京津冀数字产业发展，进一步提高京津冀协同发展水平，加快建设定位清晰、梯次布局、协调联动的现代化首都都市圈。

关键词： 现代化首都都市圈　京津冀一体化　北京　数据中心

一　首都都市圈数据中心建设的进展与成果

北京市建设数据中心是建设现代化首都都市圈的具体内容。北京市启动建设全国一体化算力网络国家枢纽节点以来，积极布局城市超级数

---

* 王鹏，博士，北京市社会科学院管理所副研究员；张路阳，华南理工大学经济与金融学院。

据中心和超级算力中心建设，进一步提高北京算力，增强北京作为都市圈核心城市的经济辐射力和带动力；作为现代化首都都市圈中的"一核"发挥主动引领作用，带动周边城市相关数据产业发展，促进京津冀在数字产业方面的合作，提高首都都市圈协同发展水平。

（一）推动都市圈合作建设数据中心

北京在都市圈数据中心建设中始终发挥核心城市的辐射带动作用，加强与津冀协同联动。2021 年，北京市印发《北京市数据中心统筹发展实施方案（2021—2023 年）》，坚持需求引领、科技创新、总量控制、统筹布局四项原则，将京津冀区域按照资源基础、产业结构、经济水平等划分为功能保障区域、改造升级区域、适度发展区域、协同发展区域四大区域，推动数据中心分区分类梯度布局、统筹发展。[1] 京津冀协同提高产业链合作联动水平，三地协同布局工业互联网、数据中心等基础设施，区域联动发展加快。2021 年，北京市印发《北京市关于加快建设全球数字经济标杆城市的实施方案》《北京市"十四五"时期智慧城市发展行动纲要》《北京市"十四五"时期高精尖产业发展规划》，有序开展各项工作任务，布局新型智慧城市建设工作，提出做大新一代信息技术产业，全力推进全球数字经济标杆城市建设工作。[2] 京津冀地区共有 14 个城市，其中 9 个城市上榜赛迪顾问中国数字经济城市发展百强榜单，北京市居百强榜单首位，京津冀在数字产业方面初步形成以北京为核心的牵引发展模式。

---

① 北京市经济和信息化局：《北京市数据中心统筹发展实施方案（2021—2023 年）》，2021年 4 月。

② 中共北京市委办公厅、北京市人民政府办公厅：《北京市关于加快建设全球数字经济标杆城市的实施方案》，2021 年 7 月；北京市经济和信息化局：《北京市"十四五"时期智慧城市发展行动纲要》，2021 年 3 月；北京市人民政府：《北京市"十四五"时期高精尖产业发展规划》，2021 年 8 月。

表 1   2021 年京津冀地区数字经济发展百强榜排名

排名	城市	省（区、市）	线级
1	北京市	北京市	一线
8	天津市	天津市	新一线
31	石家庄市	河北省	二线
56	唐山市	河北省	三线
63	廊坊市	河北省	三线
74	保定市	河北省	三线
75	邯郸市	河北省	三线
78	沧州市	河北省	三线
99	邢台市	河北省	三线

资料来源：评估结果来源于赛迪顾问《2021 中国数字经济城市发展白皮书》。

（二）都市圈一体化发展动力进一步增强

2022 年 4 月，《北京市推进京津冀协同发展 2022 年工作要点》正式印发，提出北京将以构建现代化首都都市圈为统领，带动协同发展重点领域取得新突破，包括建设环京周边地区"通勤圈"、京津雄地区"功能圈"和节点城市"产业圈"等。北京建设数据中心，提高数字经济辐射能力和引领带动能力，推动北京与环京地区在数字产业方面的合作。北京发挥核心城市的主动引领作用，鼓励云计算、5G、物联网等相关企业与周边城市在投资建厂、建设数字园区等方面开展合作，有力带动周边城市数字产业发展，逐步打造都市圈核心城市与节点城市的数字"产业圈"。

北京与周边城市合作建设数据中心，共同进行算法研发和算力搭建，有助于增强都市圈的人才和技术优势，为周边城市发展提供新动能。数字产业的深度合作将促进资金、人才、技术在首都都市圈内流动。首都都市圈数据中心建设无疑是京津冀协同一体化发展的重要动力，是加快构建现代化首都都市圈的重要抓手。

（三）数字经济带动力进一步增强

数字经济是首都都市圈建设的重要产业驱动力。北京市建设全球数字经济标杆城市取得积极进展，数字经济对京津冀周边地区的带动力进一步增强。北京市数字经济增加值从 2015 年的 8719.4 亿元增加到 2021 年的 1.63 万亿元，占全市 GDP 的比重达四成以上。2021 年，北京数字经济增加值规模达到 1.63 万亿元，实现全国领先，按现价计算，比上年增长 13.2%，占全市 GDP 的比重为 40.4%。其中核心产业实现增加值 8918.1 亿元，增长 16.4%，占全市 GDP 的比重达到 22.1%。2022 年前三季度，北京数字经济增加值规模达到 1.3 万亿元，按现价计算，同比增长 3.9%，占全市 GDP 的比重为 42.7%，其中数字经济核心产业增加值同比增长 6.6%，占全市 GDP 的比重为 24.3%。以大数据、人工智能、区块链为代表的新一代信息技术向实体经济加速渗透。以互联网和信息技术服务业为例，2021 年全年营业收入达到 2.2 万亿元，继 2018 年突破万亿元规模后，仅用 3 年时间实现翻番，占全国的比重达到 25.7%，居全国首位。

北京积极推动数字经济规则构建，对都市圈数字经济规则构建起到先行探索的作用。北京以"两区"建设为契机，大力推动中欧"数字贸易港"试点，探索具有引领性、示范性的双边、多边互惠互利的数字贸易规则、机制、模式，推动北京数字经济规则构建和国际化发展。2022 年 6 月，全国首个数字经济标准委员会——北京市数字经济标准化技术委员会正式成立。标委会将研究建立数字经济标准体系，强化数字经济标准化的引领和支撑作用。[①] 北京数字经济产业的发展和数字经济规则的构建为建设数据中心夯实了产业基础和制度基石，为构建区域数字经济"产业圈"提供发展机遇和发展支撑。

---

① 《北京市数字经济标准化技术委员会在京成立》，2022 年 7 月 1 日。

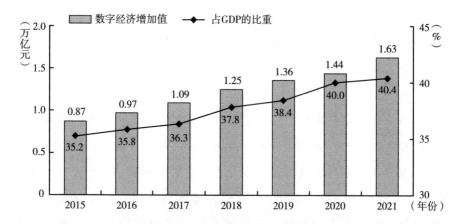

图 1 2015~2021 年北京市数字经济增加值及其占地区生产总值的比重

表 2 2020 年至 2022 年前三季度北京市数字经济增加值、同比增长及占全市 GDP 比重

单位：万亿元，%

时间	增加值	同比增长	占全市 GDP 比重
2022 年前三季度	1.3	3.9	42.7
2021 年	1.63	13.2	40.4
2020 年	1.44	5.9	40.0

表 3 2021 年我国部分省区市数字经济总体规模和经济贡献

项目	省区市
数字经济总体规模 1 万亿元以上	广东、江苏、山东、浙江、上海、北京、福建、湖北、四川、河南、河北、湖南、安徽、重庆、江西、辽宁
数字经济占 GDP 的比重超 50%	北京、上海、天津

注：测算不包括海南、西藏、香港、澳门、台湾。

资料来源：测算结果来源于中国信息通信研究院《中国数字经济发展报告（2022 年）》。

（四）数字基础设施建设进入新阶段

北京逐步建立起领先的数字基础设施支撑体系。2021 年，北京市全面启动智慧城市 2.0 建设，由一网、一图、一云、一码、一感、一库、一算及大数据平台构建的"七通一平"基础设施建设全面启动。[①]
如在智能交通方面，加快建设车路云网图深度融合的软硬件体系，建成
全球首个高级别自动驾驶示范区。

北京加快布局与5G、集成电路、大数据、计算机、区块链、人工
智能等新一代信息技术相关的基础设施，带动首都都市圈提高新基建布
局速度和覆盖程度，如在通信基础设施方面，累计开通5G基站5.64万
个，实现五环内室外连续覆盖，万人基站数居全国第一，率先实现5G+
8K全产业链技术应用贯通。[②] 在人工智能算力方面，落实《北京市人
工智能算力布局方案（2021—2023年）》提出的"2+15+N"布局，启
动城市超级算力中心建设，建设市、区两级公共算力基础设施，积极筹
建顺应数字经济发展趋势的新型数据中心和人工智能算力中心，构建
"云、边、端"三级算力体系。一是以海淀区北京科技创新算力中心、
朝阳区北京数字经济算力中心2个市级算力中心建设为引领，形成标准
化建设规范；二是统筹推动边缘算力节点，按照软硬解耦、就近解析原
则布局"智能前端"边缘数据中心；三是逐步开放商业化算力中心建
设，探索政府和社会资本合作建设公共商业一体化算力设施。

（五）数字技术取得突破性进展

北京基于科研优势和人才优势，加快推动以人工智能算法、区块链
等为核心的数字技术快速发展，数字经济相关领域的基础研究与应用基
础研究取得突破性进展，在首都都市圈内具有核心技术优势。在算法方
面，北京诞生了飞桨（PaddlePaddle）、旷视天元、Jittor、Oneflow等国
内领先的算法框架。2021年6月，全球最大的超大规模智能模型"悟
道2.0"发布，模型全部基于国产超算平台打造，参数规模打破国外纪
录，并在预训练模型架构、微调算法、高效预训练框架等方面实现了多

[①] 唐立军、朱柏成主编《北京数字经济发展报告（2021~2022）》，社会科学文献出版社，2022。
[②] 唐立军、朱柏成主编《北京数字经济发展报告（2021~2022）》，社会科学文献出版社，2022。

项原始理论创新。在区块链技术方面，2021 年 1 月国内首个自主可控区块链软硬件技术体系"长安链"发布，实现抗量子加密算法、可治理流水线共识、混合式分片存储等十余个核心模块全部自主研发，打破国外在区块链底层平台垄断的局面。在大数据交互方面，2021 年 12 月，北京市印发《工业互联网创新发展行动计划（2021—2023 年）》。截至目前，北京已建成国家工业互联网大数据中心、国家顶级节点指挥运营中心，成为国家工业大数据交互的核心枢纽。[①]

（六）数据要素汇聚持续推进

数据要素汇聚与数据价值挖掘持续推进，数据应用场景不断拓展。2021 年，北京国际大数据交易所设立运行，在全国率先实现新型交易模式，上架 211 个数据产品和服务项目；全市汇聚政务数据 341 亿条、社会数据 1169 亿条，央地协同获取国家部委数据 15 亿条，支撑疫情防控、复工复产等 181 个应用场景。大数据平台 2.0 版上线，市级目录链有序运转，70 个市级部门、9300 多类职责目录、8 万余条数据项、1700 余个信息系统已完成"上链"锁定，累计汇聚 57 个市级部门的 2400+类数据资源、2.8 万+个数据项、316+亿条数据，在推进政务服务数字化方面取得积极进展，位列省级政府一体化政务服务能力第一梯队。创新建设数据专区，提供小微企业首贷、"普惠大数据信用贷款"和"云义贷"等多场景金融服务产品。

北京依托北数所、大数据平台和数据专区建设，通过多方安全计算、联邦计算等隐私加密技术，促进数据要素融合，挖掘数据要素资产价值，加速政企数据要素流动，不断拓展数字政府、数字金融等数据应用场景和提高数据应用效率，完善数据要素市场服务体系。

---

① 《北京打造中国数字经济发展样板》，《北京日报》2022 年 4 月 17 日。

表 4 2021 年省级政府一体化政务服务能力

区间	省级
非常高(≥90)	北京、上海、江苏、浙江、安徽、广东、四川、贵州
高(90~80)	天津、河北、山西、内蒙古、辽宁、吉林、黑龙江、福建、江西、山东、河南、湖北、湖南、广西、海南、重庆、云南、宁夏
中(80~65)	西藏、陕西、甘肃、青海、新疆
低(≤65)	—

资料来源：评分及具体评估原则详见中央党校（国家行政学院）发布的《数字政府蓝皮书：中国数字政府建设报告（2021）》。

二 建设现代化都市圈背景下北京数据中心建设的难点

（一）大数据应用场景多，算力供给缺口大

当前，北京贯彻落实国家《"十四五"数字经济发展规划》，加快建设场景新城，促进数字产业落地与科技成果转化。北京市内以阿里巴巴、腾讯、百度、字节跳动为代表的互联网巨头对算力需求十分迫切，政府、服务、电信、金融、教育、制造、运输等部门也对算力基础设施提出了强烈需求。5G、AI、AIoT 等技术发展迅速，加快推动北京数字城市建设，从端侧到云端，数据运算需求呈指数级增长，算力缺口不断扩大。2021 年清华大学互联网产业研究院的研究报告显示，北京算力需求得分为 70.30 分，远超上海（59.05 分）、深圳（49.65 分）、广州（37.87 分）、杭州（29.62 分），居全国第一；从供给看，北京得分为 69.44 分，上述四城得分分别为上海 59.83 分、深圳 38.33 分、广州 47.42 分、杭州 22.42 分。北京市算力供给虽名列前茅，但与算力需求相比，明显供不应求，算力缺口较大，无法充分发挥自身数字产业优势。

表 5　中国部分城市算力需求与算力供给得分

单位：分

城市	算力需求	算力供给
北京	70.30	69.44
上海	59.05	59.83
深圳	49.65	38.33
广州	37.87	47.42
杭州	29.62	22.42

资料来源：得分及具体测算标准和方法参见清华大学互联网产业研究院发布的《中国城市算力服务网发展指数报告（2021）》。

（二）大数据中心耗能大，资源环境承载力受限

随着北京数字经济发展，加快建设全球数字经济标杆城市，对大数据中心及其算力需求与日俱增。数据中心对电力需求大，使用传统能源将导致能耗高、碳排放强度大。数据中心的高耗电性给节能减排、绿色低碳发展、碳中和目标实现等带来较大压力。2022 年工信部的数据显示，2035 年中国数据中心和 5G 总用电量将是 2020 年的 2.5~3 倍，达 6951 亿~7820 亿千瓦时，占中国全社会用电量的 5%~7%。[1] 同时，2035 年中国数据中心和 5G 的碳排放总量将达 2.3 亿~3.1 亿吨，约占中国碳排放量的 2%~4%，相当于目前两个北京市碳排放总量。其中数据中心的碳排放将比 2020 年增长（最高）103%，5G 的碳排放将增长（最高）321%。[2] 可以预期，如果北京将所有大数据中心布局在市内，显然不利于北京市碳达峰后稳中有降以及碳中和目标的实现。大数据中心耗电量大，对供电安全也会造成一定影响。北京市数据中心总

---

① 绿色和平、工业和信息化部电子第五研究所计量检测中心：《中国数字基建的脱碳之路：数据中心与 5G 减碳潜力与挑战（2020—2035）》，2021。

② 绿色和平、工业和信息化部电子第五研究所计量检测中心：《中国数字基建的脱碳之路：数据中心与 5G 减碳潜力与挑战（2020—2035）》，2021。

功率约占全市平均供电负荷的 8%，① 在北京超过 60% 的电力来自外埠的情况下，数据中心在用电高峰期对全市供电安全带来压力。北京市自身的土地、能源、生态环境等日趋紧张，受资源环境承载能力限制，北京从 2014 年起限制批准数据中心新建项目。到环京周边地区寻找合适的地方规划建设首都大数据中心，显然具有重要的战略意义和现实价值。

（三）数据中心占地面积大，城市用地容量不足

建设数据中心需要大面积的土地，北京作为一线城市，城市化程度非常高，缺乏可供在城区大量布局数据中心建设工程的空间。北京建设占地共 2 万平方米的国际大数据交易产业园区，是国内首个一线城市中心数据产业园区，园区内运营了北京城区内最大的公共算力中心。根据市经信局印发的《北京市人工智能算力布局方案（2021—2023 年）》，北京数字经济算力中心落地朝阳，将建设 1000PFlops 以上的人工智能算力平台，② 这对用地也有较大需求。从其他城市建设数据中心的情况看，算力中心和数据产业园区的规划面积也十分大，如云下科技重庆嘉云智能算力中心落地重庆两江新区，整体规划面积约 80 亩；"西高新天和防务二期——5G 通讯产业园天融大数据（西安）算力中心项目"开启，其所在的天和防务 5G 通讯产业园项目总占地面积 268 亩。

（四）电信运营商资源垄断，云计算、第三方服务商发展受限

我国的数据中心在发展过程中企业之间的网络交互需求少，与美国相比，缺乏市场竞争活力。在中国市场，电信运营商具备资源垄断优势，其市场规模约占整个数据中心服务市场的 2/3，在北京亦然。目

---

① 北京市发展改革委：《关于进一步加强数据中心项目节能审查的若干规定》，2021 年 7 月。
② 北京市经信局：《北京市人工智能算力布局方案（2021—2023 年）》，2021 年 9 月。

前，北京市内电信运营商的数据中心在市场响应速度、满足客户定制化需求等方面还需持续提升。

在市场响应速度、需求定制化服务方面表现优异的云计算服务商与第三方服务商发展受到限制，难以形成更强的规模和技术优势，以便降低成本。众多资金充足的企业，尤其是大型国有企业，出于数据安全的目的，倾向于自己持有数据中心，而非利用第三方服务，不利于数据中心产业规模化、集约化发展。

而随着北京市企业上网上云比例提高，企业级数据量将超过消费者数据量。根据 IDC 报告，中国企业级数据量占数据总量的比例将从 2015 年的 49% 提升至 2025 年的 69%。[①] 企业需要对高速增长的海量数据进行分析，数据存储将从本地设备迁移至云服务器。传统数据中心流量 2016~2021 年估计增长了 1.1 倍，而云数据中心业务流量增长了 2.2 倍，达到 18.9ZB/年，2021 年云数据中心流量占数据中心总流量的 90% 以上。[②] 根据中国信通院《云计算发展白皮书（2019 年）》，2018~2022 年中国公有云市场年均复合增长率将达到 41.1%。

如何协调好现有的和待建的电信运营商、第三方服务商、云计算服务商项目之间的关系，也是北京亟须解决的问题之一。

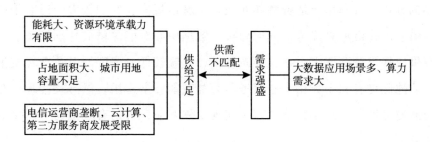

图 2　北京市数据中心建设中的难点

---

① 数据来源：IDC《数据时代 2025》。
② 数据来源：IDC《数据时代 2025》。

三　开展都市圈协同建设数据中心集群的
基础及其可行性分析

基于以上难题，紧抓疏解非首都功能这个"牛鼻子"和"东数西算"工程建设契机，加强京津冀区域合作，引导北京适宜产业在环京地区发展，在建设现代化首都都市圈的背景下共建国家数据中心集群，具有一定的现实基础和发展可行性。

（一）自然条件优势

考虑到建设成本和应用便捷性，在地理位置、自然资源、交通条件、气候条件等方面具有明显优势的京津冀和冀晋蒙地区是北京建设数据中心的合作首选。在地理位置上，毗邻北京的城市具有明显优势，如位于北京西面的张家口、位于北京北面的承德、位于北京东面的天津和唐山、位于北京南面的廊坊；同时紧邻河北的内蒙古也具有较明显的地理位置优势。在自然资源上，可利用土地资源较为丰富的地区更具发展优势，相比城市化程度更高、土地利用率更高的天津和本身城市规模较小的廊坊，可利用土地资源相对较多、城市规模和面积较大的河北张家口市、承德市更具优势；同时建设大数据中心对能源供应特别是清洁能源供应提出较高要求。在气候条件上，气温较低、湿度低以及空气质量好的地区更有利于数据中心服务器等高耗能设备采用自然方式冷却。在交通便捷性上，京津冀地区基本实现高铁互通，可以有效推动一体化协同发展。

（二）产业合作基础

建设大数据中心依托于区域原有产业基础。相比内蒙古和山西省，京津冀地区具有更明显的产业优势和合作基础。近年来京津冀地区依托京津科技资源优势，着力培育高新产业集群，加快发展可再生能源、信息技术、新材料、云计算等新兴产业，培育了一批具有较强竞争力的龙头企业，建设了一批高新技术园区和产业基地，如张家口市加强与北京中关村国家自主创新示范区合作，借助京津冀产业转移精准对接京津资源，大力发展氢能产业，积极培育战略性新兴产业，努力实现新旧动能转化；承德市围绕打造"京北数谷"，加快推进承德高新区数字生态产业基地、兴隆大数据基地等项目建设。

（三）都市圈区域合作的区位优势

综合考虑京津冀和晋冀蒙地区的区位条件，张家口市、承德市和内蒙古区位条件相对优越，而张家口市在这三者中又属较优。在地理位置上，张家口市、承德市都毗邻北京，是承接非首都功能疏解、推进京津冀协同发展的重要承载地；张家口市地处京冀晋蒙四省（区）交界区域，是京津冀（环渤海）经济圈和冀晋蒙（外长城）经济圈的交会点。在自然资源上，内蒙古和张家口可利用土地资源及可开发能源相对丰富，《河北省张家口市可再生能源示范区发展规划》指出，张家口土地总面积368万公顷（3.68万平方公里），其中未利用地102.4万公顷，可供风电、光伏、光热等开发利用的适建地50.7公顷，而规划占地仅9.6公顷；[1] 同时可再生能源丰富，具有40GW以上风能可开发资源、30GW以上太阳能发电可开发资源，赤城、怀来等县地热资源蕴藏丰富，各种生物质资源年产量200万吨以上，尚义、赤城、怀来等县具备抽水蓄能电站建设条件。[2] 在气候条件上，张家口和承德气候条件优越，常年气温较低、湿度低，空气质量较好，数据中心冷却能耗节能40%，是布局北京部分数据中心的先天性优势之一。在交通条件上，京津冀地区的高铁网络有效带动项目、资金、技术、人才等产业发展和创

---

① 国家发改委：《河北省张家口市可再生能源示范区发展规划》，2015年7月28日。
② 国际可再生能源署：《张家口2050年能源转型战略》，2019年11月。

新要素全面加速融合。综上，利用张家口市丰富的资源能源禀赋，合作共建区域国家数据中心集群，具有一定的现实基础和发展的可行性。

（四）都市圈区域合作的产业优势

北京和周边区域数字产业的合作基础深厚。周边区域长期承接北京产业，和北京开展产业合作，共同推动数字经济发展，在各方面都具有协同建设数据中心的优势，其中北京与张家口市有深厚的产业合作基础，优势较为明显。可再生能源方面，中国节能环保集团公司、金风科技等能源企业将在张家口布局氢能业务。企业与园区方面，在北京的腾讯、阿里巴巴、百度等知名互联网企业布局带动下，张家口出现了一批具有示范作用的典型性企业、园区，张北云计算基地、怀来数据中心基地被评为国家新型工业化产业示范基地。大数据产业方面，张家口市大数据产业项目数量多、投资总额大。目前，张家口市签约大数据产业项目 39 个，计划投资 1377 亿元。阿里张北小二台、腾讯怀来云等 12 个数据中心投入运营，投运服务器 103 万台；合盈数据等 11 个数据中心正在加快建设。[①] 数据中心等基础设施建设已初具雏形，未来张家口产业集群将呈极速裂变式发展趋势，汇聚足够规模的数据中心，有望培育千亿级的数字经济产业集群。

综上，北京周边城市承接北京数据中心项目落地的能力强、空间大，是中国北方建设超大规模数据中心的首选之地和京津冀乃至全国优质数据资源承载地，其中张家口优势最为明显。通过全国一体化的数据中心布局建设，集中资源，扩大算力设施规模，提高算力使用效率，降低数据中心运营成本，有利于减轻北京碳排放压力，提升能源使用效率，实现算力规模化集约化发展；同时通过算力设施由东向西布局，带动北京相关产业向河北有效转移，促进东西部数据流通、价值传递、信

---

① 《张家口加快推进大数据产业集群发展》，《河北日报》2021 年 11 月。

息资源共享。通过数据流引领带动资金流、人才流、技术流等，打通我国数字产业的"大动脉"，实现数字资源、数字算力、数字产业、数字服务等一系列生态在京津冀地区的合理布局，推动建设现代化首都都市圈。

四　加快首都都市圈协同建设数据中心集群的对策建议

北京加快与张家口合作共建国家数据中心集群，对于进一步推进京张两地合作、加快疏解非首都功能、深入推动京津冀协同发展具有重要的战略意义。建议借助国家建设"东数西算"工程和京津冀建设现代化首都都市圈的战略契机，加快战略谋划与布局，采取措施有效推进。

（一）组建区域合作领导小组，制定都市圈协同建设实施方案

加快京张"东数西算"合作要加强顶层设计与统筹协调。该工程建设涉及部门多、领域专、事项细，需要从全市层面进行高位统筹，与河北省、张家口市加强高层对接、统筹推进。一是由北京市领导牵头组建京张合作领导小组，制定都市圈协同建设数据中心集群的合作方案，对数字经济发展、产业转型发展和新基建等重点工作进行再安排、再部署。二是相关委办局、企业参与，建立督办考评体系，加强标杆工程、重大事项和重点项目的统筹调度。实行"周报告、月督促、季评价、年考核"机制，针对政策编写发布和效益成果、任务目标设定和执行、项目入库和实施进展等方面督办落实，提出前瞻性、必要性和合理性评价指导意见，多维度考核推进情况，结合督办考评结果动态联动调整各项工作清单。

（二）构建区域协同机制，完成四个方面对接

强化京津冀协同办与国家发改委、河北省、张家口市在规划、产业、基础设施、生态环境保护四个方面的工作联动对接。一是规划对接，全力配合《北京市推进京津冀协同发展2022年工作要点》《京津冀协同发展规划纲要》《张家口市数字经济发展规划（2020—2025年）》等规划，依据规划细则贯彻落实工作部署，积极推进各项工作。及时了解中央政策、试点情况，掌握最新数据变化。二是产业对接，进行智能制造产业对接，深化京津冀产业协同，研究制定京张技术协同创新整体布局建议方案，推进京张工业互联网协同发展示范区建设，启动京张协同智造行动。支持碳中和的数字能源产业对接，建成张家口清洁能源智慧监管中心，接入所属风、光、水、燃气发电企业生产运营数据，完成部分功能和高级应用开发部署使用，在制造业领域加快综合能源管理体系建设，支持企业自建多能互补的分布式智慧能源管理系统。北京在张家口以飞地模式规划建设大数据产业园，税收五五分成，吸引北京产业、人口流入，实现京张协同发展。三是基础设施对接，促进环京地区通勤圈深度融合，加强区域快线连接，完善公共服务配套，形成同城化效应。京张交通体系已经基本建成，应以打造京晋蒙冀交界区域性综合交通枢纽为目标，统筹各类公路建设，优化路网结构，加快张唐、京张城际、蓝张、张呼等铁路开工建设步伐，推进张大、张石、张家口至二连浩特等铁路前期工作，加快张家口军民合用机场建设，完善配套设施。四是生态环境保护对接，加大中央生态建设资金支持力度，与相关领域生态补偿资金配合使用，健全京张横向生态保护补偿机制，共同支持张家口市提升生态保护能力和水平。

（三）开展数据调研论证，构建区域系统测度体系

一是由北京市负责数据中心建设的有关职能部门联合张家口市成立

专项调研组，对北京、张家口两地的数据中心现状及问题全面摸排，设计数据中心需求调查表，开展实地调研。二是研究北京、张家口合作共建全国统一的大数据市场的工作思路，推动数据中心与云算力服务、数据要素流动、大数据应用、网络和数据安全等产业环节协同发展。三是组织开展专家研讨、企业座谈和相关委办局会商，研究构建京张两地大数据发展测度体系，精准、及时反映数字经济发展和标杆城市建设水平，打造引领数字经济发展的话语平台。

（四）完善数字经济标杆任务，打造都市圈协同发展样板工程

一是建议将京张合作共建国家数据中心集群纳入《北京市关于加快建设全球数字经济标杆城市的实施方案》，将"辅助建设张家口数据中心集群，助力'双碳'绿色发展"作为重点工作之一，将共建京张国家数据中心集群，作为京津冀协同发展的重要样板工程，出台扶持政策，加速数据中心产业向冀转移。二是引入市场竞争机制，培育数据产业龙头。鼓励北京数据中心运营商并购重组，形成规模较大的行业巨头，培育更加开放的电信市场，减少第三方数据运营商受到的电信运营商的限制，帮助第三方运营商通过主电信机房（Carrier Hotel）和 MMR 电信间（Meet-Me-Room）实现跨网通信，优化数据传输路径，提供更高效的服务。

（五）发挥核心城市的带动作用，积极促进场景方案落地

充分发挥北京数字经济、平台经济企业在工业互联网、产业互联网、农业互联网等应用领域的优势，发挥北京作为首都都市圈核心城市的带动引领作用，积极拓展张家口地区的应用场景，推动京津冀区域农业、制造业、传统服务业的数字化、信息化、智能化。由两地主管部门牵头，多层次、多元化、多渠道、多形式地搭建供需对接平台，通过企

业互惠合作、政府支持补贴等多种形式推动企业数字化改造，将北京数字经济龙头企业的能力、经验、平台与河北大量应用场景融合，运用数字经济技术深度赋能工农业生产和金融、物流、零售、医疗、康养、文化旅游等传统服务的数字化、智能化转型，促进数字经济更有效地服务京津冀区域实体经济发展，促进节点城市产业圈强链补链，加快构建现代化首都都市圈。

参考文献

赛迪顾问：《2021 中国数字经济城市发展白皮书》，2021 年 9 月。

唐立军、朱柏成主编《北京数字经济发展报告（2021~2022）》，社会科学文献出版社，2022。

中国信息通信研究院：《中国数字经济发展报告（2022 年）》，2022 年 7 月。

刘少伟、张栩、肖夏、卢玉玲、方波：《中美数据中心产业对比及思考》，财新网，2017 年 9 月 28 日。

钟凌江、武聪：《邬贺铨院士：算力支撑数字经济向纵深发展》，《人民邮电》2021 年 11 月 8 日。

绿色和平、工业和信息化部电子第五研究所计量检测中心：《中国数字基建的脱碳之路：数据中心与 5G 减碳潜力与挑战（2020—2035）》，2021。

国际可再生能源署：《张家口 2050 年能源转型战略》，2019 年 11 月。

首都都市圈背景下
北京产业疏解效应研究
——基于"动批"疏解的案例分析

刘小敏[*]

摘 要： 产业转移是都市圈协同发展的内在动力。首都都市圈协同发展的一个"牛鼻子"是北京的产业向河北的有序转移。以"动批"为代表的北京一般产业疏解有利于都市圈中心城市发展，也给圈层周边城市河北沧州等转入地带来发展机遇。以"动批"疏解项目为切入点，分析疏解行动对各利益相关方的影响，并构建疏解综合效应指标评价体系，综合分析疏解行动对疏解方与承接方的综合影响，为评估北京产业疏解政策效果、进一步优化疏解方案、促进首都都市圈内城市协同发展提供研究参考。

关键词： 首都都市圈 产业转移 "动批"

一 引言

都市圈是指一个比较大的中心城市与直接受其影响发展起来、具有

---

* 刘小敏，博士，北京市社会科学院市情研究所助理研究员，北京世界城市研究基地专职研究员。

密切社会经济联系、非农产业发达、具有城乡一体化特征的地域。① 根据国际经验，一个成熟跨省都市圈的中心城市都实现了城市功能的转变，完成了从工业经济向服务经济的转换和升级，生产职能减弱，流通、金融、管理、商贸、信息等功能强化，逐渐由工业中心转变为信息交换、商贸流通、决策管理中心，带动整个跨省都市圈向服务型都市圈转变。② 这种转变不仅促进区域内城市群形成，而且其中的产业转移则是都市圈内城市群空间结构演变的内在动力。③ 京津冀协同发展是党中央制定的重大国家战略，首都都市圈的发展模式发生根本性改变，以疏解北京非首都功能成为协同发展的"牛鼻子"带动北京与周边城市的协同发展。④ 北京的部分产业向天津、河北等有序疏解。北京将不断调整经济结构和空间结构，走出一条集约式发展的新路子。河北、天津等地通过产业承接而获得新发展机遇。产业承接为优化河北产业结构、创造就业岗位、增加经济收入、推动社会发展等都能产生积极作用。⑤ 这种产业在都市圈内城市之间的转移与承接，不仅有利于增强城市间的经济与社会联系，而且有助于提升首都都市圈圈层城市的运行效率。

北京基本完成一般制造业企业集中退出、区域性批发市场大规模疏解任务，其中，累计疏解退出 2154 家一般制造业企业，城六区及通州区大规模以上区域性批发市场已疏解完毕。然而，疏解活动涉及利益相关者多，深层矛盾盘根错节，部分市场在疏解过程面临的困难较大。⑥

① 董晓峰、史育龙、张志强、李小英：《都市圈理论发展研究》，《地球科学进展》2005 年第 10 期。
② 陶希东：《跨省区域治理：中国跨省都市圈经济整合的新思路》，《地理科学》2005 年第 5 期。
③ 乔彬、李国平：《城市群形成的产业机理》，《经济管理》2006 年第 22 期。
④ https://www.ndrc.gov.cn/gjzl/jjjxtfz/201911/t20191127_ 1213171. html.
⑤ 刘邦凡、彭建交、王燕：《提升河北承接京津产业转移能力的政策建议》，《中国行政管理》2015 年第 3 期。
⑥ 北京市政协经济委员会联合调研组：《对北京产业疏解配套政策若干问题的建议》，《前线》2016 年第 12 期。

在这些疏解市场中，曾经是北方最大的服装批发市场的动物园批发市场（以下简称"动批"）的疏解引发高度关注，经过多方不懈努力，"动批"最终顺利疏解，并成功实现业态升级，成为北京批发市场疏解活动中的样板工程。[①]

"动批"疏解的成功并非偶然，有许多值得深入研究的重要问题，分享政策红利，共享发展成果，促成利益相关方协同一致，是推进疏解政策取得成功的重要原则。因此，总结疏解成功经验，深入剖析其成功背后的机制，特别是分析政策对利益相关方的影响，为进一步优化北京产业疏解政策提供参考。为此，本文将以利益相关者分析为框架，通过座谈会、深度访谈、问卷调查、专家打分等多种形式来全面了解疏解活动对各方的影响，评估疏解成效，同时构建指标评价体系，评估疏解政策对疏解各方的综合影响，依此提出相应的政策建议。

二　产业疏解与都市圈协同发展

都市圈层下的城市空间形态不断发展和演进的根本动力在于中心城市和周边地区两类异质空间中的聚集和扩散力量协同谋求聚集经济，本质是产业转移与扩散。[②] 产业转移成为圈中城市发展的内在机制。圈中城市的发展变化表现为城市产业为追求效益最大化的资源优化配置与重组。在众多产业转移理论中，梯度转移理论从城市群内部存在的经济发展水平差异角度，论证城市群内部产业转移发生的条件、模式及影响。梯度转移理论提出一个国家或地区一定是处于某一经济发展梯度上的，

---

① 李盛、刘祖凤：《打赢"动批"疏解战——记全国工人先锋号北京北展地区建设指挥部》，《工会博览》2019 年第 18 期。

② 乔彬、李国平：《城市群形成的产业机理》，《经济管理》2006 年第 22 期。

新的技术、产品或产业会随着时间的推移从梯度高的地区转向梯度低的地区。[①] 城市群中，产业发展处于具有领先地位的城市成为产业转移的主导者，通过产业疏解活动带动产业转移。产业疏解的直观动因是城市承载力不足。产业因过度聚集而造成边际成本上升，一旦超过平均成本线，产业向低成本区域转移成为最为经济的行动。首都都市圈中城市群正是因存在这种产业梯度而发展产业疏解与转移的。北京疏解非首都功能是因聚集了过多的非首都功能而造成了发展边际成本过高的"大城市病"，即城市承载力不足。解决城市发展承载力问题的一个重要办法是包括产业在内的城市功能疏解。当城市发展到一定规模时，受资源限制，就需要适当地对一些不再适合城市功能需要的产业进行疏解，优化产业结构，促进产业升级，达到与城市发展要求相匹配的目的。

产业疏解是城市治理的重要模式，国内外一些城市有过一些成功的实践，并取得了不错的成绩。安徽皖江城市带是中国首个国家级承接产业转移示范区，以合肥为中心，半径500公里范围，辐射上海、江苏、浙江等省市。自成立以来，皖江城市带快速发展。示范区从2010年成立之初至2011年底，累计利用外商直接投资83.3亿美元、省外境内资金7776.8亿元，年利用境内资金规模是2009年的1.5倍左右，超过中部其他省份同期全省规模。

三 以利益相关者框架分析北京"动批"疏解的情况

（一）动批疏解

所谓"动批"，指的是北京二环西北角动物园附近的一批服装批

---

① 李国平、赵永超：《梯度理论综述》，《人文地理》2008年第1期。

发市场。"动批"形成于 20 世纪 80 年代中期，以路边销售服装为主，而后改造成大棚。2000 年后，随着周边新兴服装批发市场的建成和天乐的拆迁，动批逐渐转为室内营业场所，最终形成了多家服装批发市场集聚区域。这个兴盛了 30 年的北方地区最大的服装批发集散地，其间形成了 11 家服装批发市场，动物园区域一度成为华北地区最大的服装批发市场群。最鼎盛时，这里聚集了超过 3 万名从业人员，日均客流量达 10 万人次。另外，周边餐饮、物流等相关配套产业从业人员也超过了 30 万名。由于人流物流堵积，该地区成为具有"脏乱差、吵闹堵"典型特征的区域，多年治理未果，成为城市治理痼疾。

随着城市发展，批发业与首都规划愈发格格不入。2013 年 12 月，北展地区建设指挥部成立，目的是对北站地区的批发市场进行整治改造，并提出"八字方针"，即转型、撤并、调整、升级。2014 年 2 月，习近平总书记视察北京时发表"2·26"重要讲话，明确了北京的城市功能定位，并提出调整疏解非首都功能、强化首都功能的工作要求。自此，西城区开启为期五年的"动批"疏解工作。

为了改造低效楼宇，构建有效发展格局，政府积极帮助商户找到合适的疏解地，指挥部为"动批"疏解商户牵线搭桥，带领商户到天津市西青区和河北省石家庄、沧州、保定白沟等多地考察选址，成立产业疏解推介馆为疏解涉及区域的市场商户搭建合作平台，最终如期完成了疏解任务并得到了商户的理解与肯定。[①]

（二）"动批"疏解行动中的利益相关者分析

1. 利益相关者的损益分析理论

弗里曼认为，任何能够与组织目标相互影响的群体或个人均可被视

---

① https：//baijiahao. baidu. com/s？ id = 1728549246930190062&wfr = spider&for = pc.

为利益相关者。① 在管理学层面被看作任何组织外部环境中组织决策和行动影响的相关者。② 利益相关者分析渐渐成为组织活动中评价决策的得力工具，其内涵得以丰富和延伸，后形成了利益相关者的理论框架③。简要地说，利益相关者分析方法以直接利益相关者的诉求为核心，兼顾多个利益相关者，主张利益相关者均参与协同治理，主要包括分析法和矩阵法，具体做法是先构建利益或者权力矩阵，根据利益相关者及其拥有的权力，以及对组织战略表现出的兴趣程度进行分类，然后依据其他因素确定利益相关者在矩阵中的位置。

2.＂动批＂疏解的利用相关者框架

基于利益相关者分析框架，目前＂动批＂市场中存在主要利益相关者、重要利益相关者及次要利益相关者。其中，主要利益相关者是疏解地和承接地政府、重要利益相关者是疏解地产权方以及承接地产权方、次要利益相关者是商户。这种复杂关系使得疏解过程并非一关了之。经过多方多轮博弈，利益相关者各方从各自角度出发，通过协调、沟通及博弈，最终实现多方共赢，共同分享疏解政策红利。具体的分析框架如图 1 所示。

（1）疏解方

疏解方＂动批＂所在地政府面临城市治理升级与发展格局调整的利益需求。＂动批＂所在区域是一块＂风水宝地＂，紧邻金融街和中关村，通过产业疏解，不仅可以疏散中心城区过多的商业人口，缓解交通拥堵，提升地区环境品质，而且可以通过产业业态升级，提升城市发展品质。疏解方存在强烈的利益诉求。

---

① Evan William M., Freeman Edward R., "A Stakeholder Theory of the Modern Corporation: Kantian Capitalism", in Beauchamp Tom L., Bowie Norman E. (Eds.), *Ethical Theory and Business*, 5th Ed., Englewood Cliffs: Prentice Hall, 1997, pp. 75-84.

② 李维安、王世权:《利益相关者治理理论研究脉络及其进展探析》,《外国经济与管理》2007 年第 4 期。

③ 陈宏辉、贾生华:《企业利益相关者三维分类的实证分析》,《经济研究》2004 年第 4 期。

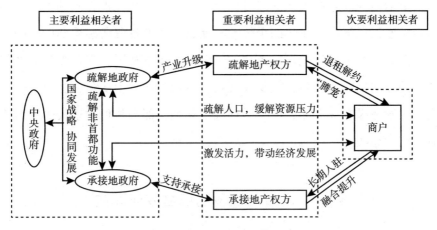

图 1　利益相关方的利益关系

"动批"市场的产权方是重要的利益相关者，存在短期利益与长期利益、社会利益等多种诉求，但由于均为市属国企和中央单位，国有属性与政治责任让其义不容辞地选择主动疏解。尽管其会因疏解而需要支持相应的解约补偿金，同时，面临转型期间短期收益困难风险，但长期收益颇丰且社会效益明显。

（2）承接方

承接方是指承接商户入驻的商城或地方政府。"动批"的承接方主要分布在天津和河北。从承接地政府来说，商户入驻有利于扩大就业、促进商业发展。承接商城方通过吸引商户入驻获得租金收益及由市场扩大带来的规模效益。以沧州为例，明珠商贸城为承接北京商户，成立专门的承接领导小组，提供具有吸引力的优惠政策，投入近千万元资金，做好商户入驻配套工作，吸引北京"动批"商户及其他批发市场的商户入驻。

（3）商户

商户是"疏解"活动中次要利益相关者，但与疏解方和承接方关系密切，是整个疏解活动的关键一环。商户在疏解与承接活动中，面临着疏解初期的利益损失忧虑以及因生活经营环境变化而带来的挑战。通过走访座谈了解到，商户的个体差异使其在疏解过程所感受到的影响也有所差异。经过调研发现，商户的经营情况各不相同，产业疏解对他们造成的影响也有所差异，主要表现在：经营模式发生变化，客户变化较大，经营情况有好有坏，但生活环境变化大，部分扎根北京较深的商户有回流的想法。

四 "动批"疏解的综合效应评估

"动批"疏解给利益相关者带来不同的利益影响，包括经济、环境、社会等各方面，既有直接的收入变化，也有环境、社会带来的间接收益变化，属于综合效应。为此，为评估"动批"疏解的综合效应，以"动批"疏解、沧州明珠商贸城承接为切入点，以"动批"所在的展览地区和"明珠商贸城"所在的沧州高新技术开发区作为社会影响评估平台来开展疏解的综合效应评估，并建立相应的指标体系，评估综合影响。

（一）评估对象

根据前文的利益相关者分析，分析对象包括疏解方的"动批"所在地政府、产权方，承接地所在地政府、承接商城，以及商户。

（二）指标体系

1. 指标体系结构

从经济增长、环境改善、利益共享及区域协同四个维度开展评估，构建由 12 个二级指标组成的指标体系，具体见表 1。

表 1　指标体系

一级指标	二级指标	说明（单位）
经济增长	产业结构优化	第三产业占比（%）
	区域集约发展	土地经济密度（万元/公里^2）
	产业能耗提升	万元工业产值能耗
环境改善	区域交通环境	区域交通拥堵指数
	城市人文环境	市容市貌评估
	居民生活环境	区域环境改善
利益共享	地区经济收入	地区单位土地面积财政总收入（亿元/公里^2）
	业主经济收入	"动批"市场/明珠市场（调查数据）
	商户经济利润	调查数据评估
区域协同	人员流动有序	人口疏聚目标，疏解与就业人口增加
	产业互补增强	产业定位与互补性
	发展效益协同	两地居民收入差距变小

2. 一级指标说明

（1）经济增长

经济增长主要表现为区域产业结构优化、区域集约发展以及区域产业能耗提升，本质是经济高质量发展。其中，区域产业结构优化用第三产业占比来描述，区域集约发展是指地区土地资源的经济产出水平，用土地经济密度来描述。区域能耗提升用万元工业产值能耗来表示，描述地区经济发展的能源效率。

（2）环境改善

环境改善主要表现为区域交通环境、城市人文环境及居民生活环境。其中，区域交通环境可用区域交通拥堵指数来表示，本指标对"动批"所在的北展地区具有十分明显的针对性；城市人文环境指标是指疏解活动对区域城市面貌的改善，部分地区由原来的"脏、乱、差"转变为整洁美观；居民生活环境是指疏解活动对当地居民出行与生活便利程度的影响，"动批"疏解前，大量的人车混流致使一些当地居民在早晚高峰期不敢出门，而对承接地来说其影响可能是多方面的，一方面商业设施的建设与完善有利于本地基础设施完善，配套设施不断齐全，有利于当地居民出行；另一方面，大量人流的聚集，也可能会带来交通拥堵等问题。

（3）利益共享

疏解活动通过业态调整升级和促进人才、资源在区域间合理流动，进而增加疏解相关方的利益，实现总体利益最大化，可见，疏解活动所形成的经济社会效益应该是利益相关方共享。因此，本文从当地政府、业主及商户三个层面测量疏解活动相关方利益共享情况。

当地政府的利益共享测评方面，本地政府层面收益主要表现为税收收入增加以及社会治理成本减少，考虑到数据的可获取性，用地区单位土地面积财政总收入来测量，表明疏解活动带来的财政收入变动。

业主经济收入方面，主要表现为业主的租金或者业态升级后的综合收益，如"动批"业主收入来源由原来摊位出租或出售收入转变为楼宇经济收入，从效益变动情况来说，存在长期效益与短期效益的差别。

商户经济利润方面，主要是指商户经营场地变化所带来的盈利能力变化，虽然短期内商户因经营场地的变动而会形成一定的经济损失，但长期看，商户应该能在疏解活动中得到更好的发展、获取更大的收益。

（4）区域协同

区域协同是北京产业疏解的重要目标之一，部分具备技术优势的产业因功能能定位变化或者成本升高而将生产经营场地转移到更具成本优势的地区，并促使人员、技术与资本在区域间合理配置。因此，本文将人员流动有序作为区域协同指标下的二级指标，这也是产业疏解的直接目标之一。产业互补增强也是区域协同指标下的二级指标，其是区域协同发展的重要条件，也是评估区域协同发展现状的重要参考。发展效益协同是区域协同发展的重要结果，用居民人均可支配收入差距来测量，在协同发展状态下区域间居民人均可支配收入会趋同从而使差距不断缩小。

3. 指标权重

目前国内外关于指标权重确定的方法有数十种之多，从大类上区分，根据计算权重时原始数据来源以及计算过程的不同，可以分为主观赋权法、客观赋权法和综合赋权法。本文选择主观赋权法，即比较通用的德尔菲法。该方法又被称为专家评分法或专家咨询法，是采取匿名的方式征求专家意见，经过反复多次的信息交流和反馈修正，使专家的意见逐步一致，最后根据专家的综合意见，对评价对象作出评价的定量与定性相结合的预测和评价方法。

（三）数据处理

1. 数据选择原则

首先，时段选择。北京"动批"疏解活动逐步开启于2014年，基本完成于2018年，因此，选择2014年和2018年两个年份数据来进行测量。

其次，数据可获性处理。考虑到部分数据因口径过小而未能公布，因此，将部分综合效应评估指标数据来源拓展至更上一级的行政区域，如由于无法获取沧州高新技术开发区及北展街道部分地区财政收入数据，分别用沧州市以及西城区的数据来替代，从而保证数据的完整性。

最后，指标量化处理。所获取的数据量级与单位各不相同，需要进行去量纲化处理。

2. 部分指标的数据处理

区域集约发展方面，展览地区的经济发展水平选用企业收入、高新技术开发区的经济发展水平选用地区 GDP。通过查阅相关统计资料获得数据。

区域交通环境方面，选择当年早晚高峰期的拥堵指数，从得分来看，原来北京常见堵点的平均拥堵指数选为 7.5，当前平均拥堵指数与北京均值一致，选为 5.6。而沧州高新技术开发区则发生相应的变化，原来处于畅通状态，平均拥堵指数仅为 2.5，当前则有所恶化，均值为 4。

城市人文环境方面，采用专家打分法，1 分为满分。疏解对于城市环境的改变是明显的。根据现场对比可以发现，疏解后城市环境有了一种"改头换面"的感觉，根据照片可作初步参考，具体见表 2。具体数据可通过相关专家打分获得。

表 2　天皓成以及新天地新旧对比

楼宇	原天皓成服装商品批发市场	焕然一新的现宝蓝金融创新中心
天皓成		
新天地		

居民生活环境方面，采用专家打分，1 分为满分。市场的巨大人流、物流对于当地居民生活环境也会造成不同的影响。"动批"由于功能定位，对当地居民生活影响是负面的，人流、物流带动的商业活动并不能给当地居民带来正效应。具体数据通过相关资料及评估获得。

业主经济收入方面，采用抽样调查与估算相结合。疏解前，虽然业主与商户之间可能存在租、售或者中间商等复杂关系，但只是利润分享模式不同，市场业主收入来源于不同层级租户的租金，因此，用单位摊位的租金来估算市场业主总收入是可行的。疏解后，由于业态升级，转变为楼宇经济，业主层面的经济收入可用单位面积的租金来估算，通过估算，该地区的业主收入将上升 14.4 亿元。明珠商贸城为承接京津市场转移，从测评角度，2014 年取值为 0，2018 年则取最高值 1，业主收益满分。通过调查、访谈获得相关数据。

商户经济利润方面，通过抽样调查与估算相结合来获得数据。为此，我们走访部分商户，并通过发放网络问卷的方式，调查商户收入变化。从调研结果看，商户由北京"动批"转移到沧州明珠商贸城以后，从营业额来看，普遍变化不大，新环境下，由于经营成本下降，商户经营利润并未受多大影响，因此，在数据确定时，从北京方评估，可选择经营利润不变，而从沧州方评估，由于市场的形成，商户的经营利润提升，具体提升数值由调研统计估算得到。

人员流动有序方面，促进人口合理有序地流动是疏解活动的重要任务。从"动批"疏解的结果看，有效地促进了人口由人口拥挤的北京向人力资源相对不足的沧州转移，实现了预期目标。从实际效益看，北京以人口疏解为方向、流动人口减少为收益进行估算，沧州以人口聚集、就业机会增多为收益。由于市场得到彻底疏解，以前从事批发零售业的人员通过各种渠道转移到河北甚至全国各个批发市场，其中沧州明珠商贸城成为重要的人口流入平台。据估算，"动批"疏解的人口流动效益由过去 10 万人/日下降当前 1 万人/日，人口流动效益明显。沧州由于人口聚集而得到高分，为评估方便，沧州的人口聚集收益正是北京的人口疏解收益。

参考北京大学首都发展研究院发布的《京津冀协同创新指数（2020）》，2013～2018 年京津冀协同创新指数从 16.18 增长到 80.99，京津冀协同创新工作取得了显著成效。虽然从现实角度看，京津冀协同度不断提高，但要实现有效的产业协同量化评估并不容易，为此，以产业协同为基本理念，针对不同区域选择代表性指标，其中，北京以科技创新、第三产业质量提升为测量目标，作为北展地区，可选择金融业、科学研究和技术服务业，以及信息传输、软件和信息技术服务业占比之和来参与评估，河北作为全国现代商贸物流重要基地，沧州的产业发展可表现为批发零售、物流等第三产业占比提升等，因此，可选择批发零售业指标参与评估。北展地区金融业、科学研究和技术服务业，以及信息传输、软件和信息技术服务业占比之和由 2014 年的 28%上升到 2018年的 38%，其评价标准可参考 2019 年西城区该三个行业占比之和，为58.8%。沧州地区的产业协同评价选择批发零售业。2014 年沧州地区的批发零售业占比为 6.83%，2018 年占比为 8.04%，有明显的提升，其评价标准以 2014 年北京的第三产业服务占比 11.3%为准，这样有利于两地区产业结构相向调整，实现区域间产业协同发展目标。

五　评估结果及分析

通过应用指标体系，对"动批"疏解的综合效果进行评估，如表 3所示，疏解活动综合效应明显，对北京而言，区域环境改善、产业业态升级等带来的综合效应由原来的 0.46 上升到 0.73，提升了 58.7%，而河北沧州的综合效应由 0.31 上升到 0.56，提升了 80.6%，提升效率明显高于北京。

（一）结果分析

结果表明，疏解有效地促进了双方的发展，协同效应明显。根据指标体系综合测算发现，疏解有效地促进疏解方与承接方的协同发展，2014 年，北京"动批"疏解前的综合效应得分为 0.46 分，随着疏解推进、升级改造，该地区的综合效应明显提升，2018 年综合效应得分上升到 0.73 分。与此相对的是，2014 年沧州明珠商贸城所在地区的综合得分为 0.31 分，2018 年上升到 0.56 分。从纵向角度看，北展地区的综合效应得分上升了 58.7%，上升效果明显，而沧州明珠商贸城所在的地区（以下简称"明珠地区"）的综合得分则上升了 80.6%，成效更加突出。两地综合评分表明，北展地区与明珠商贸城所在地区之间综合发展协同效果明显，两地发展差距不断缩小。2014 年，河北沧州的综合得分约相当于北京的 67%，2018 年该值上升到 77%。

表 3 北京"动批"疏解的综合效应测评结果

单位：分

一级指标	二级指标	区域最优值	北京		得分		河北		得分	
			2014 年	2018 年	2014 年	2018 年	2014 年	2018 年	2014 年	2018 年
经济增长	产业结构优化	1	90.2	91.2	0.06	0.06	0.4	0.5	0.03	0.04
	区域集约发展	500	271.6	350.3	0.04	0.05	57.1	59.5	0.01	0.01
	区域能耗提升	0.1	0.2	0.2	0.03	0.03	1.1	0.7	0.01	0.01
环境改善	区域交通环境	0.2	0.8	0.6	0.03	0.04	0.3	0.3	0.13	0.20
	城市人文环境	1	0.3	0.9	0.02	0.06	0.7	0.6	0.05	0.05
	居民生活环境	1	0.2	0.7	0.02	0.05	0.3	0.5	0.02	0.04
利益共享	地区经济收入	400	271.6	350.3	0.05	0.07	7.5	10.5	0.00	0.00
	业主经济收入	14.4	6.0	10.0	0.03	0.05	0.0	6.5	0.00	0.03
	商户经济利润	50	50.0	50.0	0.10	0.10	0.0	50.0	0.00	0.10
区域协同	人员流动有序	2	10.0	2.0	0.02	0.06		5.0		0.01
	产业互补增强	58.8	28.0	38.0	0.04	0.06	6.8	8.0	0.05	0.06
	发展效益协同	200000	47392.0	81678.0	0.02	0.04	24174.0	33528.0	0.01	0.02
综合得分					0.46	0.73			0.31	0.56

北展地区发展效益来源于环境改善与高质量发展，而明珠地区发展效益来源于经济效益。从协同发展效应提升结构看，北展地区环境改善与人口流动调控成效是综合成效提升的主要原因，而明珠地区综合成效提升主要来源于产业结构改善、城市居民生活环境便利程度的提高以及业主和商户经济效益增加。不过，北展地区在产业能耗方面改善成效并不明显，楼宇经济与传统的摊位经济相比，能耗经济性并不明显。对明珠地区来说，商贸城的建设带来的大量的人流车流会破坏城市静谧的环境。

北展地区的高质量发展成效突出。疏解后，业态升级不仅提升了楼宇经济价值，其环境、人口政策调控等方面的价值也非常突出，充分实现了北京非首都功能疏解的目标，是当前北京疏解行动中的成功典范。

沧州地区通过完善城市基础设施，增强城市经济发展动力，承接来自北京的产业，不仅明显改善了当地的经济发展状态，而且其土地资源禀赋优势也得到充分发挥，服装生产、加工以及批发产业在当地生根发芽并茁壮成长，形成了完整的服装产业链，与其他疏解承接基地相比，表现出更大的发展潜力。

在疏解过程中，商户表现出明显的不愿意，这也是可以理解的，疏解后，由于产业的转移并没有从根本上影响商户的生意，调查反映，部分商户的生意日益兴旺，外加生活成本下降以及摊位优惠政策，商户享受到疏解政策带来的红利。

从居民角度讲，疏解改善了生活环境，并且从居民人均可支配收入看，居民也分享到疏解政策带来的区域性红利。明珠地区的居民则可以直接分享到疏解带来的发展红利，商贸城的建设及运营，不仅可以扩大就业，而且人口聚集有利于创造更多的商机，居民人均可支配收入提升就是很好的证明。

（二）政策建议

在选择承接地时，应该对承接地进行深度考察，具体包括产业基础、贸易环境、配套设施、政策支持、物流交通等，要能做到承得下、留得住。

做好承接地配套建设。产业疏解伴随着人口、资源的流动。承接地不断要承接产业活动，要承接人口流动带来的医疗、教育等公共资源需求，因此，承接地要做好商户的生活配套、住房安排、子女上学教育配套及就医等方面的基础设施建设，这样才能让流入的商户真正留下来。

做好产业链的延链补链，让转入产业真正扎根下来。调查发现，沧州是河北承接北京服务批发业务中最为成功的地区，除当地政府大力支持外，更加重要的是，沧州地区不是简单地引入服务批发产业，而是通过不断完善产业链，构建了相对成熟的服装生产、加工的产业基地，成为沧州服装业长期良性发展的根本保障。

注重疏解后的产业升级。"动批"产业疏解的成功根本上在于其优越的地理位置，金融街和中关村的先天条件为其成功转型打下了良好的基础。但是北京其他的批发市场在疏解后面临产业转型准备不足问题，虽然"腾笼"了但是却引不来理想的"鸟"，原来的业主仍然变相引导商户回流，影响了原本已经疏解出去的商户对疏解政策的信心。

参考文献

张友国：《区域间产业转移模式与梯度优势重构——以长江经济带为例》，《中国软科学》2020 年第 3 期。

陈刚、陈红儿：《区际产业转移理论探微》，《贵州社会科学》2001 年第 4 期。

刘红光、刘卫东、刘志高：《区域间产业转移定量测度研究——基于区域间投入产出表分析》，《中国工业经济》2011 年第 6 期。

魏后凯：《产业转移的发展趋势及其对竞争力的影响》，《福建论坛（经济社会版）》2003 年第 4 期。

刘建军、姜锐瑞：《城市的本体、生长与规划——芒福德与雅各布斯核心思想比较评析》，《理论界》2018 年第 5 期。

方创琳：《京津冀城市群协同发展的理论基础与规律性分析》，《地理科学进展》2017 年第 1 期。

基于产业小类和核密度估计的首都圈医药制造业分工研究

赵继敏*

摘　要：京津冀三地均将医药制造业作为支柱产业之一。随着京津冀协同发展的推进，关于医药制造业在首都圈的布局优化问题成为焦点。与一些观点认为北京的医药制造业应当全部疏解到河北有所不同，本文指出应当对医药制造业进行细分，基于产业小类精细化优化产业布局。北京、天津重点发展生物医药等高度智力密集型业态，河北进一步集聚化学药品原料药制造、化学药品制剂制造、中药饮片加工、中成药生产、兽用药品制造等业态。

关键词：首都　医药制造业　京津冀

从京津冀整体来看，高技术产业主要集中在电子及通信设备制造业和医药制造业两个行业。[①] 其中，医药制造业在首都圈的京津冀三地分布较多。特别是，三地中经济发展相对落后的河北省的医药制造业也同样具有良好的基础。因此，一些研究者认为应当将医药制造业作为

　＊　赵继敏，博士，北京市社会科学院城市问题研究所研究员。

① 窦丽琛、孙文竹、程桂荣：《京津冀高技术产业发展现状及协作路径》，《石家庄学院学报》2019年第4期。

"非首都功能"从北京疏解到河北。[①] 但是，作为一种高技术产业，医药制造业在一定程度上也符合北京建设国际科技创新中心的功能定位。因此，亟须深入研究医药制造业内部分工，分析产业细分小类适宜布局的环境。以推动首都圈错位发展、有序发展、联动发展为目标，优化医药制造业空间布局，打造世界级城市群和产业集群。

对于首都经济圈的空间范围界定主要有"2+5""2+7""2+8""2+11"等不同方案。考虑到建设首都圈的重要目的是推动京津冀协同发展，因此，依据"2+11"方案来分析首都圈高精尖产业的内部分工。

一 首都圈医药制造业空间分布

（一）首都圈医药制造业空间分布的整体状况

1. 省（市）级尺度的空间分布

依据企查查网站查询的企业工商数据，京津冀三地处于正常经营状态的医药制造业企业有3913家。其中，数量最多的是河北省（2732家），其次是北京（798家）和天津（383家）。与此不同，三地医药制造企业参保人数最多的是北京（90468人），其次是河北（80218人）和天津（30931人）。从企业平均参保人数来看，河北为29.36人，北京为113.37人，天津为80.76人。可见，北京和天津的企业规模显著大于河北。一般而言，国有企业、大型民营企业以及效益好的中小型企业都会为员工缴纳社会保险。因此，三地企业参保人数的差异一定程度上体现出河北企业的规模普遍较小，同时，经济效益相对较低。

---

① 窦丽琛、孙文竹、程桂荣：《京津冀高技术产业发展现状及协作路径》，《石家庄学院学报》2019年第4期。

2.地（区）级尺度和区（县）级尺度的空间分布

将企业工商数据进行汇总，得到首都圈各个区县的医药制造企业数量和参保人数。依据两个指标，对首都圈的区县进行排名（见表 1 和表 2）。其中，企业数量排前 10 位的区县中，河北省的安国市、安平县、巨鹿县参保人数反而较少，石家庄高新技术产业开发区参保人数很多。北京的大兴、海淀、昌平和通州四区以及天津的滨海新区、西青区两区医药制造企业数量居前 10，医药企业参保人数也都很多。这一现象表明，石家庄高新技术产业开发区、北京和天津的医药制造类企业规模和行业规模都很高。河北省的县级单位往往仅有整体规模，缺乏大型企业。

表 1 中，首都圈医药制造业企业分布最多的是河北省安国市，医药企业数量高达 664 家，遥遥领先于排第二的北京市大兴区。安国市有"药都"之称，是全国最大的中药材集散地之一。安国药市的兴起源于地方文化传统，其药材市场由药王庙"香火会"演变而来。因此，安国的医药制造业主要是中药类中小企业。这些企业多为私营经济，参保人数仅有 2557 人，与企业数量众多形成了鲜明的反差。这一事实表明医药制造业内部情况较为复杂，十分有必要从产业细分的小类分析其空间布局情况。

表 2 中，京津参保人数较多的区县往往也是企业数量较多的区县。反观河北省二者之间存在比较显著的差别。石家庄市的藁城区和邢台市的宁晋县企业数量不是特别多，但是参保人数很多。藁城区是石家庄经济开发区所在地，藁城区参保人数排前三位的医药制造企业分别是石药集团欧意药业有限公司、石家庄四药有限公司开发区分公司、石药集团中诺药业（石家庄）有限公司，均位于石家庄经济开发区内。邢台市宁晋县企业数量不多，县域内的龙头企业河北华荣制药有限公司参保人数高达 6652 人，占全县参保人数的比例超过 80.8%。可见，一些重要的龙头企业和产业园区对于医药制造业的布局存在显著的影响。

表1 京津冀医药制造企业数量前10名区县

单位：家，人

企业数量排名	区县	所属省市	所属地级市（区）	企业数量	参保人数
1	安国市	河北省	保定市	664	2557
2	大兴区	北京市	大兴区	187	30085
3	海淀区	北京市	海淀区	120	3070
4	安平县	河北省	衡水市	115	40
5	滨海新区	天津市	滨海新区	112	10300
6	昌平区	北京市	昌平区	103	10251
7	石家庄高新技术产业开发区	河北省	石家庄市	71	10981
8	西青区	天津市	西青区	71	6404
9	通州区	北京市	通州区	65	7794
10	巨鹿县	河北省	邢台市	61	3

表2 京津冀医药制造企业参保人数前10名区县

单位：人，家

参保人数排名	区县	所属省市	所属地级市（区）	参保人数	企业数量
1	大兴区	北京市	北京市	30085	187
2	藁城区	河北省	石家庄市	18424	58
3	朝阳区	北京市	北京市	15710	55
4	石家庄高新技术产业开发区	河北省	石家庄市	10981	71
5	滨海新区	天津市	天津市	10300	112
6	昌平区	北京市	北京市	10251	103
7	密云区	北京市	北京市	9158	27
8	宁晋县	河北省	邢台市	8228	18
9	通州区	北京市	北京市	7794	65
10	北辰区	天津市	天津市	7023	35

3. 主要集聚区的识别

识别产业集聚区的方法有很多种，本文基于企业的空间分布数据（对企查查网站查询到的企业地址信息进行地理编码而得到），应用核密度估计法来识别京津冀地区内主要产业集聚区。核密度估计公式为：

$$f(x) = \frac{1}{\pi h^2}\sum_{i=1}^{n} k(\frac{d_{ix}}{h})$$

其中，h 为带宽（搜索半径），n 是医药制造企业样本数量，d_{ix} 为医药企业 i 与 x 之间的距离，k 函数表示依据反距离加权方法赋权后的空间权重函数。

考虑到企业规模存在较大差异，本文从企业数量和参保人数两方面分析京津冀医药制造业空间分布情况。在企业空间分布方面，以每家企业为中心计算概率密度一次；在参保人数的空间分布方面，以每家企业为中心计算概率密度的次数与参保人数相同，并对其进行累加。

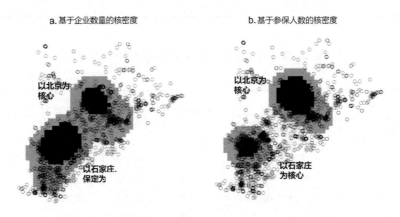

图1 京津冀医药制造企业核密度估计空间分布

注：。代表医药制造企业。

如图1，依据企业数量和企业参保人数，采用自然断裂点法（使类与类之间的差异最大化）将京津冀医药制造业的核密度分布各自划分为三个等级。两类数据划分的京津冀医药制造业空间分布都呈现出一南一北双中心的空间格局。从企业数量看，北部中心范围较小，包括北京市大部分地区以及河北廊坊和天津武清的部分地区；南部中心范围更大，以保定、石家庄的区县为主，也涵盖小部分衡水和邢台的区县。从参保人数看，北部中心的范围更大，包括北京市大部分地区以及河北廊坊、天津武清、北辰等区县；南部中心则局限在石家庄的藁城、裕华、栾城、桥西、无极等部分区县。

（二）首都圈医药制造业内部产业小类的空间布局

以往关于医药制造业布局的研究主要依据产业大类进行分析。按照国家统计局颁布的《高技术产业（制造业）分类（2017）》，医药制造业包括 9 个小类：化学药品原料药制造、化学药品制剂制造、中药饮片加工、中成药生产、兽用药品制造、生物药品制造、卫生材料及医药用品制造、药用辅料及包装材料、基因工程药物和疫苗制造。其中，京津冀基因工程药物和疫苗制造类产业企业总计仅有 5 家，分别位于北京的朝阳和大兴、河北的安国和固安以及天津的滨海新区。

医药制造业内部产业小类的空间分布可以概括为以下类型：一是化学药品原料药制造、化学药品制剂制造，其空间布局相对接近，主要分布在北京、石家庄、天津和沧州等地。二是中药饮片加工、中成药生产、兽用药品制造主要分布在北京、保定、石家庄、天津等地。三是生物药品制造，主要分布在北京、天津和石家庄三地。四是卫生材料及医药用品制造主要分布在石家庄、保定以及北京。五是药用辅料及包装材料主要分布在河北省，京津二市相对较少。

二　影响医药制造业布局的主要因素

舒燕认为，影响我国医药制造业集聚的因素有外商直接投资带动、利用本地丰富的药材资源以及依托密集的国家科技资源等。[①] 显然，这些因素在不同的地区和细分行业中发挥的作用有显著差异。外商直接投

---

① 舒燕：《我国医药产业集群现状及发展对策分析》，《中国卫生产业》2007 年第 1 期。

资往往在中心城市发挥作用，如北京和石家庄都有外商投资的大型医药制造企业。药材资源主要集中在乡镇地区，如京津冀区域内的河北安国市，不仅有中医药传统文化，还形成了特色的中药材种植业。国家科技资源同样集中在大城市。生物药品制造以及基因工程药物和疫苗制造最需要这类资源，这类产业在京津冀主要分布在北京、天津、石家庄，以及北京周边的廊坊和保定等地区。

区域环境承载力、劳动力和市场临近等因素也是影响医药制造内部一些细分行业的因素。化学药品原料药制造具有高污染、高能耗的特征，对于交通运输条件要求较高，比较适宜布局在沿海空气扩散条件较好的地区。近年来，北京的一些化学药品原料药制造企业迁往河北沧州等地区，正是基于这种区域生态环境承载能力差异的考虑。兽用药品制造、卫生材料及医药用品制造、药用辅料及包装材料等行业对工艺水平的要求不高，相反，需要相对较多的劳动力，更为适宜在具备劳动力资源优势的河北省集聚。

表3　首都圈医药制造业空间布局特征及影响因素

行业小类	行业特征	集聚区	主要影响因素
化学药品原料药制造	产品附加值较低且污染大、耗能高	北京、石家庄、天津和沧州等	资本、能源、生态承载力
化学药品制剂制造	附加值相对较高，污染低一些	北京、石家庄、天津等	资本、技术
中药饮片加工	受到药材资源影响	北京、保定、石家庄、天津	传统文化、资本、药材资源
中成药生产	直接用于人体疾病防治的传统药的加工生产	北京、保定、石家庄、天津	传统文化、资本
兽用药品制造	制造工艺要求相对较低	北京、保定、石家庄、沧州、天津	劳动力
生物药品制造	高投入、高成长、高收益、高风险、低污染	北京、天津、石家庄	资本和科技
基因工程药物和疫苗制造	高投入、高成长、高收益、高风险、低污染	北京、天津、保定、廊坊	资本和科技

行业小类	行业特征	集聚区	主要影响因素
卫生材料及医药用品制造	制造工艺要求相对较低	石家庄、保定、邯郸及北京、天津	市场和劳动力
药用辅料及包装材料	制造工艺要求相对较低	石家庄、保定、沧州、邯郸、天津	市场和劳动力

资料来源：笔者根据网络资料和前文的数据总结绘制。

三 优化首都圈医药制造业分工和布局的对策建议

目前，首都圈医药制造业呈现各地同质化竞争局面，没能充分发挥各地的比较优势，形成区域协同发展良性态势。为此，近年来，北京已有一些高污染和高耗能的医药制造业迁往河北的沧州等地。从前文分析可以发现，京津冀地区医药制造业在很多细分行业上仍然存在比较严重的同质化竞争态势，有必要进一步强化区域分工合作、优化产业布局。

一是进一步推动化学药品原料药制造行业向河北省沿海空气扩散条件好的地区布局。该类行业会产生 VOCs、颗粒物、重金属和二噁英等有毒有害污染物。河北沧州等地的沿海地区空气扩散条件较好，人口密度相对较低，更为适宜此类业态布局。

二是向河北安国疏解大型中药企业，提升区域产业竞争力。安国素有"药都"之称，形成了极具特色的产业集群。但是，安国仅为保定下属的县级市，多种因素限制了其产业集群进一步做大做强。建议疏解大型中药企业到安国。

三是强化北京与周边地区在生物药品制造、基因工程药物和疫苗制造等高技术领域的合作，打造跨行政区划的产业集群。京津二市在资金、技术、人才等方面的优势是河北省无法企及的。河北省的劳动力、地租等方面的成本优势明显，因此，近年来在保定、廊坊等临近北京的地区新建了一些生物药品制造、基因工程药物和疫苗制造等高技术医药制造业。未来可以为人员在京津冀地区内部流动提供更多便利，通过强化区域合作，优化医药制造业布局。

参考文献

窦丽琛、孙文竹、程桂荣：《京津冀高技术产业发展现状及协作路径》，《石家庄学院学报》2019 年第 4 期。

舒燕：《我国医药产业集群现状及发展对策分析》，《中国卫生产业》2007 年第 1 期。

首都都市圈健康养老产业发展重点研究

王瑞娟*

摘　要：本文系统梳理了首都都市圈健康养老产业的发展基础、条件和存在问题，在此基础上提出首都都市圈健康养老产业发展重点，构筑首都都市圈健康产业和养老产业开放空间格局，重点发展健康制造产业，聚焦高端生物医药产业、特色化医疗器械产业和保健用品生产知名品牌，注重健康服务和医疗服务品质的提升。为推动首都都市圈健康养老产业发展，应不断加强政府政策的顶层设计，加快基础设施建设，注重专业人才培养，加大金融支撑力度，协同治理生态环境，重点打造健康养老服务平台，构建行之有效的协同发展机制。

关键词：首都都市圈　人口老龄化　健康养老产业

一　首都都市圈健康养老产业发展基础与条件

北京市"十四五"规划纲要提出，要加快建设现代化首都都市圈。《北京市推进京津冀协同发展 2022 年工作要点》提出，要加快建设协调联动、定位清晰的现代化首都都市圈。本研究借鉴黄艳和安树伟的研

＊ 王瑞娟，博士，山西财经大学财政与公共经济学院讲师。

究结论,① 首都都市圈的空间范围包含核心城市北京，以及河北保定、承德、廊坊、唐山和张家口 5 个地级市。随着中国人口老龄化加剧，首都都市圈也步入人口老龄化阶段，健康养老产业发展将是协同发展中的重点领域。现阶段首都都市圈健康养老产业协同发展还处于起步阶段，医疗卫生机构总数不断增加，但协同发展体制机制还未成熟。

（一）优越的区位条件

首都都市圈地理位置得天独厚，交通运输条件极为便捷。作为全国首都，北京具有通达全国的铁路、公路以及联通世界许多国家的航空交通网。伴随着现代化首都都市圈建设的加速推进，河北大力加快公路、铁路和航空建设，重点打通"断头路""出头路"，还将在张家口、承德、沧州等地新建、扩建通用机场，以进一步畅通首都都市圈交通。优越的区位条件和便捷的交通运输条件为首都都市圈健康养老产业协调发展提供了便利。根据《2022 年河北省生态环境状况公报》，在生态系统状况方面，承德、张家口的生态环境状况为良，空气环境良好，非常适宜老年人居住。同时，首都都市圈拥有众多旅游资源，承德避暑山庄、保定涞水野三坡的百里峡及龙门天关等都是著名风景区。更为重要的是，河北与北京同属燕赵文化，在生活习惯上基本相同。

（二）老龄化趋势

按照联合国的传统标准一个地区 60 岁以上老年人占总人口的 10%、新标准 65 岁老年人占总人口的 7%，即该地区被视为进入老龄化社会。现阶段首都都市圈 65 岁老年人比重大于 7%，已进入老龄化社会。人口老龄化等会对医疗资源配置产生一定的影响。在人口老龄化趋势下，未

---

① 黄艳、安树伟：《我国都市圈的空间格局和发展方向》，《开放导报》2021 年第 4 期。

来将近 50% 的医疗资源将被用于服务老年人。对于早已进入老龄化社会的首都都市圈而言，健康养老产业协同发展有利于使医疗资源和养老资源相结合，实现首都都市圈医疗资源的优化配置，改善首都都市圈医疗资源分布不平衡现状。

（三）国家政策的支持

党的十九大报告指出，现阶段我国社会主要矛盾已经转化为人民日益增长的美好生活需要和不平衡不充分的发展之间的矛盾。国家越来越重视以健康、养老、养生、休闲为核心的大健康产业发展，先后出台多项支持大健康产业发展的政策性文件。2013 年 9 月，国务院《关于加快发展养老服务业的若干意见》明确了养老服务业发展基本定位、依靠力量、主要路径和最终目标。2013 年 9 月，国务院《关于促进健康服务业发展的若干意见》明确提出，到 2020 年基本建立覆盖全生命周期、内涵丰富、结构合理的健康服务业体系。2015 年 11 月，国务院办公厅《关于加快发展生活性服务业促进消费结构升级的指导意见》将健康服务和养老服务均列为重点加快发展领域。2017 年 2 月，为加快智慧健康养老产业发展，工业和信息化部、民政部、国家卫生计生委制定了《智慧健康养老产业发展行动计划（2017—2020 年）》，提出五大重点任务，包括推动关键技术产品研发、推广智慧健康养老服务、加强公共服务平台建设、建立智慧健康养老标准体系、加强智慧健康养老服务网络建设和网络安全保障。而且，在现代化首都都市圈协同发展大环境下，由于北京的人口密度过高，土地的有效使用率显得十分重要，综合考虑各方面的因素后，养老机构将布局于北京市周边地区，市内不建大型养老机构。这是首都都市圈周边地区承接北京养老服务产业的重要机遇。同时如果北京周边地区建立了养老机构，这些养老机构同样能享受到北京市的相关优惠政策，这是首都都市圈周边地区承接北京养老服务产业的重要机遇。

（四）技术升级与消费升级

技术创新带来健康养老产业升级。21世纪生命科学技术不断取得突破，基因工程、分子诊断、干细胞治疗等一系列重大技术的应用，极大地推动了健康产业快速发展。在人口老龄化下，市场机制引导资源向与老年人有关的产业转移，遵循市场定律和产业技术创新规律，大数据、"互联网+"、物联网和智能科技终端逐渐与养老服务业相融合，出现了"互联网+养老"，推动传统的医疗服务模式和健康管理模式发生深刻变革，催生远程诊断、智慧医疗、个体化治疗等新型健康服务业态和模式，极大地拓展健康产业发展空间。

消费升级引领健康养老产业个性化和规模化。我国个性化、多样化消费渐成主流。在发达国家，大健康产业已成为推动社会经济增长的支柱产业之一。健康养老产品和服务需求急剧增加，涵盖老年人的吃、穿、住、行等各个方面，引领健康养老产业规模化、个性化、多样化，准确把握经济新常态下健康养老产业发展的机遇，发挥市场在资源配置中的决定性作用，把健康、养老、休闲、旅游等结合起来，对保障和改善民生、扩大就业、促进经济转型升级等而言具有越来越重要的作用。

二 首都都市圈健康养老产业发展存在的问题

（一）健康资源匹配度低

北京作为全国政治、文化、国际交流和科技创新中心，人口密集，拥有全国最优质的医疗资源。[1] 同时，北京市在医药研发方面的优势尤

---

[1] 刘亚娜：《京津冀协同发展背景下养老模式整合与创新》，《中国行政管理》2017年第7期。

为突出。北京聚集了中国医学科学院、军事医学科学院、中国中医科学院、北京大学、北京中医药大学、首都医科大学等一批生物医疗研究临床教学机构、大学专业医药研究机构和全国重点实验室，集中了近一半的全国从事生物学研究、医药卫生研究的两院院士，是首都都市圈乃至全国生物技术与医药科技领域人才最为集中的区域。[①] 但是北京市同时也存在空气质量差、土地资源紧缺、用地价格高、养老服务设施建设投入成本高、养老机构严重不足等问题。张家口、承德、保定、唐山、廊坊拥有的每千老年人口床位数较多，并且一些地方的生态环境较好、土地价格相对较低，但由于社会资金有限等，养老机构发展总体水平不高，并且缺乏优质的医疗资源。总体而言，首都都市圈的健康养老产业供需不匹配，如优质的医疗资源和优美的生态环境等。

（二）健康养老产业金融支撑力度不够

健康养老产业具有投资大、见效慢、利润低、风险大等特点，金融支持力度总体偏小，且大部分单位为事业单位或非营利单位，对金融资本的吸引力先天不足，除保险业、信托业对养老社区、健康医疗等有一定支持外，金融对健康养老产业支持力量相对零散。[②] 例如，养老服务机构的偿债能力弱，因此商业银行对其的支持力度普遍不大。大部分养老服务机构具有准福利机构的性质，盈利能力较弱或微利维持，很难达到商业银行的授信准入门槛；同时，养老服务机构经营回利周期长，不确定性较大，造成商业银行对养老服务机构的风险偏好程度较低，授信审批相对谨慎。目前，养老服务机构中融资需求较大的多为民营机构，这些机构普遍存在经营规模小、抗风险能力弱、公司治理不规范、财务不透明等问题。同时，商业银行内部从事养老服务业的专业人才相对缺

---

① 吴丹、李晨光：《京津冀生物医药集群企业合作研发现状分析》，《科技视界》2016 年第 4 期。
② 侯明、熊庆丽：《我国养老金融发展问题研究》，《新金融》2017 年第 2 期。

乏，内部授信审批机制和内部信用评级体系不能根据养老服务机构特点，在贷款期限、利率水平、额度规模等方面进行区别化对待，金融机构提供的养老金融产品较为单一，现有的养老金融产品和服务多以迎合当下养老需求为主，养老金融产品结构简单、收益低、缺乏针对性，[1]养老金融服务质量和管理水平及养老金融产品都严重滞后于养老服务业发展速度。[2]

（三）健康养老产业协同机制尚未建立

在区域产业协调发展方面，参与方之间建立完善的协调和合作制度是产业产生规模效应的基础和关键。首都都市圈内各地存在无秩序、无目的的竞争资源和项目的情况，尚未形成规模产业。同时健康养老产业涉及范围广，首都都市圈内各地在推进产业发展中对相关理论和概念的认知存在较大差异，并且缺乏统筹推进产业发展的协调机制，行业管理滞后。构建完善的区域整体协调机制、企业跨地区转移利益协调机制、区域生态补偿机制、产学研合作机制等是非常必要的，有利于就区域内健康养老产业结构调整、基础设施共建及生态环境治理等战略性合作问题进行深入协商，促进产业合理分工。

三 首都都市圈健康养老产业发展重点

牢固树立和贯彻落实创新、协调、绿色、开放、共享的发展理念，着力推进供给侧结构性改革，深入实施创新驱动发展战略，充分

---

[1] 黄英君、彭瑶：《养老金融视阈下医养结合养老模式探索与发展》，《西南金融》2017年第12期。
[2] 马明霞：《金融支持健康与养老服务业发展的主要举措及困难——以宁夏为例》，《现代经济信息》2015年第15期。

发挥信息技术对智慧健康养老产业的提质增效作用，丰富产品供给，创新服务模式，坚持政企联动、开放融合，促进现有医疗、健康、养老资源优化配置和使用效率提升，满足家庭和个人多层次、多样化的健康养老服务需求。通过发挥新消费引领作用，促进产业转型升级。

（一）重点发展区域

1. 构筑首都都市圈健康产业开放空间格局

首都都市圈健康养老产业应充分发挥北京在生物医药领域的高新技术优势，充分利用河北省的区位优势、生态环境优势，通过多方渠道投融资打造首都都市圈互补互利的养老服务集群，促进健康养老产业基础好的企业走跨区域的品牌化、连锁化发展道路，建设养老服务产业园区，形成完整的产业链和产业集群。

可充分发挥区域资源优势，依托北京市乃至国家可持续发展试验区，鼓励建设一批功能突出、特色鲜明的老龄产业基地，发挥老龄产业集群优势，形成在全国乃至全世界有竞争力的老龄产业发展模式。

张家口、承德地区将建设成环首都圈休闲旅游区，张家口面向首都都市圈、辐射内蒙古，依托草原、冰雪等特色资源，打造运动康体休闲旅游区；承德面向首都都市圈、辐射东北，依托避暑山庄、皇家和狩猎等特色资源，构建健康养生旅游区。健康旅游作为健康养老产业的配套产业，是未来五年的主导产业之一，应着力发展健身与旅游深度融合的健康旅游产业，充分利用首都都市圈周边的旅游资源，建设中医保健、温泉滑雪、康复疗养、避暑养生等一批健康旅游示范基地，推动首都都市圈大健康产业协同发展。

着力打造太行山—燕山山地康体健身休闲区和沿海度假休闲旅游区，利用太行山、燕山自然资源，推进休闲旅游、康体健身产业发展，建成"森林康养旅游"、"医疗美容旅游"和周末健身的旅游目的地；

依托滨海度假和生态优势，集中在秦皇岛、唐山市构建面向全国乃至全球的滨海旅游度假休闲基地。

2.构建首都都市圈养老产业空间格局

基于首都都市圈一体化发展，充分利用北京市的科研优势，以承德、张家口等生态环境资源丰富的地区为重点，逐步实现首都都市圈健康养老产业协同发展。按照医、护、养、学、研一体化新模式，针对北京老年人群，打造绿色生态医疗健康和老年养护基地。按照首都都市圈"优势互补、互利共赢、共建共享"原则，利用廊坊燕达国际健康城、保定涿州码头国际健康产业园等现有优势，形成一批环首都大健康产业聚集区；利用三河燕郊等地的养老资源和廊坊、保定紧邻京津的区位优势发展养老产业；发挥张家口、承德市北部生态涵养区的优势，发展面向京津的养老产业基地。

（二）重点发展领域

1.健康制造

（1）发展高端生物医药产业

在生物医药方面，加强抗体、疫苗、基因工程蛋白质及多肽药物的研究与产业化，加快生物制药及中间体新技术、新工艺的研发和应用，提高生产过程在线监测和质量控制水平。积极开展细胞治疗产品研究，突破生物技术药物产业化的技术瓶颈。开发拥有自主知识产权的产品，重点推进华药重组人血白蛋白培养基、中科生物的预防用疫苗等一批产业化项目建设；加快石药的重组胰高血糖素样肽受体激动剂、常山生化的艾本那肽等生物一类新药的研发进度。

充分发挥北京市的生物制药优势，建立科技资源、科研服务共享机制，促进技术资质、人才流动、药品标准、市场准入等的有效衔接和互通互认。依托现有制药集团、企业、医院和科研院所，构建以基因工程药、新型制剂、医疗器械等为重点的医药产业集群。扩大高端品牌药、独家及大品种药物的市场规模，建设首都都市圈新药品种落地转化和规模化生产的重要承载地。

（2）发展特色化医疗器械产业

在医疗器械方面，围绕预防、诊断、治疗、康复等医疗、家庭和个人保健市场的需求，以需求侧示范应用拉动消费，支持爱能生物的氧化纤维素组织修复材料等生物医学材料与组织工程产品、柯瑞生物的高端植介入医疗器械的研发。应用大数据、云计算、互联网、增材制造等技术，形成医药产品消费需求动态感知、众包设计、个性化定制等新型生产模式，支持英诺特（唐山）等一批企业加快医疗器械产品数字化、智能化，重点开发可穿戴、便携式等移动医疗和辅助器具产品。推动生物三维（3D）打印技术、数据芯片等新技术在植介入产品中的应用。

（3）培育保健用品生产知名品牌

挖掘传统优秀中医配方的保健功能，加快保健养生相关商品的研发生产。鼓励石药、华药及中医药制造企业从事保健食品、保健用品的研发生产，加大对基因产品、海洋产品、"生命产品"等的研发力度。加强对生产和流通等环节的监管，强化行业标准和技术标准制定工作。加大对新资源、方便型保健品的开发力度。

2.医疗服务

发展特色医疗，实现从单一救治模式向"防治养"一体化模式转变。运用行政引导推动和市场合理配置两种力量，使广泛的医疗资源与养老服务无缝对接、互利互惠，实现"引医入养"与"引养入医"相结合，由从单一养老模式向"防、治、养、护"一体化模式转变，形成一批具有特色的医养融合新模式。

一是"医养一体型"医养融合模式。通过科学布局、规范建设，将护理院建设纳入养老服务设施布点规划，鼓励社会资本开办护理院，接收失能、半失能老人入住。护理院兼具养老和医疗功能，既可以为老年人提供日常的生活照顾、健身娱乐等养老服务，还可随时提供养生保健、康复治疗、医疗救助等服务，实现医护养一体化，从系统层面解决失能、半失能老人的养老、医疗、护理等问题。

二是"正向激励型"医养融合模式。对于大中型养老机构，鼓励其结合自身实际在养老机构内设置卫生室、医务室或开办医疗机构，聘请有职业资格的医师、护士为入住老人提供医疗护理服务，一方面解决了入住老人的医疗问题，另一方面基于优质的医疗服务，提高养老机构的入住率，形成良性循环。

三是"契约合作型"医养融合模式。小型养老机构和乡镇敬老院，就近与医疗机构签约合作，一方面医疗机构为入住老人提供随时诊疗、无障碍转诊、绿色通道等服务；另一方面养老机构担当医院的病房功能，将医疗愈合需要长期护理的老人转移至养老机构，免去老人寻医问诊时的奔波之苦。基层卫生机构与社区居家养老服务中心合作，为居家老人提供不同类别的医疗保健服务，建立"家庭医生签约"服务模式，与有意愿的老人家庭建立医疗契约服务关系，为行动不便的老人提供便捷的上门服务，开设家庭病床，方便老人就医，将医养融合服务融入家庭病床和社区服务。

3. 健康服务

一是大力发展健康旅游产业。利用首都都市圈内丰富的旅游资源，建设中医保健、温泉滑雪、康复疗养、避暑养生等一批健康旅游基地。打造以安国中药都、扁鹊中医药文化产业园为代表的功能齐全的健康医疗旅游示范基地，打造健身与旅游深度融合的文化名片。发展中医药健康旅游服务。开发具有地域特色的中医药健康旅游产品和线路，建设一批中医药健康旅游示范基地和中医药健康旅游综合体。中医药健康旅游服务标准化和专业化水平大幅提升。大力发展森林康养产业。建设特色旅游城镇、度假区、文化街、主题酒店，形成一批与中药科技农业、名贵中药材种植相结合的养生体验和观赏基地。推动构建健康旅游产业大格局。高标准建设环首都、环省会、沿海、燕山—太行山旅游产业带，编制环首都国家公园规划，在周围森林资源良好、基础条件完善的森林公园、自然保护区打造一批集度假、疗养、保健、养老、娱乐于一体的优质休闲养生区。

二是打造健身、娱乐、休闲一体化功能区。推动体育与健身、休闲、医疗融合发展。转变体育产业、健康产业投入方式，将体育健身作为重要增长点。充分发挥健身在疾病预防、慢性病防治、病后康复等方面的重要作用，积极引导公众转变消费理念，使传统事后医疗投入转变为事前健身投入和事后医疗投入相结合。加强对群众运动健身的科学指导，将医疗愈后恢复与康复训练、体能训练等引入定点健身俱乐部。鼓励更多人群科学参与健身，减少疾病发生，并促进体育健身产业同步发展。促进体育生活化、体育消费便利化。鼓励体育场馆、健身会所、体育组织等面向社会提供便民服务。建设综合性体育服务互动平台，鼓励体育赛事、体育用品、体育中介等行业联动，推动体育旅游、体育传媒、体育会展等相关业态融合发展。探索竞技赛事与群众性赛事同时举办、紧密结合的赛事模式。加快首都都市圈体育产业协同发展，共同打造一批体育服务业重点项目，联合申报国家级区域体育产业重点示范项目，联合申办和承办高水平体育赛事和活动。开发精品体育赛事，大力发展张家口、承德冰雪运动等特色体育运动项目，实现"一地一品牌"或"一地多品牌"。对于已形成规模和品牌效应的崇礼国际滑雪节、保定国际空竹艺术节、衡水湖国际马拉松赛、廊坊国际信鸽展等大型赛事和活动，使其提档升级、扩大影响力。

4.健康养老产业

一是加强健康养老产品研发制造。研发适用于智能健康养老终端的低功耗、微型化智能传感技术，室内外高精度定位技术，大容量、微型化供能技术，低功耗、高性能微处理器和轻量操作系统。强化健康养老终端设备的适老化设计与开发。突破适用于健康管理终端的健康生理检测、监测技术。支持大容量、多接口、多交互的健康管理平台集成设计。推进健康状态实时分析、健康大数据趋势分析等智能分析技术的发展。针对家庭、社区、机构等不同应用环境，发展健康管理类可穿戴设备、便携式健康监测设备、自助式健康检测设备、智能养老监护设备、家庭服务机器人等，满足多样化、个性化健康养老需求。

二是推动医疗、养老机构融合发展。构建医疗与养老有机融合的业务协作机制。统筹医疗卫生与养老服务资源，大力推进医疗机构与养老、康复机构合作，鼓励有医疗需求和具备条件的养老机构内设医疗机构。合理布局养老机构与老年病医院、护理院、康复疗养机构，形成互联互通、功能互补、安全便捷的全省医疗健康养老服务网络。开通养老机构与医疗机构的预约就诊绿色通道，落实65岁以上老年人就诊、检查、交费、取药、住院优先政策。建立健全二级以上医院与老年病医院、护理院、康复疗养机构之间的转诊与合作制度，为老年人医疗保健和护理康复服务提供保障。开展社区健康养老服务行动。鼓励医疗机构将护理服务延伸至社区和家庭，提高社区为老年人提供日常护理、慢性病管理、康复、健康教育和咨询、中医保健等服务的能力；推行家庭医生制度，鼓励医生与家庭结对服务。推进综合性居家养老服务中心建设，鼓励社会力量提供日间照料、全托、半托等老年人照料服务。完善养老机构与社区卫生服务中心或其他医疗服务机构的合作机制，使其为老年人提供服务的能力大幅提升。

三是打造医养结合养老服务试验区。支持社会力量通过市场化运作方式，开办具有医疗卫生和养老服务资质、能力的医疗机构或养老机构。医养结合机构同等享受医疗卫生和养老服务等方面的优惠政策。精简审批流程，缩短审批时限，开展一站式办理，为符合规划条件和准入资质的医养结合机构提供便捷的服务。支持社会力量通过特许经营、公建民营、民办公助等模式，开办非营利性医养结合机构。

四　首都都市圈健康养老产业协同发展的对策

（一）加强政策顶层设计

政策壁垒的破局是促使首都都市圈深度一体化的杠杆和助推器。首都都市圈内各地的健康养老产业发展面临不同的阻碍，因此要统筹协调各方需求，强化政策顶层设计，加快制定健康养老产业协同发展政策，推动健康养老产业优惠政策落实，促进优质资源整合。在政策制定方面可借鉴长三角地区的相关经验，"通过府际再分配契约的方式，实现区域内医保、社保政策的一体化和认证，有力地促进医疗和社会保险关系无障碍转移和接续"，探索区域内医疗保险、养老补贴、养老保险政策协同。在首都都市圈老龄人口统计调查的基础上规划好非营利性养老机构和民办经营养老机构的比例，护理型、助养型、自理型床位的比例，优先支持和保障护理型与助养型床位的比例。

（二）完善健康养老产业发展的条件

首都都市圈健康养老产业协同发展是一项大工程，要逐步完善相应的基础设施。在交通领域，建设区域内高度发达的一体化交通体系是十分重要的，应进一步加强北京与其他城市之间的道路、铁路连接。同时，完善区域交通运营管理机制，设立多边交通运输管理协调机构，协调交通基础设施的运营管理。重点协调城际客运系统、市郊通勤系统及其与地方公共交通系统之间的衔接。

人才是经济发展的持续性动力，健康养老产业也不例外。对于首都都市圈健康养老产业而言，应加强高等院校与企业的对接，为健康产业人才提供实践的机会，从而加强对健康产业从业人员的理论和实践培养。[1] 在养老产业方面，应该鼓励医学、心理学、社会学、公共管理、管理学等相关专业的人才从事养老产业的管理和研究工作。进一步加强养老服务人才培训，充分发挥高校的优势。[2] 健康养老产业属于建设周期长、投资大、见效慢的产业，因此要加大对健康养老产业的金融支持力度。政府可以利用政策和市场的杠杆作用，突出政策创新，采取股份制、PPP 等模式来吸引社会力量进入健康养老产业，广泛吸引社会资本，多渠道筹集资金。

（三）打造健康养老服务平台

在健康产业方面，充分利用北京的科研优势、河北的土地和人力资源优势构建产业支撑平台和服务平台。例如，生物医药的科技含量高、产业层次高，其发展需要高水准的支撑和服务体系。因此，应抓住国家自主创新示范区建设的机遇，依托北京的科技和人才资源优势，以国家生物医药国际创新园为载体，通过重点项目对接、产业联盟等方式建立首都都市圈专业技术服务平台及产业化平台。[3] 对于养老产业而言，构建首都都市圈异地养老机构服务平台。目前各地养老机构信息不对称，有入住意愿的老年人找不到合适的养老机构，大部分养老机构被动地等待老年人入住，造成资源闲置。目前个别民营养老服务公司试图通过搭建机构服务平台，促进老年人与养老机构的双向互动，但是运营成本较高，且难以全面覆盖首都都市圈养老服务机构，因此需要与政府合作共同搭建涵盖首都都市圈养老服务机构的网络平台，加强各地区养老机构

---

[1] 施芳芳：《我国健康产业发展的对策研究》，河北大学硕士学位论文，2017。

[2] 杨立雄：《中国老龄服务产业发展研究》，《新疆师范大学学报》（哲学社会科学版）2017年第 2 期。

[3] 周立群、周晓波：《京津沪生物医药产业比较研究及对天津的启示》，《天津大学学报》（社会科学版）2015 年第 6 期。

之间的合作，建立业务关系，进行资源共享、信息共享，提高养老机构的整体服务水平。①

参考文献

黄艳、安树伟：《我国都市圈的空间格局和发展方向》，《开放导报》2021 年第 4 期。

施芳芳：《我国健康产业发展的对策研究》，河北大学硕士学位论文，2017。

周立群、周晓波：《京津沪生物医药产业比较研究及对天津的启示》，《天津大学学报》（社会科学版）2015 年第 6 期。

杨立雄：《中国老龄服务产业发展研究》，《新疆师范大学学报》（哲学社会科学版）2017 年第 2 期。

陆玉萍、祝天智：《京津冀一体化下北京养老服务转移研究》，《华北理工大学学报》（社会科学版）2017 年第 6 期。

吴丹、李晨光：《京津冀生物医药集群企业合作研发现状分析》，《科技视界》2016 年第 4 期。

毛汉英：《京津冀协同发展的机制创新与区域政策研究》，《地理科学进展》2017 年第 1 期。

刘亚娜：《京津冀协同发展背景下养老模式整合与创新》，《中国行政管理》2017 年第 7 期。

---

① 陆玉萍、祝天智：《京津冀一体化下北京养老服务转移研究》，《华北理工大学学报》（社会科学版）2017 年第 6 期。

社会篇

首都都市圈背景下北京公共服务资源均衡发展研究

施昌奎　罗　植[*]

摘　要：基础教育、医疗卫生和社会保障是公共服务中最受关注的三个方面。通过考察这三个方面的资源分布现状和收敛性发现，基础教育资源的地区差异相对较小，医疗卫生资源的地区差异较大，中心城区的优质公共服务资源优势仍然突出，β 收敛特征普遍存在，但 σ 收敛特征仍不明显。建设现代化首都都市圈，需要进一步推进优质基础教育资源均衡分布，大力提升通州区和平原新城的医疗卫生资源和服务水平，因地制宜推动社会保障整体服务均衡发展。

关键词：首都都市圈　公共服务　北京

多年以来，北京非首都功能疏解有序推进，京津冀协同发展不断取得新成效。特别是通过在交通一体化建设、产业转移承接和公共服务资源均衡配置等方面的不懈努力，基本形成了由"通勤圈""功能圈""产业圈"三个圈层构成的现代化首都都市圈。在此基础上，北京的

---

* 施昌奎，北京市社会科学院管理研究所研究员，博士生导师；罗植，博士，北京市社会科学院管理研究所副研究员。

"十四五"规划进一步明确提出，要加快建设定位清晰、梯次布局、协调联动的现代化首都都市圈。现代化首都都市圈的建设离不开公共服务这一基本保障。近几年京津冀地区的基本公共服务均等化程度有所提高，但许多关键地区的公共服务能力仍然薄弱，不要说质量层面，仅数量层面的不平衡问题就比较突出，离人民满意的要求还有较大差距。比如，2021年，北京和河北的千人执业医师分别为5.1人和3.4人，初中生师比分别为8.87人和13.39人（生师比越低越好）。其实，不仅是京津冀之间，就北京内部而言，优质公共服务均衡发展问题仍然存在。因此，有必要全面梳理考察北京市公共服务资源布局现状和变化趋势，为加快推进环京地区公共服务共建共享、提升区域均等化水平、打造现代化首都都市圈提供政策依据。

一　北京公共服务资源布局现状

公共服务涉及的内容很多，其中基础教育、医疗卫生和社会保障是最影响民生福祉的三个方面，是全社会最为关注的重要内容，也是财政支出比重较大的三个类别。一般而言，基础教育支出、社会保障支出和医疗卫生支出都应该占财政支出总额的1/6，也就是说，这三个方面的支出总和将占财政支出总额的一半。为此，做好这三个方面的工作，是提升公共服务供给水平的关键。

（一）基础教育

基础教育是最受关注的公共服务之一，在财政支出中占有较大比重。近几年，北京的财政性教育支出总体上与财政收入同步增长，其占财政支出的比重基本维持在15%左右，其支出总额从2017年的964.62亿元增加到2021年的1147.83亿元，名义水平累计增长19.0%。这一时期，北京在推进基础教育优质均衡发展方面出台了如教师轮岗交流、校额到校、优质校深度联盟等一系列政策措施，但各区的教育资源在数量层面还存在一定差异。

第一，各区的人均财政教育支出差异较大，通州区和平原新城总体水平较低。2021 年，东城区人均财政教育支出为全市最高，超过 1 万元，丰台区和昌平区为全市最低，都不足 2500 元，还不到东城区的 1/4。除丰台区和昌平区外，其他区的人均财政教育支出大都为 4000~6000 元。与 2017 年相比，各区的人均财政教育支出增幅不大，个别区甚至还略有下降。其中，石景山区从 2017 年的 2670.2 元增加到 2021 年的 3951.7 元，名义值累计增长 48.0%，是近 5 年增幅最大的区。2017~2021 年海淀区、丰台区和昌平区的名义增速也都超过了 40%；其他大部分区的增幅基本为 10%~20%。2017~2021 年门头沟区和延庆区的人均财政教育支出不增反降，2021 年名义值比 2017 年分别下降 6.1%和 12.8%。2021 年，通州区的人均财政教育支出为 2736.7 元，仅略高于丰台区、昌平区和大兴区；从变化情况看，其名义值比 2017 年仅增加 13.7%。不论是实际水平还是增长趋势，都与其功能定位存在较大差距。

第二，财政教育支出比重基本为 20%左右。2021 年，东城区的财政教育支出比重为全市最高，达 25.2%，通州区全市最低，只有15.3%。房山区、昌平区和海淀区的财政教育支出比重都超过了 20%。从近五年的变化趋势看，财政教育支出比重总体表现为缓慢增加。其中，房山区增幅最大，超过了 5 个百分点，西城区和海淀区次之，都在4 个百分点以上。通州区也有较大增幅，接近 4 个百分点。而东城区和延庆区不增反降，其中，东城区变化不大，基本持平，延庆区减少 2.8个百分点，降幅较大。

第三，各区生师比存在一定差异，个别区的教师资源仍处于规范标准水平附近。生师比衡量了一位教师需要负责的学生数量，是反映办学条件的重要指标。在同等条件下，生师比越低，教学条件和收益越高。为了保证一定水平的教育质量，国家对各级各类教育提出过一些指导建

议。按照教育部 2013 年印发的《幼儿园教职工配备标准（暂行）》和
中央编办、教育部、财政部 2014 年印发的《关于统一城乡中小学教职
工编制标准的通知》，幼儿园平均生师比应控制在 15 人以下，普通小学
生师比应控制在 19 人以下，普通初中和普通高中生师比应分别控制在
13.5 人和 12.5 人以下。如图 1 所示，2021 年，东城区的幼儿园生师比
最低，仅 8.2 人，顺义区的最高，超过了 15 人，处于规范标准水平附
近，其他区基本为 10 人上下。平谷区和延庆区的普通小学生师比最低，
分别为 11.1 人和 11.4 人，朝阳区、石景山区、大兴区和海淀区的较
高，都超过了 20 人，处于规范标准水平附近，其他区基本为 15 人上
下。昌平区和朝阳区的普通中学生师比最低，都不足 5 人，西城区和海
淀区的最高，都接近 9 人，其他区基本为 7 人上下，所有区都达到了规
范标准水平。整体来看，在国家标准的要求下，16 区的生均教师资源
差异不大。幼儿园和小学阶段，通州区和平原新城的表现略逊于东城
区、西城区和生态涵养区。中学阶段，西城区和海淀区的生均教师资源
较少，这一方面说明这两个区的教育资源质量较高，吸引了更多的学
生；另一方面也说明北京教育资源的优质均衡发展还有提升空间。

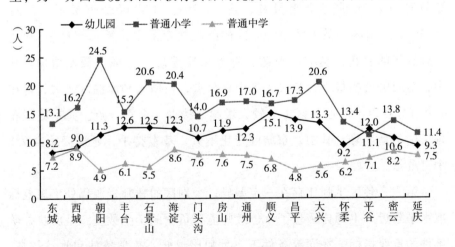

图 1　2021 年北京市 16 区的幼儿园、普通小学和普通中学生师比

（二）卫生健康

新冠疫情前，北京的财政性卫生健康支出占财政支出的比重基本维持在6.5%左右。受疫情影响，北京的财政性卫生健康支出大幅增加，2020年和2021年分别为605.64亿元和632.67亿元，占财政支出的比重分别达到8.5%和8.78%。从区域分布看，虽然疏解非首都功能已经提出多年，且取得了一定成效，但医疗资源分布不均衡问题仍然显著。

第一，各区的财政性卫生健康支出差异较大。从人均财政性卫生健康支出看，处于中间的通州区、平原新城和城市功能拓展区相对较低。2021年，丰台区的人均财政性卫生健康支出最少，仅856.1元，约为东城区和西城区的1/4。生态涵养区在人口优势的帮助下，人均财政性卫生健康支出甚至高于东城区和西城区。比如，怀柔区为全市最高，达到4040.0元，约是朝阳区和海淀区的3倍、丰台区的4倍以上。从财政性卫生健康支出占财政支出的比重看，丰台区、石景山区、海淀区和门头沟区较低，都不到6.8%，其他区基本在8%以上。在新冠疫情的影响下，大兴区和怀柔区的财政性卫生健康支出大幅增长，2021年占财政支出的比重都超过了12%，为全市最高。

第二，东城区和西城区的医疗卫生资源优势仍然显著，通州区和平原新城的医疗卫生资源与其功能定位相比存在较大距离。北京市中心城区的医疗卫生资源优势显著。特别是东城区和西城区，医疗卫生资源不仅数量多而且质量高。2021年，东城区和西城区的千人执业医师分别为15.2人和13.1人，是通州区和平原新城的4~5倍，千人注册护士分别为16.0人和16.6人，是通州区及个别平原新城的5~6倍，千人床位数分别为14.0张和15.9张，是通州区的7倍多。通州区和部分平原新城的人均医疗卫生资源甚至还达不到全国平均水平。这与其功能定位，尤其是城市副中心的功能定位相比距离较大。生态涵养区医疗卫生资源总量不大，但因其常住人口较少，人均享有资源水平基本高于全国平均水平。

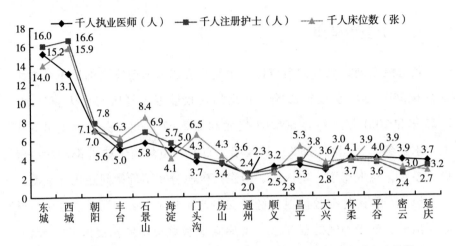

图 2　2021 年北京市 16 区的千人执业医师、千人注册护士和千人床位数

（三）社会保障

社会保障支出在财政预算支出中也占有较大比重。近几年，北京的财政性社会保障支出增长较快，从 2017 年的 795.38 亿元增加到 2021 年的 1054.19 亿元，名义水平累计增长了 32.5%，其占财政支出的比重从 2017 年的 11.7% 提高到 2021 年的 14.6%。尽管社会保障相关政策有统一的整体规则和指导，但各区也因功能定位和资源禀赋的差异，在实际投入和服务水平上存在一定差异。

第一，通州区和平原新城的财政性社会保障支出处于全市末位，城六区的财政性社会保障支出比重处于全市前列。2021 年，通州区、昌平区和大兴区的人均财政性社会保障支出都不到 2000 元，还不及东城区和西城区的 1/3，其财政性社会保障支出比重都不超过 14%，比部分生态涵养区还低。朝阳区的财政性社会保障支出比重为全市最高，达到 34.6%；西城区、丰台区和石景山区也都超过了 20%；东城区和海淀区接近 20%，其他区基本在 15% 以下。从近五年看，城六区的人均财政性社会保障支出名义水平增幅较大，普遍接近 50%，石景山区更是超过了 80%。除城六区外，其他区增幅较小，普遍不足 10%，延庆区甚至还下降了 10.6%。

第二，社会保障服务受功能定位影响较大。首先，生态涵养区凭借环境和人口优势，其千人收养单位床位数相对较多；平谷区超过 10 张，为全市最高；密云区和延庆区分别为 8.7 张和 7.5 张；东城区和西城区受人口密度高的影响，分别只有 1.4 张和 3.5 张，处于全市末位。通州区的定位为城市副中心，但其千人收养单位床位数只有 3.2 张，仅高于东城区和顺义区。其次，城六区的就业岗位比较丰富。如图 3 所示，受新冠疫情影响，各区登记失业人数快速增加，2021 年千人登记失业人数普遍超过了 10 人。其中，城六区该情况尤为突出，东城区、西城区和朝阳区的千人登记失业人数都超过了 20 人，数倍于 2019 年的水平，朝阳区更是超过了 10 倍。

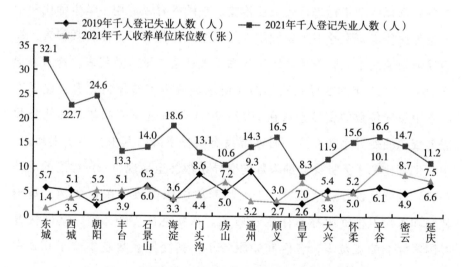

图 3　北京市千人失业登记人数和收养单位床位数

二　北京公共服务资源收敛性检验

经济学通常从差异变动趋势和初始水平与增长速度的关系两个角度考察不同地区的经济发展是否趋同。前者为 σ 收敛检验，后者为 β 收敛检验。

（一）σ 收敛

如果各地区之间的差距随时间的推移而绝对缩小，就称其存在 σ 收敛。也就是说，σ 收敛意味着各地区的经济发展随时间的推移而绝对趋同。在经济领域中，通常用离差来反映收入水平的差距。由于本研究涉及多个不同量纲的指标，为了避免量纲影响，使用变异系数来考察地区间差距。某一指标的变异系数越低，说明各地区在该指标上的差距越小。当某一指标的变异系数随时间的推移而降低时，说明各地区在该指标上的差距不断缩小。此时，称其存在 σ 收敛。

公共服务涉及面很广，考虑到各指标之间存在一定的正相关性，每个领域选择两个指标进行收敛性检验。基础教育领域用小学生师比和中学生师比代表，医疗卫生领域用千人执业医师数和千人床位数代表，社会保障领域用千人收养单位床位数和千人社会救助人数代表。这六个指标 2012~2021 年的变异系数如图 4 所示。从全市整体情况看，仅千人收养单位床位数的变异系数在 2012~2021 年呈现下降趋势，其他公共服务资源的变异系数在这一时期都没有明显下降。其中，小学生师比、中学生师比和千人社会救助人数的变异系数甚至呈现出一定程度的上升趋势。也就是说，从全市看，千人收养单位床位数存在 σ 收敛，基础教育和医疗卫生资源都不存在 σ 收敛。从实际的差距来看，基础教育在国家标准的规范下，各区间差距较小，其变异系数基本位于 0.2 附近，明显低于医疗卫生和社会保障方面的差异程度。

地理位置和功能定位是影响公共服务供给的重要因素。为了消除这些因素的影响，可按功能定位从城六区、平原新城和生态涵养区三个部分，分别考察其差异变化趋势，即检验 σ 收敛是否存在俱乐部收敛特征。如图 4 所示，按功能定位划分后，所有资源的差异都明显降低，生师比的变异系数普遍降到 0.2 以内，其他指标的变异系数也基本下降到 0.6 以内。但是，从变化趋势看，只有生态涵养区的千人床位数和千人

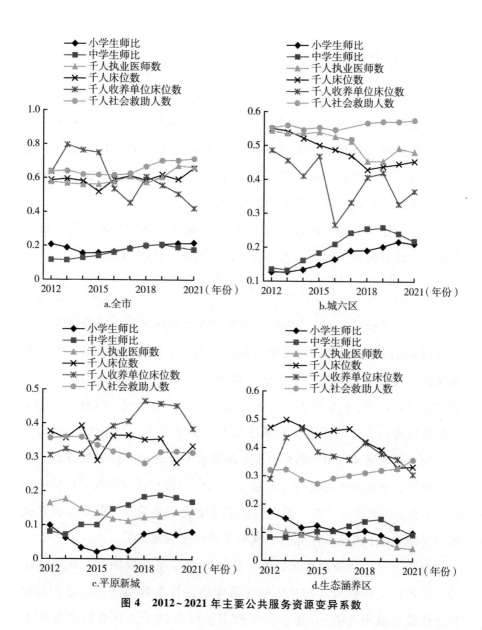

图 4　2012~2021 年主要公共服务资源变异系数

收养单位床位数的变异系数呈现出较明显的下降趋势，其他指标的变异系数均没有明显下降，有些甚至还缓慢上升。这说明，即使从功能定位相近区的角度考察，公共服务资源的分布也不存在明显的 σ 收敛特征，即各区公共服务资源供给水平仍未出现明显的趋同特征。

（二）β 收敛

β 收敛检验是从初始水平与增长速度的关系的角度考察地区间差距是否随时间的推移而缩小。如果二者之间存在负相关关系，即初始水平高的地区的增长速度相对较低，初始水平低的地区的增长速度相对较高，那么，则存在 β 收敛，说明落后地区有机会追赶上来。β 收敛的存在也是大部分宏观经济增长模型的理论预期。

为了保证检验样本的数量，在 Baumol 检验经济增长收敛性方法的基础上，将其转换为面板数据结构的回归模型，具体形式如下：

$$\ln(s_{i,t}/s_{i,t-1}) = C + \beta s_{i,t-1} + a_i + v_{it}$$

式中，下标 i 表示不同的区，下标 t 表示不同年份。因变量为待检验指标 s 的同比增长率，自变量为该指标上一年的自然对数。a_i 为不随时间的推移而变化、难以观测的个体效应，根据 Hausman 检验，将其设定为固定效应。v 为随机干扰项，满足白噪声的假设。待估计系数 β 是收敛性检验关注的重点，反映了指标 s 的水平与其增长率之间的关系。如果 β 显著小于 0，那么，说明初始水平低的地区普遍具有更高的增长速度，地区间差距存在不断缩小的可能，即存在 β 收敛。相反，当 β 不显著或显著大于 0 时，地区间差距可能会不断拉大，即不存在 β 收敛。特别地，β 越显著接近 -1，说明收敛性表现越完美。

由于生师比为逆向指标，为了便于理解，将其取倒数，从师生比的角度进行实证检验（与从生师比角度的估计系数相等，仅标准误和拟合优度有微小差别），再加上医疗卫生领域的千人执业医师数和千人床位数，以及社会保障领域的千人收养单位床位数和千人社会救助人数，这六个指标全市连续 5 年和 10 年的两组固定效应估计结果如表 1 所示。

表 1　16 区公共服务供给的收敛性检验结果

变量	小学师生比	中学师生比	千人执行医师数	千人床位数	千人收养单位床位数	千人社会救助人数
2012~2021 年的估计结果						
β	−0.254***	−0.184***	−0.026	−0.367***	−0.429***	−0.207***
	(0.041)	(0.030)	(0.026)	(0.117)	(0.058)	(0.016)
C	0.705***	0.338***	0.070*	0.579***	0.693***	0.442***
	(0.111)	(0.060)	(0.035)	(0.177)	(0.091)	(0.040)
样本量	160	160	160	160	160	160
调整 R^2 值	0.211	0.203	0.001	0.208	0.231	0.358
2017~2021 年的估计结果						
β	−0.487***	−0.558***	−0.253***	−0.668***	−0.700***	−0.611***
	(0.103)	(0.171)	(0.041)	(0.127)	(0.076)	(0.034)
C	−1.339***	1.039***	0.396***	1.067***	1.122***	1.347***
	(0.282)	(0.317)	(0.058)	(0.199)	(0.128)	(0.076)
样本量	80	80	80	80	80	80
调整 R^2 值	0.261	0.226	0.227	0.376	0.399	0.486

注：括号内为稳健型标准误。* $p<0.1$，** $p<0.05$，*** $p<0.01$。

从估计结果看，除了 10 年趋势下千人执业医师指标的估计系数在统计上不显著外，其他指标的估计结果都可在 1% 的水平下显著小于 0。这说明，从连续 10 年或 5 年的发展趋势看，基础教育、医疗卫生和社会保障资源存在绝对 β 收敛，初始水平高的地区的增长速度较低，初始水平低的地区的增长速度较高。但从估计系数的水平值看，所有估计结果离 −1 都有较大差距，即 β 收敛的程度较低。比如，从连续 10 年的估计结果看，小学和中学师生比每提高 1%，小学和中学师生比的增长速度仅分别下降 0.254 个百分点和 0.184 个百分点。在连续 10 年的检验结果中，千人收养单位床位数的收敛速度最快，水平值每提高 1%，其增长速度将下降约 0.429 个百分点。

对比两组估计结果还可以看到，与连续 10 年相比，连续 5 年的估计结果更接近 −1，即连续 5 年的 β 收敛效应更为明显，收敛速度更快。

其中，千人执业医师从不存在 β 收敛变为存在 β 收敛，但仍是几个指标中 β 收敛效应最小的。中学师生比的估计系数变化幅度最大，提升了 2 倍多。千人收养单位床位数的估计系数离 -1 最近，β 收敛效应最大，其水平值提升 1%，增长速度将下降约 0.7 个百分点。这一检验结论与图 4 的变异系数变化趋势也是相符的。比如，从全市角度看，千人收养单位床位数连续 5 年的变异系数明显下降，中学师生比连续 3 年的变异系数也有明显下降。

虽然千人执业医师的变异系数一直没有明显的下降，甚至还略有上升，但这与其连续 5 年存在 β 收敛的结论并不矛盾。从 β 收敛和 σ 收敛的定义看，β 收敛是实现地区间差距缩小的一种途径，σ 收敛是地区间差距缩小的具体结果。存在 β 收敛不一定能带来地区间差距的实际缩小，这还取决于其他因素的影响。比如，差距的初始水平、收敛的速度、由制度环境决定的内在增速等。但满足 σ 收敛，则一定存在 β 收敛，即 β 收敛是 σ 收敛的必要非充分条件，σ 收敛是 β 收敛的充分非必要条件。因此，千人执业医师的地区间差距缩小可能还需要一些时间，或者其他条件的配合，才能进一步呈现出下降趋势。

三　政策含义

基础教育、医疗卫生和社会保障是公共服务中最影响民生福祉的三个方面，一直是全社会关注的焦点。通过梳理考察北京 16 区这三个方面的公共服务资源基本现状及其收敛性发现，基础教育资源的地区间差距相对较小，医疗卫生资源的地区间差距较大，中心城区的优质公共服务资源优势仍然突出，通州区和平原新城的人均公共服务资源水平较低。在有序推进非首都功能疏解背景下，基础教育、医疗卫生和社会保障等公共服务资源都表现出显著的 β 收敛特征，但大部分仍未表现出明显的 σ 收敛特征。可见，公共服务的优质均衡发展仍有较大提升空间，要建设现代化首都都市圈，就需要进一步加快推进环京地区公共服务共建共享，提升北京市及环京地区优质公共服务资源均等化水平。

第一，进一步推进优质基础教育资源均衡发展。在各种法律法规的约束下，基础教育资源在数量层面已经基本实现均衡分布，各区间差距不大。但是，从质量层面看，西城区、海淀区和东城区等仍然具有明显的优势。伴随着建设现代化首都都市圈，通州区、平原新城和北三县等环京地区的优质教育需求可能还会因常住人口增加而持续增加。因此，仍需通过集团化办学、与优质校深度联盟、精准帮扶、建立分校区、校长教师交流轮岗、教育教学改革、数字学校平台建设等措施，推动优质基础教育资源向这些地区布局，在质量层面降低教育资源的地区间差异。

第二，大力提升通州区和平原新城的医疗卫生服务水平。基础教育、医疗卫生和社会保障三类公共服务中，医疗卫生资源的地区间差异最大。尽管平原新城的医疗卫生资源持续增加，但常住人口的快速增加使其人均水平并未明显提升。2021年，通州区的千人执业医师仅2.28人，不及东城区和西城区的1/5，不及朝阳区和海淀区的1/2，甚至还达不到全国平均水平。建设现代化首都都市圈，必须进一步增加通州区和平原新城的医疗卫生资源，推动有条件的医疗机构在北京周边地区发展，推进城市核心区优质医疗资源向郊区资源薄弱地区转移。按照《北京市医疗卫生设施专项规划（2020年—2035年）》，推进部分央属在京三级医院重点向雄安新区、北三县区域疏解。同时，推动区域医疗卫生协作项目落地，发展合作共建和远程医疗，推进跨省异地就医门诊医疗费用直接结算等，增强卫生服务整体能力。

第三，因地制宜地推动社会保障整体服务能力均衡发展。生态涵养区的收养单位床位等资源比较丰富，但医疗资源相对匮乏，医养结合整体服务能力较弱，需要进一步加快发展医疗服务。中心城区恰好相反，优质的医疗资源非常丰富，但因土地资源的限制，收养单位床位等硬件设施不足，需要在政策上加大对养老服务产业发展的支持力度，并通过养老驿站、养老服务联合体等新型养老模式打通居家养老"最后一公里"。通州区、平原新城与北三县等环京地区在这两个方面都发展不足，需要进一步整合养老资源，规划建设高水平的医养结合养老服务体系，提升整体服务能力，并推动北京养老服务项目向北三县等环京地区布局。

参考文献

北京市统计局、国家统计局北京市调查总队编《北京统计年鉴 2022》，中国统计出版社，2022。

程晖：《北京：非首都功能疏解扎实推进》，《中国经济导报》2023 年 3 月 2 日。

姚永玲：《开放式首都都市圈 协同式空间大格局》，《前线》2022 年第 6 期。

Baumol W. J. , "Productivity Growth, Convergence, and Welfare: What the Long-run Data Show," *American Economic Review* , 1986, 76（5）.

东京都市圈轨道交通"公交化"
运行经验及启示

王晓晓　陆小成　伍小乐*

摘　要：东京都市圈经过百余年发展，形成了一体化、公交化、智能化的轨道交通体系，有效提升了轨道利用率、换乘便捷性和上下班通勤体验。北京加快现代化首都都市圈建设，轨道圈是第一圈层建设，是破解上下班通勤难题、推进京津冀协同发展的关键，与东京都市圈相比还存在不少差距。借鉴东京都市圈轨道交通建设经验，加快制定北京首都都市圈交通发展规划，加强轨道交通的"公交化"布局，推动区域快线建设与车站改造，打造"轨道上的京津冀"，提升超大城市能级和辐射带动力，高水平建设现代化首都都市圈。

关键词：首都都市圈　东京都市圈　轨道交通

都市圈强化了中心城市与周边地区的关联，成为全球范围内具有普遍意义的城镇群体空间组合，也成为一个国家或地区推动城镇化、提升全球竞争力的重要载体。中心城市由于自身土地资源有限，只有向周边

---

* 王晓晓，澳门科技大学人文艺术学院副教授、博士生导师；陆小成，博士，北京市社会科学院城市所研究员；伍小乐，博士，湖南工学院马克思主义学院副院长、副教授。

地区不断空间扩张才能实现更好发展。那么，如何破解传统上中心城市"摊大饼"式发展模式，依托与周边地区的一小时通勤功能加快实现都市圈协同发展，是迫切需要研究的重要课题。笔者在日本访学期间，通过实地考察、查阅文献、专家访谈等方式对东京都市圈轨道交通建设情况进行了调研，对东京都市圈轨道交通的公交化、运量大、速度快、全天候、运费低和节能环保等优点感受深刻，特别是在周边山村的小火车站也能体验到公交化轨道交通服务，感触颇深。东京都市圈经过百余年的发展，拥有了高铁、普铁、JR 铁路、私铁、城市地铁等多层次都市圈轨道网，在网络和运力规模上，JR 铁路和私铁是东京都市圈市郊铁路的重要主体，日均客运量均达 1500 万人次。① 目前，东京都市圈轨道交通非常发达，覆盖面广，基本实现了公交化运行，满足了都市圈内大部分通勤需求。许多经验值得我国特别是首都北京借鉴和参考。

一　东京都市圈轨道交通建设的基本历程

东京都市圈是以东京区部为中心的巨型都市圈，起初主要分为四个圈层：第一层是东京都心，包括最核心的千代田区、中央区、港区 3 个区；第二层是"东京 23 区"的东京都区部；第三层是东京都，包括 23 个特别区、26 个市、5 个町、8 个村；第四层是东京都市圈，包含"一都三县"（东京都和埼玉县、千叶县与神奈川县），总面积为 1.36 万平方公里。1956 年颁布的《首都圈整备法》中提出"首都圈"概念，东京都市圈扩展为包括茨城县、栃木县、群马县、山梨县在内的"一都七县"。2021 年，东京总人口约 1396 万人，东京都市圈总人口达 3700 万人，面积 13514 平方公里，人口密度约为每平方公里 2738 人。随着日本首都东京的经济持续增长，城市边界不断拓展，东京都市圈的职住

---

① 蒋中铭：《东京都市圈轨道交通发展历程、特点和经验》，《综合运输》2021 年第 9 期。

分离现象日趋严重,人们通勤压力增大。伴随东京都市圈的快速发展,轨道交通建设不断加快。东京都市圈轨道交通建设历程如表1所示,大致可以分为三个阶段。①

表1　东京都市圈轨道交通建设历程

阶段	时间	主要特征	建设内容
第一阶段	1872~1950 年	以放射性为主的快速发展	城市空间结构沿着轨道交通网络拓展。8 条放射性轨道交通线路带动东京都市圈向外延伸
第二阶段	1950~1970 年	战后轨道交通不断发展	战后日本经济高速发展,加快轨道新线建设以及现有铁路延伸,轨道交通干线的带状分布串联起新城与中心城区
第三阶段	1970 年至今	"双环线+放射性"空间结构	轨道交通网络更加完善,东京都市圈逐渐形成了由"双环线+放射性"轨道交通网络所维系的多中心城市空间结构

1872~1950 年,东京开启了以放射性为主的交通大建设,轨道交通进入快速发展阶段。最早在 1872 年日本第一条铁路线东京新桥至横滨樱木町就实现通车。该条铁路线由英国出资建设,全长 29 公里。日本明治维新初期,政府财力有限,允许民营资本以及国外资本参与兴建基础设施。1881 年,日本成立的"日本铁道株式会社"是日本首家民营铁路公司。该公司修建了东京至青森的铁路线。后来关西铁道、北海道炭矿铁道、北海道铁道、山阳铁道、九州铁道等多家民营铁道公司成立,为日本轨道交通建设与发展提供了良好的力量支撑。明治政府对各类民营铁路线修建提供政策支持,比如在国有土地借用、资本利息补贴等方面给予许多支援,不少铁路占用的国有土地均为无偿借用,这使相关成本降低,大大促进了日本轨道交通发展。1906 年,因军事需要,日本政府对铁路实行国有化,收购了 17 家民营铁路公司,成立了国有铁路。

---

① 刘国玲:《轨道交通网络对城市空间结构的影响——以东京都市圈为例》,《城市建设理论研究(电子版)》2023 年第 2 期。

山手线是日本工业革命初期的产物，也是东京市最早的铁路干线。山手线所覆盖的地区基本为东京地区较早完成城镇化的区域。1900~1920年，日本电车发展迅速，因其速度快、运载量大，并且非常灵活便捷，受到市民的欢迎和喜爱，也迅速吸引人口集聚于交通便利的区域。1930~1950年，东京都市圈的轨道交通进一步发展，形成了较为完善的放射性轨道交通网络，轨道交通推动城市向外围扩张，形成更大范围的东京都市圈层结构，以轨道交通网络为骨架的都市圈空间结构基本确定。

1950~1970年，第二次世界大战之后英美等发达国家将产业转移到日本，推动日本工业快速发展，也带动了城市轨道交通等设施建设。1964年，日本建成连通东京、名古屋和大阪的东海道新干线，随后还建成山阳、东北、上越等新干线。东京作为日本首都，随着工业化、城市化进程不断深入，城市不断向周边郊区扩张，轨道交通也不断向郊区蔓延，中心城区的轨道交通路线不断加密，进而推动东京都市圈轨道交通不断发展，增加的圈层轨道交通结构更具换乘便利性、广覆盖性。

1970年至今，东京都市圈的轨道交通进一步发展，基本形成了"双环线+放射性"空间结构。1987年，日本推出了国铁改革方案，国有铁道实施民营化，分为JR东日本、JR东海、JR西日本、JR北海道、JR四国、JR九州等6家客运公司和1家JR货物货运公司。日本国有铁道民营化，在一定程度上减轻了国有铁路的负担，也提高了铁路运行效率。以东京城市更新为契机，轨道交通建设推动了轨道枢纽优化、周边土地开发统筹、存量资源利用与再开发等，推动轨道交通枢纽与周边城市服务功能的高度融合。比如，东京站与上野站之间的东北纵贯线基本形成，东海道本线与东北本线也连通运营。以发达的轨道交通网络推动东京都市圈功能的完善与发展，有效满足了大都市的通勤需求，形成了以轨道交通网络为主动脉的城市空间结构。目前，东京圈40公里范围内有高速铁路13条、地铁10条、高速公路9条、短距离轻轨2条，每日负担了 220 万辆车次和 2804.5 万人次的客运量。①

东京都市圈形成对外轨道交通、区域轨道交通、城市轨道交通三个圈层，承担超过 70%的通勤需求。东京都市圈轨道交通线网布局如图 1 所示。② 根据线路运营主体的不同，东京都市圈轨道交通由 JR 铁路、地铁、私铁和其他（以第三部门形式出资的铁道、公营单轨和有轨电车等）组成。根据铁路覆盖区域和运营模式，大致可以划分为市郊铁路、地铁、单轨交通、有轨电车、无人驾驶轨道交通系统（AGT）、旅客自动捷运系统（APM）等形式。其中，市郊铁路分为四类：一是联通郊区与中心城区，以五大放射形通道为代表的线路；二是不通过城市中心，以位于山手线上的车站为起点的 15 条放射线；三是连接放射线的 2 条环线；四是为成田机场和羽田机场服务的 5 条机场专用线路。东京圈内还有京滨东北线、湘南新宿线和埼京线 3 条利用既有线路开行、贯穿于东京市中心的重要线路，发车最密集、线路最繁忙、乘车最拥挤，承担重要的通勤任务。东京中心城区的山手环线、与中心城区紧密联系的放射状铁路、众多的地铁及有轨电车线路等，基本形成快进快出、换乘便利、公交化运行的都市圈轨道交通系统。这些发达的轨道交通系统形成了较为完善的都市圈轨道网，满足了东京都市圈的大部分通勤需求。

二 东京都市圈轨道交通"公交化"运行的特征与经验

东京都市圈的轨道交通已经覆盖圈内所有市、町、村，城市与城市之间的轨道交通线路密集，特别是通过在上下班高峰期增加车辆数、压缩列车间隔时间、市郊铁路与地铁等贯通运行等有效提升了东京都市圈的运输能力。东京都市圈轨道交通公交化运行的主要特征及基本经验表现在以下几个方面。

---

① 龚娜：《日本轨道交通的发展经验及对天津的启示》，《环渤海经济瞭望》2012 年第 8 期。
② 李妍：《东京都市圈轨道交通与城市协调发展分析》，《铁道建筑》2022 年第 2 期。

图 1　东京都市圈轨道交通线网示意

（一）从线网布局看，覆盖面广，车次密度大

一是轨道交通规模大、多层级网络化。东京圈轨网规模为 3521
公里，其中区部轨网规模约 807 公里，呈现核心区密集、向外逐渐稀
疏的特征。其中东京都区部的 JR 山手环线内侧区域以地铁等城市轨
道交通为主，外侧区域则私铁、地铁、JR 铁路并重，郊区则以私铁
和 JR 铁路为主，呈现"环线+放射性"的网络结构。市郊铁路的放
射线服务于半径为 50 公里的东京都市圈及周边地区，地铁服务于半
径为 15 公里的中心城区。环线通过直通运营、组合运营、双复线及
联络线、无缝化衔接、同一走廊多线并用等实现立体化布局、网络化
运营。

二是设置更多自由席，方便旅客换乘。东京都市圈铁路包括新干

线、快车在内（类似高铁、特快、快速车等），设置自由席车厢和指定席车厢。除了新干线，一般铁路线上特快车与普快车灵活混营。普快车主要服务中心区与周边县市的区域快线，全部为自由席，采取地铁模式站站停靠，但速度快、停靠时间短、发车密集。上下班高峰期几分钟一趟，平时 10~20 分钟一趟，满足公交化运行的通勤需求。

三是停靠站台固定，乘客随到随走。东京都市圈通过优化流程和线路，实现同一线路、同一方向的车次在同一站台停靠。各类车进出站台准时准点，乘客可乘坐同一方向的任一车次，满足随到随走需求。具有通勤需求的乘客能够快速到达需要乘坐车次的站台，基本不需要在站内"候车室"等候，可以做到进站后直达站台候车。由于车次多，可能做到随时到达随时乘车通行，实现市郊铁路、新干线等所有轨道铁路都能如"地铁"一样便利。

四是车次无缝衔接，同站快捷换乘。在车次设计上坚持精细化、人性化原则，铁路、地铁、城轨等各种车次可在同一车站内实现无缝衔接，城际间列车直接进入城市内路网，与地铁可共站换乘。

（二）从车站建设看，设置多个进出口，自助检票直达站台

一是车站通道较多，自助刷卡进出站。对于客流量大的车站，设置多个检票入口及出口，如东京站为保证乘客快速分流，检票口增加至 18 个，出口多达 56 个。二是不需要排队安检，入站直达站台。因历史原因，日本各车站没有安检设施，乘客自助购票、自助检票后直接进入站台候车，可能存在一定的安全风险，但一定程度上节省了乘客时间和管理成本。三是减少候车室，多为无人车站。日本包括东京在内所有车站功能实现智能化、自助化、无人化。截至 2020 年 3 月，日本火车站总数为 9465 个，其中无工作人员的车站为 4564 个，占 48.2%。东京站、新宿站等大型车站均没有候车区，候车室基本设在站台，仅能容纳 20 人左右。

（三）从与周边融合看，商业功能分区布设，实现站城一体化

一是构建立体步行系统，商业功能分层分区布设。东京都市圈各车站内均有通畅、立体的步行系统，便于乘客快速分流和通行。车站的站内通道与站外的公共汽车、出租车等交通工具有效对接。新宿站利用地下空间，建设了贯穿于车站东、西两侧商业区的"都会地下大步道"，地下商业街长约6790米，与许多大厦直接连通。东京都市圈车站功能完善，包括购票、自助贩卖机、临时休息椅、公厕等，公共空间宽阔。商业功能与车站公共空间分开。如东京车站餐饮店集中分布于地下街道，而乘车区域空间在一层，商业功能与交通功能分开。

二是统筹车站土地开发，实现站城融合发展。沿线土地开发是轨道交通实施多元化经营、降低建设成本、完善城市功能、增加经济效益的重要条件。东京都市圈轨道交通建设中最大的特点是轨道先于城市建设，铁道新线的建设与新城建设一体化发展。东京都市圈在轨道交通建设过程中，重视轨道交通与城市土地开发融合，并契合城市空间发展的服务需求，综合运用了以公共交通为导向的开发模式，即TOD（Transit-Oriented Development）模式。城市轨道交通既是城市大容量通勤中不可或缺的重要工具，更是城市空间结构优化、持续发展的重要动脉。轨道交通及其车站建设与周边土地开发协同，铁路、车站等经营项目与所在土地开发统筹推进，将轨道交通服务、车站购物中心、不动产开发及租赁、休闲观光、文化娱乐等功能融为一体。比如，东京展打造集交通、商业、公共服务等功能于一体的综合交通枢纽。如图2所示，① 东京由山手线向外修建放射线，引导外围新城开发，引入商业设施，由池袋站、新宿站、涉谷站、品川站、东京站、

---

① 刘国玲：《轨道交通网络对城市空间结构的影响——以东京都市圈为例》，《城市建设理论研究（电子版）》2023年第2期。

上野站等站点开发带动城市副中心建设。铁路公司除了开发土地商业用途外，还重视吸引学校、医院、邮局、图书馆、消防局及其他政府机构等具有公共服务性质的机构入驻，这既能体现车站周边土地开发的公共服务属性，也能提升铁路周边区域的房地产吸引力，并能为车站增加人气和稳定客流，此外也方便这些机构的人员上下班通勤。以东京池袋站为例，该车站周边众多的百货店、电器城、专门店、饮食店等商业设施，以及立教大学、自由学园明日馆、杂司谷灵园等公益性设施与机构，为池袋站提供了大量的客流，每日使用人数达到 271 万人次。[①] 站城融合发展在一定程度上提升了车站的吸引力，方便市民上下班通勤，减少通勤和换乘距离，也能实现土地集约开发，有效覆盖铁路建设成本，提高轨道交通的经济效益和社会效益。

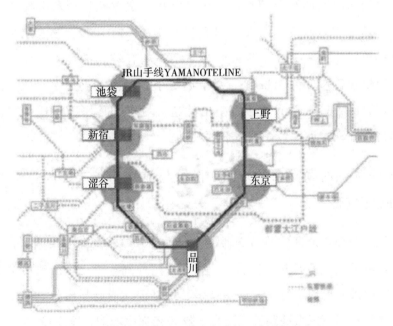

图 2　东京都市圈由山手线串联的 6 个城市副中心

① 龚娜：《日本轨道交通的发展经验及对天津的启示》，《环渤海经济瞭望》2012 年第 8 期。

三 北京首都都市圈轨道交通建设的主要难题

作为我国首都，北京的首都都市圈建设取得了一定成效，但区域快线等轨道交通建设相对滞后。首都都市圈包括通勤、功能、产业三个圈层。通勤圈是指北京核心区向外辐射 50 公里的范围，覆盖北三县、涿州、固安、武清等环京地区。2021 年，北京平均通勤距离为 11.3 公里，单程平均通勤时耗达 48 分钟，通勤空间半径达 41 公里，较上海、广州、深圳的通勤半径均值长 3 公里。目前，环京地区日常通勤人口 40 万左右，高峰期达 46.7 万人，约 64.1% 的集中分布在北三县，主要依靠公路交通和班次不多的铁路交通，职住分离与通勤问题是历史性难题。与国际成熟的都市圈相比，北京存在一定差距。如东京圈"一都三县"轨道交通运营里程约 2700 公里，北京仅约 1000 公里；东京圈轨道交通出行比重达 78%，北京约为 40%，还有较大的提升空间。北京市内地铁运行速度为 35km/h，难以满足中长距离通勤需求。加快区域快线（150~160km/h）建设，是推动超大城市职住平衡、疏解非首都功能、首都都市圈产业融合发展的关键。

（一）从通勤需求看，交通供给与流动需求不匹配，轨道交通规划滞后

北京与环京地区的轨道交通建设滞后于人口和产业要素流动，网络布局与需求方向的匹配性较弱。一是北京延伸到环京地区的轨道交通线少，市内采取地铁运行模式，站点多、站站停，通勤耗时长。二是已有市郊铁路利用原国家铁路线，受制于普速客货运功能，速度慢、车次少，存在"起得早、赶晚集"难题，早晚高峰期仍存在"一票难求"问题。比如，副中心线北京西至乔庄东、怀密线北京北至怀柔北上午仅有 3 班次，运行达 1 小时左右。三是"高铁+地铁"的覆盖面不足。因高铁票价

高、车次少，环京地区居民难以选择高铁作为通勤工具，缺少直达北京的区域快线。在建的京唐京滨线、平谷线等将有效缓解环京通勤压力，但覆盖面有限，可能难以从根本上解决北三县等环京通勤难题。

与国外典型都市圈相比，东京提出首都圈整备计划，成立东京都市圈建设委员会等机构，规划建设包括国铁、私铁在内的区域快线网，满足周边 26 个卫星城居民的通勤需求。巴黎都市圈设立大巴黎政府交通委员会，负责跨市轨道交通规划建设，修建贯穿于市中心的市域快速线，形成"公交化"跨市通勤轨道网。伦敦都市圈先后成立"巴罗委员会"、伦敦战略规划委员会，制定《大伦敦发展规划》《伦敦市长交通战略 2018》等，制订区域快线新建扩容计划，推动都市圈轨道交通建设。北京轨道交通需要突破市域范围，现有轨道交通规划对环京通勤需求考虑得不够，缺乏广覆盖、多层次的通勤圈区域快线专项规划。

（二）从车站建设看，轨道交通站点服务不够精细，出行体验不佳

与国外比较，北京首都通勤圈轨道交通站点服务水平有待提升。以日本东京站为例，为快速分流，增加检票口达 18 个，出口多达 56 个，乘客自助检票后直达站台，进出站快捷便利，服务精细。餐饮、商业集中布局在地下街道，而乘车区在地上一层。北京不少车站特别是新建高铁站往往追求高大上，建筑高、楼层多、绕行远。车次设计不科学、换乘复杂，"进站—安检—集中候车—检票—上车"等过程烦琐，导致候车久、耗时多。在软件方面，车站服务沿用传统管理模式，适新应变能力不足，乘客出行体验不佳。

（三）从与周边联动看，轨道交通面临体制障碍，站城融合受阻

巴黎、东京等都市圈在建设轨道交通中积极发挥市场力量，采取政

企合作等模式。如巴黎都市圈轨道交通由国铁公司和巴黎公交联合机构共同管理。东京都市圈轨道交通运营管理主体有国家和地方政府、私营公司等，轨道交通的建设运营特别重视发挥私营公司的主体作用。与国外比较，北京轨道交通建设存在体制机制障碍。从市内看，市郊铁路与城市轨道各自独立，运营主体不同，网络融合与协调难度大。从环京地区看，区域快线建设涉及跨行政区，资金投入、土地征收、财税分配等统筹难度大。从国家层面看，国铁与城市轨道分属不同系统，规划、建设、运营等差异大、协调难。从车站与周边联动看，车站运营与商业、土地开发、城市功能等相脱节，有的车站空间受到商业区挤占，服务设施不完善，市民满意度不高。

四　东京都市圈轨道交通"公交化"运行经验
对北京的政策启示

北京市第十三次党代会报告提出，积极构建现代化首都都市圈，促进环京地区通勤圈深度融合，加强区域快线连接。《北京市"十四五"时期重大基础设施发展规划》提出，到 2025 年将初步构建京津冀城市群 2 小时交通圈和北京都市区 1 小时通勤圈。截至 2022 年 7 月，北京市累计开通市郊铁路线路 4 条，运营总里程达到 365 公里。与东京都市圈比较，北京首都都市圈的通勤圈建设还存在不小的差距，超大城市庞大的人口数及其流动量，导致上下班高峰期、节假日的交通出行压力剧增，依靠私家车、公交及相对僵化的传统铁路运输模式，难以满足首都跨区通勤需求。应借鉴东京相关经验，高水平建设首都都市圈的通勤圈。

（一）制定首都通勤圈交通规划，推动区域快线建设

首都都市圈的第一圈层为通勤圈（其他为功能圈和产业圈），涉及

北京向外 50 公里的环京地区,包括廊坊北三县、固安、涿州、武清等。目前,首都都市圈还没有出台专门的规划,通勤圈交通规划制定与区域快线建设滞后。已规划建设的京唐线、京滨线等将有效缓解通勤压力,但与东京都市圈相比还存在不足。如怀密线运营区段黄土店站至怀柔北站呈东西向设计,与从北到南的上下班客流需求不契合,平时客流稀少。有的市郊线承载能力有限,高峰期车次太少,错过后很难搭乘,进出站环节多、衔接不畅、通行障碍多,存在"起得早、赶晚集"问题。

日本中央政府出台《首都圈整备法》,确立"首都圈整备计划"的战略引领地位,设立首都圈建设委员会、首都圈整备委员会等协调机构以及七都县市首脑会议等制度安排,构建统筹规划、顶层管控、区域竞合、市场协调四大机制,推动首都圈规划的实施。借鉴日本相关经验,北京应争取中央支持和津冀两地配合,共同制定首都都市圈发展规划,出台通勤圈专项规划,加快构建一体化、公交化的区域快线网。一方面,加快已规划但还未改造建设的京门线、京原线等市郊铁路改造建设步伐,按照公交化、智能化的高标准适度超前设计,打造新时代首都通勤圈的"样板线"。另一方面,利用既有铁路资源,合理规划新建线路,构建"一干多支"的市域(郊)铁路主骨架,构造满足中短途通勤需求、公交化运营的市郊铁路或区际快线轨道网。根据副中心、北三县、固安、涿州、武清等地的高强度通勤需求,加快规划大站快甩、一站通达的区域快线建设。加强 S2 线、怀密线、通密线、副中心线等的升级改造,提升承载能力和完善配套设施,整合闲置车站并改造为区际快线车站,见缝插针地增加满足上下班通勤需求的短途火车,实现速度快、时间短、车次多。

(二)车站服务精细化,提升出行体验

北京不少轨道交通站点建设往往追求高大上,建筑高、楼层多、绕行远,从进站口到上车的候车久、耗时多,乘客出行体验较差。参照东

京都市圈各车站管理简单、服务完善、进出站便捷等特点，建议将北京各新建车站与商业分层分区布设，车站小型化，增加进出口通道和地下步行道空间，增加自助设备设施。加快轨道交通"硬件""软件"升级，采用大数据技术掌握客流信息，动态调整列车运行，使车站标志标识、无障碍设施、厕所等公共服务更加人性化、精细化。

（三）强化智能安检，提高换乘便捷性

交通安全是轨道交通建设中的重点工程。目前，北京市许多轨道交通站点难以做到不需安检即可进站。借鉴东京各火车站均无大型候车厅等设计经验，借助新一代信息技术，优化和精简安检、查验票、集中候车等环节，完善车站监控设施，强化安全风险预警，实现更快捷、更安全、更智能安检，减少绕行物理障碍和分流通道距离，实现进站一次检票后直达站台，享受地铁化、公交化的轨道交通服务。

（四）与周边融合发展，推动站城高质量发展

借鉴东京经验，都市圈建设基本是先建轨道交通后开发城市，在轨道交通站点集中布局大商场、酒店、写字楼、娱乐街区等。北京首都通勤圈建设应提前谋划区域快线及站点，带动沿线城市开发。破解北京超大城市通勤难题以及首都都市圈周边地区轨道交通建设滞后等难题，应以轨道交通为主，优化首都都市圈交通出行结构，进而推动都市圈空间结构合理与可持续发展。

一是借鉴东京都市圈轨道交通的贯通运营经验，将北京市郊铁路、区域快线、高铁线等轨道交通接入城市综合枢纽，与周边建筑、商业设施融合，打造站城一体化、引领高质量发展的首都通勤圈体系。

二是利用好车站及周边空间，将车站建设与周边土地开发统筹起来。允许轨道交通建设的投资方参与轨道沿线及站点周边土地开发，通过设计更加集约的商业服务设施和公共服务设施，最大限度地利用好车

站及周边土地空间,既能节约用地,也能增加更多的必要性服务设施,满足当地市民的各方面需求,有效开发车站资源。比如,在车站的上层空间修建商场、宾馆、适合青年人租用的公寓、餐饮、娱乐等商业服务设施,特别是要在车站周边的商业空间适度增加便于乘客使用的快餐店、书店、购物中心等,在车站的底层空间修建地下车库,直接与地面道路相连等。

三是加快北京远郊区的市郊铁路、区域快线等轨道交通建设,推动首都都市圈欠发达地区的高质量发展。根据客流灵活增加车次,缩短城乡时空距离,吸引中心城区的资源要素向欠发达区域布局,依托车站带来的客流,增加商业功能和生活服务设施,释放首都发展活力,促进产城融合,助力现代化首都都市圈建设与京津冀协同发展。

参考文献

蒋中铭:《东京都市圈轨道交通发展历程、特点和经验》,《综合运输》2021年第9期。

刘国玲:《轨道交通网络对城市空间结构的影响——以东京都市圈为例》,《城市建设理论研究(电子版)》2023年第2期。

龚娜:《日本轨道交通的发展经验及对天津的启示》,《环渤海经济瞭望》2012年第8期。

李妍:《东京都市圈轨道交通与城市协调发展分析》,《铁道建筑》2022年第2期。

市郊铁路引领
首都"一小时通勤圈"建设研究

王德利*

摘 要：加快发展市郊铁路有利于打造"一小时通勤圈"，构建多层次轨道交通网络及城镇体系，进一步优化城市空间布局。未来环京通勤圈应加快构建"市郊通勤走廊＋自立型城市圈"并存的空间结构，发挥市郊铁路交通支撑、功能引导的综合效应，打造"多核心、组团型"的环京通勤圈。

关键词："一小时通勤圈" 首都都市圈 市郊铁路

京津冀协同发展九年来，初步形成了由"通勤圈""功能圈""产业圈"组成的现代首都都市圈。综观东京、伦敦、巴黎、纽约等世界大都市圈，在有效解决区域"大城市病"的历程中都规划建设了大容量、快速度、低票价的市郊铁路。2020年12月，国务院办公厅转发国家发展改革委、交通运输部、国家铁路局、中国国家铁路集团有限公司《关于推动都市圈市域（郊）铁路加快发展的意见》（以下简称《意见》），提出市域（郊）铁路是连接都市圈中心城市城区和周边城镇组

---

* 王德利，博士，北京市社会科学院经济研究所研究员。

团，为通勤客流提供快速度、大运量、公交化运输服务的轨道交通系统。《北京城市总体规划（2016年—2035年）》明确要求，建立分圈层发展模式，以区域快线（含市郊铁路）和高速公路为主导，打造第二圈层（半径50~70公里）"一小时交通圈"。改造和利用既有国铁资源发展北京市郊铁路，是转变目前北京第二圈层主要依靠高速公路出行、补强轨道区域快线的主要方式，是盘活既有国有资产、节约土地资源、减轻财政压力的重要途径。未来北京应尽快完善推动路地合作发展的"自上而下"体制机制，以需求为导向编制市郊铁路网规划，实现市郊铁路与北京城市发展的融合，构建"市郊通勤走廊+自立型城市圈"并存的空间结构，引领支撑首都"一小时通勤圈"建设。

一　市郊铁路对首都"一小时通勤圈"建设的支撑作用

从国外市郊铁路发展来看，市郊铁路最早出现于20世纪30年代，主要作用是承担城市中心区与郊区之间的旅客运输任务。20世纪70年代，由于城市人口及城市建成区规模不断扩大，一方面，郊区化推动大城市逐渐由向心集聚转变为离心发散，部分人口及城市功能向郊区转移，城市发展呈现多中心布局。另一方面，部分居住在郊区新城的通勤人口往返于中心城区与周边新城之间。流向集中且时空规律性明显的大量客流，促使中心城区与周边新城之间大运量、快速度的市郊铁路应运而生。

第一，有利于对北京市城市空间结构进行战略性调整。随着北京交通拥堵情况日益严重以及国家新型城镇化战略的实施，对北京市城市空间结构进行战略性调整迫在眉睫。《北京城市总体规划（2016年—2035年）》明确提出，打造以首都为核心的世界级城市群，完善城市体系，在北京市域范围内形成"一核一主一副、两轴多点一区"的城市空间结构，着力改变单中心集聚的发展模式，构建北京新的城市发展格局。

东京、巴黎、纽约、伦敦等大城市在由"单中心"结构向"多中心、组团式"结构的转变过程中，城市轨道交通发挥了重要作用，地铁主要服务于中心城区、市郊铁路服务于中心城区与周边组团之间的快速通勤客流。发达国家特大城市的治理经验表明，发展市郊铁路是优化特大城市空间结构，实现经济、社会及环境可持续发展的必然选择。

第二，有利于支撑北京中心城区与周边新城之间的通勤客流。北京新城作为承接中心城市人口和部分非首都功能的重要载体，其分布呈现出两个层次，半径 30~35 公里范围内分布着通州、顺义、亦庄、大兴、房山、昌平、门头沟 7 个近郊新城，半径 65~80 公里范围内分布着怀柔、平谷、密云、延庆 4 个远郊新城及其与周边毗邻城市共同构成的环京通勤圈。随着城市规划布局的调整，在人口和部分非首都功能逐步向周边新城及环京通勤圈疏解的过程中，中心城区与新城间的客流逐步增多，居民出行距离大幅增加，迫切需要完善相应的市郊轨道交通体系。

第三，北京既有国铁资源具有发展市郊铁路的条件。北京铁路资源丰富，路网衔接京沪、京哈、京广、京九、京承、丰沙、京原、京包、京通、大秦等 10 条铁路干线以及京津城际、京沪客运专线、京广客运专线，形成"放射状+环线"并存的铁路线网布局，且线网走向与北京 11 个新城方向基本吻合。北京市郊铁路建设包括利用既有国铁线路和新建两种模式，但新建市郊铁路面临投资大、运营成本高、初期运营需要大量财政补贴等问题。根据北京非首都功能疏解及城市郊区化趋势，充分利用既有国铁线网的部分富余能力建设市郊铁路势在必行。

二 市郊铁路支撑首都"一小时通勤圈"
建设存在的主要障碍

北京铁路枢纽经过多年的建设发展，基本形成了环线和深入中心城区的态势。近 30 年来城区规模逐步扩大，原先位于郊区的部分铁路站点已处于城区或规划建设范围内。当前北京市郊铁路线路与城市融合性较差，市郊铁路线网规模不足，利用既有国铁线网富余能力开行的市郊列车的运营服务水平不高，尚未发挥出对城市发展的引领带动作用。

（一）市郊铁路线路与城市融合差，未能实现对城市发展的引领作用

一是站点交通一体化水平低、客流吸引力小。利用现有铁路资源发展市郊铁路，周边方便快捷的交通接驳设施是市郊铁路成功运营的关键。由于历史原因，国铁站点多位于偏远地段，难以与所在地城市规划紧密衔接，与城市融合度较差，在一定程度上制约了市郊铁路作用的发挥。目前，北京开通运营的 4 条市郊铁路已实现与地铁及公交的换乘，但融合程度较低，可达性较差，导致客流吸引力小。例如，靠近地铁霍营站的市郊铁路黄土店站，可以换乘地铁 13 号线、8 号线，但存在换乘距离长、换乘时间成本高等问题。与地铁 1 号线、八通线、6 号线同方向的市郊铁路城市副中心线，在北京站和北京西站均设有专门的进出通道，但由于站点与城市轨道、地面公交车接驳换乘不便，整体客流效益不高。

二是市郊铁路建设未能发挥出对城市发展的引领作用。随着北京城区面积不断扩大，现有的铁路干线、站点等设施逐渐被纳入城市中心区，影响城市规划的落地实施。铁路沿线土地开发强度小，且往往作为功能区或行政区划的主要分界线，导致铁路沿线成为"三不管"地带，环境脏乱恶劣，交通基础设施薄弱。利用既有铁路资源开行市郊铁路，可有效改善车站周边及沿线环境，提高车站周边交通设施水平，但既有 4 条市郊铁路，服务范围仅覆盖城市西北、东北、中心城区和城市副中心，未能全面覆盖北京重要交通走廊及重要城市功能区。同时，市郊铁路建设尚未与沿线城市融合，沿线土地价值的提升空间有限，未能充分发挥出对城市发展的引领作用。

（二）市郊铁路线网规模不足，影响自身功能作用发挥

一是北京市郊铁路线网规模不足。2008 年 8 月，北京利用既有铁路开通运营第一条市郊铁路 S2 线，拉开了北京利用国铁资源建设市郊铁路的序幕。2017 年，为支持副中心和怀柔科学城建设，副中心线、怀密线相继投入运营。截至 2022 年，北京共开通运营 4 条市郊铁路，总里程 365 公里，车站 24 个。北京市轨道交通运营线路 22 条，总运营里程 608 公里。市郊铁路运营里程占城市轨道交通（地铁+市郊铁路）总运营里程的 38%。与国外大都市区市郊铁路运营里程占城市轨道交通总运营里程的 80%~90% 的情况相比，北京市郊铁路建设尚处于起步阶段。

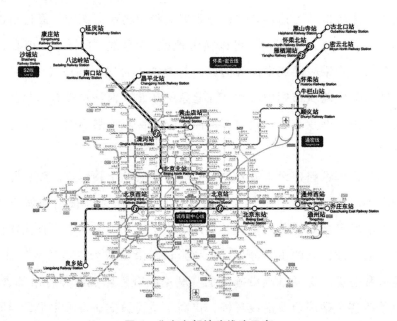

图 1 北京市郊铁路线路示意

二是现有投融资和补贴模式难以支撑市郊铁路规模化发展。市郊铁路主要为通勤服务，具有公益性，且服务对象主要分布于远郊新城。客

流效益较差，导致国铁部门参与市郊铁路建设的积极性不高。为此，北京开通的4条市郊铁路均采用建设阶段政府直接投资、运营阶段给予运营补贴的投补模式。虽然这种模式可提高铁路部门参与市郊铁路建设运营的积极性，但随着铁路线路建设运营投入的增加，政府财政压力逐渐增大，难以支撑市郊铁路的规模化发展。轨道交通与土地综合开发理念已成为共识，但由于当前我国公共建设用地"土地划拨制度"与土地商业开发"招拍挂制度"之间的矛盾，实际推进难度较大；尽管可设置一定条件对沿线土地进行"拍卖"，但仍存在市郊铁路施工企业无法中标的风险，"以地养路"的资金平衡模式难以落地实施。

（三）利用既有国铁富余能力开行市郊列车运营服务水平不高，难以与市民通勤需求匹配

一是受既有线路运输能力限制等因素影响，利用国铁资源建设市郊铁路存在一定难度。北京拥有丰富的铁路资源，但由于大量客运、货运中转列车的存在，一些与城市主要交通走廊同向的线路的运力趋于饱和，如京哈线、京沪线等。此外，根据京津冀核心区铁路线网规划，建设北京铁路枢纽货运外环线、丰西编制站外迁等，可有效疏解过境货运车辆，为既有铁路线路腾退运能，但以上工程尚未被提上日程。因此，利用既有国铁线路走廊建设市郊铁路存在发车次数少、发车间隔长等问题，不能有效匹配城市通勤交通的快速出行需求。在这种情况下，北京利用既有国铁资源富余运能规模化发展市郊铁路还存在一定难度。

二是列车运行数量少，难以满足市民出行需求。受现有线路运力限制，北京目前开通运营的市郊铁路有4条，运行车次有限。例如，S2线每天发车7对，城市副中心线每天发车6对，怀密线每天发车4对。此外，列车的运行时间与沿线居民的出行时间也存在一定的不匹配。发车间隔长，导致线路客流吸引力小。例如，S2线在高峰时段只有1对列车运行，难以满足沿线居民的通勤和通学出行需求。怀密线与S2线

共用部分线路，未来即使每天有 4 对列车，发车时间仍不能满足昌平、怀柔两地居民的通勤和通学出行需求。

表 1　市郊铁路 S2 线运行时刻表（黄土店—延庆、沙城方向）

车次	黄土店	南口	八达岭	延庆
S251	7:15	7:41/7:43	8:25/8:28	8:43
S201	8:40	9:06/9:11	9:54/10:04	10:19
S287	10:00	10:26/10:28	11:11/11:14	康庄 11:26/41 沙城 12:17
S253	11:15	11:41/11:43	12:25/12:27	12:42
S203	13:08	13:34/13:35	14:17/14:20	14:35
S207	14:54	—	16:00/16:02	16:17
S205	18:16	18:42/18:47	19:31/19:39	19:54

表 2　市郊铁路 S2 线运行时刻表（延庆、沙城—黄土店）

车次	延庆	八达岭	南口	黄土店
S202	6:44	—	7:40/7:43	8:10
S252	9:07	9:22/9:34	10:17/10:28	10:55
S204	11:15	11:30/11:34	12:18/12:21	12:48
S288	沙城 12:32 康庄 13:05/08	13:22/13:24	14:07/14:10	14:37
S254	13:38	13:53/13:56	14:39/14:42	15:19
S206	16:23	16:38/16:41	17:24/17:27	17:54
S208	18:00	18:15/18:18	19:01/19:04	19:31

　　三是市郊列车运行速度慢，与其他交通方式相比缺乏竞争力。由于既有线路基础设施条件差等因素，已投入运营的 S2 线和怀密线存在列车平均运行速度慢、在轨运行时间长等问题。在交通拥堵高峰时段，市郊铁路在出行时间、准点率、乘坐舒适度等方面具有一定优势，但在其他时段市郊铁路缺乏运行速度优势。例如，S2 线近 1/3 位于山区，沿线地形和条件复杂，整个 64 公里线路运行时间为 84 分钟，平均行驶速

度仅为 45 公里/小时。

四是已建市郊铁路尚未实现与中心城区的高效衔接。在北京已建成并投入运营的 4 条市郊铁路中，部分站点实现了与地铁、公交一体化换乘，但一体化程度较低，接驳便捷性较差，客流量和吸引力相对不足。与国外市郊铁路发达的城市相比，北京市郊铁路还没有完全进入城市中心区，乘客需要多次换乘地铁或公交才能到达目的地，难以满足乘客快速、直达的出行需求。

（四）路地双方合作发展的体制机制尚不完善

顶层机制不完善是北京市郊铁路发展缓慢、合作成本过高的主要原因。目前，北京市政府与中国铁路总公司建立了定期召开路地联席会议的工作机制，但针对新版总规中提出的"统筹利用铁路资源，加快发展市郊铁路等区域快线"的要求，路地双方及其与相关国家部门（市郊铁路规划、审批、建设等涉及国家发改委、住建部、自然资源部等多个行政主体）之间尚缺乏明确的沟通对接机制。由于机制缺乏，北京市郊铁路规划一直没有得到国铁部门的确认。在建设层面，项目的具体实施主要以"一事一议"的方式进行。遇到分歧往往需要提升至双方主要领导层面谈判解决，导致工作效率较低，甚至影响项目的整体实施进度。在市郊铁路规划、建设、运营等方面还没有一个综合的管理机构，在出资改造后形成的资产归属问题、运营成本清算及补贴机制等方面还有尚需完善的空间。

三 市郊铁路引领首都"一小时通勤圈"建设的路径对策

在环北京毗邻地区依托区域核心城市结对共建内部功能平衡、外部功能互补的通勤圈，对于深化首都都市圈建设、推动京津冀协同发展迈向更高水平而言具有重要意义。市郊铁路发展应充分考虑利用既有国铁资源，根据国铁线网富余运能及未来客流需求，建立科学的"路地协同"机制，以服务北京周边新城及环京通勤圈为重点，充分发挥市郊铁路在解决城市交通、优化城市空间结构方面的作用。

（一）构建"市郊通勤走廊+自立型城市圈"并存的空间结构，优化环首都通勤圈功能布局

综合考虑环京毗邻地区跨域人口通勤、产业关联、交通共建、生态共育等，结合环京主要发展廊道和重点功能区布局，建议构建"市郊通勤走廊+自立型城市圈"并存的环京空间结构。

第一，重点打造东部通州—北三县、南部大兴国际机场临空经济区—固安—永清、东南部永乐店—采育—廊坊中心城区—武清、西南部房山—涿州—涞水、西北部延庆—怀来、东北部平谷—蓟州六大自立型城市圈。其中，东部、南部、东南部三个自立型城市圈为近期建设发展重点；西南部、西北部、东北部三个有远景发展潜力的自立型城市圈，要预留未来发展空间，分期建设规模、发展时序要与区域发展水平相匹配。自立型城市圈的空间范围相对稳定，但也可随着重大项目、重要基础设施的建设等进行动态调整。

第二，做好北京市城市总体发展规划、北京市轨道交通发展规划和北京市铁路枢纽规划等发展规划的衔接工作，构建层次明确、"四网融合"的轨道交通运输体系。注重充分利用既有铁路资源，释放既有铁路线路运力，采用"市郊铁路+城际铁路"的复合服务模式，开设北京中心城区至周边六大自立型城市圈的高效"放射状"轨道通勤线路，引导城镇走廊、产业走廊及创新走廊的形成，实现环京毗邻城市与北京中心城区高效联动、深化非首都功能疏解、推动区域均衡发展。

第三，针对非首都功能疏解、提升国际竞争力、应对人口老龄化等核心问题，制定环首都自立型城市圈重点项目配置表，从以往注

重战略举措转向注重具体项目行动，以产业、交通、公共服务等具体项目建设带动各类资源向环京毗邻地区集中，加快建设自立型城市圈。

（二）以需求为导向编制市郊铁路网规划，实现市郊铁路与北京城市发展的融合

借鉴国外大城市市郊铁路发展经验，北京市郊铁路线网规划必须充分考虑城市整体空间结构和布局，与旅客出行需求相匹配。基于城市交通出行需求分析为市郊铁路线网规划制定提供支撑。

第一，基于客流需求引导市郊铁路发展，统筹利用既有国铁资源和新建市郊铁路。北京中心城区的东、南、西北、东北、西南的交通走廊是连接中心城市与周边新城的主要通道，也是交通基础设施亟待完善的重要方向。一方面，建议优先利用既有铁路资源建设市郊铁路，如京哈线、京承线、京包线、京广线、京九线、京沪线等。当既有铁路资源和富余运力难以满足城市客流需求时，可以探索利用既有铁路走廊建设三线、四线，最大限度地避免交通走廊割裂城市功能区。另一方面，根据城市空间结构和功能布局，综合考虑土地开发、产业布局及公共配套设施等因素，有序规划新建市郊铁路。根据发展需要，对沿线用地性质和区域功能定位进行适当调整，构建"市郊铁路+土地开发"的投融资模式，实现市郊铁路外部效益内部化。

第二，加强与城市的融合衔接，实现市郊铁路协同发展。一是实现市郊铁路与城市公共交通一体化发展。城市轨道交通应考虑与市郊铁路的便捷换乘条件，实现城市轨道交通网与市郊铁路网的有机融合。对于已开通运营且具备与市郊铁路换乘条件的，可通过站点一体化建设提高换乘便利性，实现城市轨道交通与市郊铁路的无缝对接。对于其他城市交通方式，应在市郊铁路项目初步研究阶段进行交通接驳专项规划研究，合理配置交通接驳设施，确保交通接驳

设施与市郊铁路车站同步规划、同步建设、同步使用。二是将市郊铁路尽可能延伸至中心城区。为了减轻轨道交通的换乘压力、缩短乘客的通勤时间、提高市郊铁路对客流的吸引力，可通过新建延长线或连接线，将市郊铁路线延伸至中心城区内部，以满足远郊居民到中心城区的一站出行需求。三是通过规划调整实现市郊铁路站点与城市功能区的有机融合。针对当前国铁沿线土地开发强度小、土地价值不高等问题，调整沿线土地控规，将城市功能区逐步调整到铁路沿线，通过站城一体化开发，解决站点及线路周边"脏乱差"问题，带动区域经济发展。

（三）破除制约路地合作发展的体制机制壁垒，提升国铁参与北京市郊铁路建设、运营的积极性

第一，破除制约路地合作发展的体制机制壁垒。利用既有国铁资源发展市郊铁路，涉及中央和地方、铁路和地方、地方各区县间各种利益关系的博弈和调整。因此，良好的路地合作机制是利用既有国铁资源公交化开行市郊列车的前提。路地合作层面，可以构建覆盖北京市政府、铁路总公司、双方相关部门和项目实施主体的市郊铁路工作协调机制。由北京市政府领导和中国铁路总公司领导定期召开市郊铁路路地联席会议，研究确定市郊铁路发展战略方向，协调处理市郊铁路建设过程中出现的路网规划方案、合作模式等重大问题，从根源上解决项目"一事一议"问题。

第二，分阶段提升国铁干线服务城市交通的能力。近期，可以优先选择既能满足疏解非首都功能的迫切需要，又有富余运力和良好基础设施条件的既有铁路线路，通过线路加强、局部线路改扩建、车站站台改造等措施，综合考虑高峰时段发车条件和大站快车运行方案，协调北京铁路局调整国铁列车运行图，运行高密度、小编组的市郊列车，尽可能扩大市郊铁路公共运营服务的有效供给；通过引导铁路部门采取措施，

释放既有线路客货运力，结合城市发展需要，扩大居民日常通勤服务供给。中远期，北京市郊铁路应尽量独立成网，避免与国家干线共同运行。可通过国家层面统筹协调，推动北京市级货运企业和区域物流基地向市郊转移，协同铁路部门建设客货环线，释放现有铁路干线运力，减少国铁客货运对北京市郊铁路运输的干扰。

（四）注重运营服务水平提升，加强市郊铁路与其他交通方式的衔接

第一，注重运营服务水平提升。在项目规划阶段，以满足人民群众便捷出行需求为出发点，依据市郊铁路运营服务标准，研究确定开行对数、发车间隔、运行时间、换乘次数等，并在此基础上编制市郊铁路规划。如果既有铁路资源不能满足实际出行需求，可以利用既有国铁走廊建设三线、四线或新建市郊铁路，提高线路运输能力。此外，为了满足旅客快速、直达目的地的需求，可以通过新建支线和连接线的方式，将市郊铁路引入中心区。对于已运营线路，为进一步提高运营服务水平，可采取措施缩短列车运行时间，增加高峰时段列车发车频次，压缩发车间隔，提高线路整体服务质量。

第二，注重便捷换乘，加强与其他交通方式的衔接。市郊铁路以通勤服务为特点，与其他交通方式的融合直接影响其功能发挥。未来要着重加强与城市轨道交通的融合。借鉴国外大城市轨道交通一体化发展经验，首先，加强前期规划对接，根据旅客出行需求，统筹规划市郊轨道交通网和城市轨道交通网，确保两者相互衔接；其次，积极探索市郊轨道交通网与城市轨道交通网贯通运行，实现通道资源共享；最后，加强运营协调，根据客流特点，统筹安排市郊轨道与城市轨道交通的运营组织模式和开行方案。

（五）避免简单化的产业功能承接，建设职住平衡和适应老龄化的宜居宜业型通勤圈

第一，鼓励北京市属国企和社会资本参与自立型城市圈教育、医疗、养老等社会服务设施建设，通过合作办学、合作办院等方式，引导支持北京三甲医院分院、知名中小学分校等优质资源向环京六大自立型城市圈延伸，达到人口疏解与生活服务功能随行并重，避免简单化的自立型城市圈产业功能承接。行政与市场手段并用，引导北京优质康养资源在环京周边地区布局，逐步推动环京毗邻地区养老机构资质互认、标准互通等，为在京养老人群提供更多选择，以环京养老协同促进北京人口疏解。

第二，支持中关村示范区企业和高水平科研院所在自立型城市圈建设科技孵化器、联合实验室、研发中心等，逐步将资金支持、股权激励、税收优惠等中关村国家自主创新政策适用范围拓展至自立型城市圈。支持在京企业、行业龙头企业以合作共建产业园区等方式参与自立型城市圈开发建设，引导适宜产业向自立型城市圈转移，带动环京周边重点园区产业升级。

第三，与津冀共同研究毗邻地区住房保障政策，实行住房公积金转移接续和异地贷款等政策。支持利用集体经营性建设用地、产业园区配套用地等建设保障性住房，优先满足符合北京非首都功能疏解条件的迁入职工置业需要。

参考文献

刘丽亚：《发展我国市郊铁路的对策建议》，《综合运输》2015 年第 9 期。

王德利：《关于北京市郊铁路建设的思考》，《北京城市学院学报》2021 年第 6 期。

武剑红、王超、周子萸:《国有铁路参与城市交通的合作机制及配套政策——以北京 S2 线市郊铁路为例》,第十七届中国科协年会综合轨道交通体系学术沙龙论文集,2015。

马彪:《基于案例统计—层次分析法的地铁重大公共安全风险评估指标体系》,《城市轨道交通研究》2021 年第 8 期。

促进经济发展的国际
经验及启示

袁 蕾 王嘉莹[*]

摘 要：共同富裕是全民共富、全面富裕和共建共富，是中国式现代化的重要特征。本文梳理了美国、英国、德国、法国、日本等国促进经济发展的相关举措，结合北京市实现共同富裕过程中面临的主要挑战，总结出可供借鉴的一些经验，包括构建现代产业体系、科技创新驱动、增加居民收入以及完善社会保障体系等。

关键词：共同富裕 北京 中国现代化

共同富裕是社会主义的本质要求，是中国式现代化的重要特征。共同富裕具有鲜明的时代特征和中国特色，是全体人民通过辛勤劳动，普遍达到生活富裕富足、精神自信自强、环境宜居宜业、社会和谐和睦、公共服务普及普惠，实现人的全面发展和社会全面进步，共享改革发展成果和美好幸福生活。其他国家关注缩小贫富差距、提高全民福利等方面的经验具有一定的借鉴意义。

---

* 袁蕾，博士，北京市社会科学院城市问题研究所副研究员；王嘉莹，兰州大学经济学院。

一　国际经验

（一）美国经验

1.罗斯福新政

一是反托拉斯运动。设立全国临时经济委员会，调查经济权力集中的状况；通过促进银行、货币和证券市场领域的立法，旨在挽救"正在倒塌"的金融体系，限制华尔街金融巨头的权力；大幅增加反托拉斯方面的经费与人员，大批律师与经济学家致力于处理反托拉斯诉讼。二是全面管理经济。政府介入经济，通过制定《农业调整法》《全国工业复兴法》等来重建工农业之间的平衡和重振工业繁荣。三是保障人民基本福利，对失业和低收入群体的权益进行保障。罗斯福还签署了《全国劳工关系法》，增进劳工福利。四是缩小贫富差距。美国政府制定的《财产税法》规定，月收入1万美元以上的所得税提高到25%，同时征收超额利润税，将各种税率统一为累进税率。

2."伟大社会"

"伟大社会"是美国总统约翰逊所实施的当代美国最为雄心勃勃的社会经济改革纲领，包括保障民权、福利计划、反贫困计划，以及税制改革、城市更新和环境保护等内容。在保护黑人权益方面先后出台了三个民权法案；1965年颁布《医疗照顾》和《医疗援助》两项法案，前者规定了住院医疗保险和补充医疗保险，后者是对接受社会救济和抚养儿童的低收入家庭及无力承担医疗费用的家庭提供医疗补助。在教育领域实施改革，发布《中小学教育法》和《高等教育法》，前者规定改善中小学教育资金政策，后者规定对贫困大学生等提供联邦奖学金和低息贷款等。此外，先后发布《住房和城市发展法》、《示范城市和都市发展法》和《住宅法》等，以改善居住环境，为承租人提供政府补贴。

3. 外交服务中产

拜登上任后对中产阶级进行了调研，发布《使美国外交政策更好地服务于中产阶级》，指出中产阶级是美国经济的关键支撑，全球化战略应有利于改善国内分配不均状况，实行促进国内工作机会增加、提高中产收入并"有益于国内包容性经济增长"的对外经济政策；完善与美国及国际贸易有关的相关机制，使其更好地应对"不公正"贸易行为，特别是"不利于美国中小企业"的行为；通过签订国际协定缩小各国在治理方面的差距，从而提升美国中产阶级的收入。

（二）英国经验

1. 撒切尔时代的社会改革

首先，减少政府干预，推崇市场机制。其次，鼓励私有化和私人投资。最后，大量裁减公务员，引入私营企业或部门的管理方法以替代旧的烦琐、复杂的公共部门管理。

2. 新工党时代的社会改革

福利国家向社会投资型国家转型，社会投资型国家的福利制度要求从旧有的领取型福利转向扩大就业。为了能使更多的人获得就业机会，必须扩大对教育投入，通过教育提高劳动者素质和技能，提高公众的劳动参与可能性，使其重新回归就业岗位。

3. 卡梅伦的"大社会"新政

主导思路仍然是破除福利国家所带来的福利危机，实行政府权力下放，提升透明度；强调公民责任感；鼓励社会参与；慈善、非营利组织可以接管部分公共服务等。"大社会"新政的核心思想利用社会力量承担更多的政府责任，减少人们对福利政策的依赖，避免国家破产。

（三）法国经验

1.以分摊原则为基础建立社会保障制度

法国社会保障制度较为完善，保障水平居世界前列、拥有多样化的覆盖全国各群体的保障项目。以分摊原则为基础（各项社会保险津贴从就业人口缴纳的社会分摊额中开支），社会保障支出大部分源自雇员和雇主缴纳的社会分摊额和对工资外收入征收的普通社会税。

2.持续缩小收入分配差距

在初次收入方面，法国政府实施全社会工资指导制度；在收入再分配方面，以低收入群体为重点保障对象，依靠个人所得税制度和财产税制度缩小收入分配差距；实行全民共同负担社会分摊金制度，完善社会保障体系；法国政府对农业和农民的补贴已经成为财富再分配制度的重要特点。

（四）德国经验

1.防止社会贫富差距拉大的政策

通过财政转移支付保持地区间财政平衡。对相对贫困的州和乡镇实行长期的、法定的财政转移支付政策，转移支付主要包括两大类：一是上下级政府间的纵向转移支付，主要是由联邦政府向贫困州拨款；二是州与州之间的横向转移支付。

2.发展双轨制职业教育积极促进就业

德国建立了成熟的职业技能人才培养体系，由学校和企业共同构成以实践为重点的职业教育系统，提高劳动者文化和技术水平，为扩大就业奠定了良好的基础。

3.实行共同决策与多层治理机制以保障中间阶层利益

多层治理是德国社会平衡和去中心化的关键，多层多维的协调机制有助于消除政策的负外部性，最大限度地实现资源和公共产品与服务的均衡分布，使不同利益相关者的诉求得到较充分的表达，有效地避免社会冲突，从而保障中产阶层的利益。

4.通过社会保障制度缩小收入差距

德国的社会保障体系主要包括两部分：一是以五大保险为主体的完善的社会保险体系，包括社会保险、社会抚恤、社会救济以及青少年救助和住房资助等；二是以"共同决定权"和劳动保护为主体的雇员保护体系。这些制度使弱势群体基本的权益得到了保障，缓解了各类社会矛盾。

（五）日本经验

1.实施"国民收入倍增计划"

"国民收入倍增计划"极大地促进了劳动者收入增长，提升了劳动收入占比，使劳动者报酬在国民收入中所占份额不断提升。实施年工序列制和终身雇佣制以及企业内工会制，保障劳动者权益，促进劳资对话，同时按人事部门设定的工资标准支持总裁薪酬，使同等规模企业的高级管理人才的收入大致只有其他发达国家经理人收入的一半，达到提高劳动报酬份额与缩小劳资收入差距的双重效果。

2.税收调节收入分配差距

日本主要采取以阶梯累进制所得税、法人税为核心税种的直接税，所得税大于生产税，阶梯累进税种对收入分配的调节作用在经济增速加快时更为明显，而固定资产税、住民税、收入税及遗产税、赠与税等其他税种也对调节收入分配起到作用。

3.健全的社会保障体系

保障失业、年老、妇幼、残障等弱势群体的基本生活水平，社会保障金只用于无法维持正常生活水平的低收入阶层。

二 北京市实现共同富裕面临的主要挑战

（一）区域发展差距突出

1.城乡发展差距大

农村基础设施和公共服务薄弱，近一半的村庄没有配套农村污水处理设施，生活污水处理率比全市平均水平低 30 个百分点，调查显示农村公共交通出行、课后托管、家政等方面的便利度比城镇低 10 个百分点以上。

2.郊区与中心城区发展差距大

2022 年西城、东城两区人均 GDP 均超过 7 万美元，达到发达国家水平，但还有 6 个区人均 GDP 在 1 万美元左右，低于全国平均水平。西城区人均 GDP 是排名末位的昌平区的 8.6 倍。

3.南北发展差距大

南城与北城（海淀、朝阳、昌平、顺义）相比，面积相当，人口约是北城的一半左右，地区生产总值仅相当于北城的 1/3，财政收入相当于北城的 1/4。

（二）居民收入差距明显

1.城乡居民收入差距有所缩小但并不明显

2016~2022 年，北京市农村居民人均可支配收入年均增长 6.8%，快于城镇居民 0.7 个百分点，城乡居民收入比由 2015 年的 2.57∶1 降至 2022 年的 2.41∶1，但在全国的排名仍在第 20 位以后，在东部 6 省市中城乡差距最大。同时，城乡居民收入绝对差值呈扩大趋势，由 2015 年的 32290 元增加至 2022 年的 49269 元，农村居民人均可支配收入明显低于全市中等收入群体的收入下限。

2.农村居民增收难度不断加大

受教育水平与职业技能不高的限制，农村居民择业范围较窄、就业稳定性差，43%的农村就业人口从事居民服务、修理和其他服务、农林牧渔、住宿和餐饮等行业，其薪资只有全市平均薪资的一半左右。

3.高低收入组间收入差距仍扩大

2021年北京市20%最高收入组人均可支配收入是20%最低收入组的5.83倍，略高于2015年5.43倍的水平，绝对差值由8.1万元扩大到13万元。区域间收入差距明显。2021年北京市城镇居民人均可支配收入排名第一的西城区是最后一名怀柔区的2.41倍，差距较大。

（三）公共服务供给难以满足居民需求

政府提供的基本公共服务存在结构单一、品质不高的问题，难以满足广大居民从追求"有没有"转向解决"好不好"的迫切需求。优质公共服务资源区域布局不均衡，高度集中在中心城区，四环内三甲医院数量占全市总量的80%，三环内重点小学数量占全市总量的70%左右。非基本公共服务发展受到诸多障碍，供给潜力未能充分释放，无法满足居民日益增长的多元化、差异化、个性化需求。托育、养老、康复护理等市场供给明显不足。

（四）以住房为核心的生活成本过高，居民生活幸福感不高

2021年北京市居民住房消费占总支出的比重达到38%，是青年人才、高校毕业生流失的主要原因之一。部分买房群体还贷压力较大，出现了有"体面收入"但依然节衣缩食的"穷中产"现象，"买不起房、租不好房"的问题客观存在，成为部分民众对自身所属阶层认同感偏低的主要原因。

健康状况不容乐观。据中国健康学会调查，国内16个百万人口以上城市中，北京的亚健康人群占比排名第一，高达75%。工作生活节

奏快，闲暇时间少。领英报告显示，32%的北京职场人士睡眠时间为5~6小时，17%的北京职场人士每周工作时长为60~80小时，为全国最高。儿童青少年总体近视率达57%。"学生补课、年轻人加班、老年人带娃"现象较为普遍，居民精神文化需求难以得到充分释放和满足。

三 借鉴与启示

（一）构建现代化产业体系是共同富裕的基本动力

美国从"去工业化"到"再工业化"、德国的"工业4.0"、法国的"新工业法国"、欧盟的"未来工厂伙伴行动"等战略都表明工业是全球竞争的焦点，更是扩大就业、缩小收入差距的坚实基础。北京市应加快制造业转型升级，提高制造业创新能力，推进信息化与工业化深度融合，大力推动新一代信息技术、高端装备、新材料、生物医药等重点领域突破式发展，优化制造业结构，提升制造业的核心竞争力。大力发展新兴服务业，加强产业联动。加快发展现代物流、电子商务等生产性服务业以及养老、家政等生活性服务业，积极培育服务业新兴业态，提升服务业的网络化、数字化和智能化水平，适应消费结构升级，推动建设多层次、多样化的服务市场，推动服务模式创新，引导细分需求市场，推进服务业的精准化和高品质化。

（二）科技创新驱动是共同富裕的主要引擎

欧美及日韩等发达国家和地区以法律确立科技的重要地位，其科技创新水平全球领先，在全球经济体系中缔造核心竞争力，成为助推本国经济发展的永久动力。一是应以法律形式确定科技的地位。二是强化原始创新，增加源头供给，优化区域创新布局，打造区域经济增长极。三是形成体系完备的科技创新成果孵化中心，建立风险基金，加快科技成果转化。四是加大对中小企业的扶持力度，培育企业创新主体，引领创新发展。例如，作为世界上创新驱动发展的典型代表之一，美国超前部署创新战略，不仅建立了硅谷、波士顿等高科技产业集群，而且引领了世界航空航天、高端武器、大飞机、计算机、互联网信息等领域的发展。

（三）提高居民收入在国民收入分配中的比重

日本通过实施国民收入倍增计划，实现居民收入的倍增，从而极大地拉动了内需。应遵循合理、公平、分享的收入分配原则，通过增加劳动报酬在 GDP 中的比重等来调整收入分配格局。

加强政府调节收入分配的职能，提升再分配效率。依据国际经验，只有提高中低收入群体的收入水平，增加中等收入群体占比至 70% 左右，才能形成"橄榄型"的社会结构。德国是实现"橄榄型"收入分配结构的典型例子，其收入差距相对较小是政府在初次分配、二次分配和公共投入三个环节上采取措施的结果，稳定且有适当协调能力的政府是调节收入分配的关键。健全的税收政策可以精准地发挥调节收入分配的作用。通过税收政策调节收入分配是发达国家普遍采用的做法，且效果比较明显。特别是欧洲的发达国家，在个人所得税政策上，收入分配均等化倾向非常明显。欧美等发达国家都已开征财产税，并着手建立了一整套种类齐全、功能完整、与之相适应的财产课税制度。日本拥有较为完善的税制，在通过税收政策调节贫富差距方面，发挥了个人所得税、遗产税和赠与税等不同税种相互协调配合的作用。此外，1980 年美国还针对私有化过程中获利的企业征收暴利税，税率一般为营业收入、利润的 30%~70%。要发挥税收的杠杆作用，强化税收政策调节贫富差距的功能，逐步构建完善的以个人所得税为主、财产税和社会保障税为两翼、其他税种为补充的税收体系。推进个人信息公开及所得税制度改革，逐步扩大征税范围，并逐步开征遗产税、赠与税及社会保障税，对过高的收入进行调节。推进消费税改革，适度提高部分奢侈品消费税率，及时将一些高消费行为纳入消费税调节范围。

（四）完善社会保障政策充分激发中等收入群体活力

发达国家在社会保障上，建立了比较完善的社会保障和福利制度，从而保证了收入再分配的顺利进行，保障了社会稳定，有助于扩大中产阶层。同时，保障制度明显向低收入群体倾斜，为低收入者及生活困难的家庭提供补助，解决这些家庭在抚养子女、教育、住房、婴儿照管等方面的实际困难，社会保障重点非常精准。如英国、美国、德国、日本等国先后推行义务教育政策，通过教育机会均等来提高公众的劳动能力，从而达到缩小收入差距的目的。我国一方面要稳步扩大社会保障体系的覆盖范围，增加社会保障种类，真正让改革成果由人民共建共享，切实落实"以人民为中心"的发展思想；另一方面要防止西方"福利陷阱"，在社会主义市场经济条件下构建和完善符合中国国情的社会保障制度，弥补市场经济缺陷，缓和社会矛盾，促进共同富裕目标的实现。

参考文献

吴宁：《共同富裕与共享发展》，《广西社会科学》2022 年第 1 期。

伏佳佳、张国清：《共同富裕的三个观念》，《社会科学家》2022 年第 1 期。

蔡昉：《共同富裕三途》，《中国经济评论》2021 年第 9 期。

辛向阳：《习近平的共同富裕观》，《新疆社会科学（汉文版）》2022 年第 1 期。

陈志钢、茅锐、张云飞：《城乡融合发展与共同富裕：内涵、国际经验与实现路径》，《浙江大学学报》（人文社会科学版）2022 年第 7 期。

王美福、黄洪琳、吴诗慧：《从国际比较视野思考共同富裕之路》，《统计科学与实践》2022 年第 2 期。

陈卫东、叶银丹、刘晨：《共同富裕：历史演进、国际对比与政策启示》，《西南金融》2022 年第 3 期。

北京市老年友好型社区调查分析

曲嘉瑶[*]

摘　要： 开展北京市老年友好型社区评估研究对于贯彻落实积极应对人口老龄化国家战略、推进首都年龄友好环境以及国际一流和谐宜居之都建设具有重要意义。本文对标国家卫生健康委发布的《全国示范性老年友好型社区评分细则（试行）》，构建了老年友好型社区评价指标体系，包括 5 个评价维度 59 个二级指标。基于 2020 年北京市社区问卷调查，梳理各维度得分较低、需重点关注的指标清单，并提出完善老年友好型社区评价标准的建议，一是采用电子化数据采集方式，便于数据资料的收集、分析与对比；二是在深入分析示范性老年友好型社区的基础上，进一步完善评价指标，促使研究成果转化为指导实践的科学举措和高质量的政策建议。

关键词： 城市　老年友好型社区　北京

我国正在开展的老年友好型社区创建活动，是落实党的二十大精神、积极应对人口老龄化的重要举措。在全国示范性老年友好型社区创建工作广泛开展之际，制定具有地区特色的、可量化的老年友好型社区评价指标

---

* 曲嘉瑶，博士，北京市社会科学院城市问题研究所副研究员。

体系对于推动年龄友好环境建设具有重要的支撑作用。本文对北京市社区开展实证研究，从自下而上的视角对社区的老年友好水平进行评估，梳理社区中的不适老问题，进而为完善老年友好型社区评价标准提供借鉴。

一　研究背景

（一）研究回顾

随着我国年龄友好环境建设的持续推进，相关研究成果日益丰富。其中，越来越多的学者致力于构建老年友好型社区评估指标体系，以社区角度切入年龄友好环境研究，较好地呼应了示范性老年友好型社区创建工作。目前，根据研究路径划分，老年友好型社区评估指标体系相关研究主要集中在两个领域。

一是政策理论研究。政策文件上，国家卫生健康委出台了《全国示范性老年友好型社区评分细则（试行）》，各地专家在评估时主要采用查阅资料或现场查看的客观评价方式，自上而下地衡量"有没有"某项指标，但未涉及老年居民的感受和评价，缺少自下而上的视角。在学术界，多项研究根据老年人需求和既有社区建设情况，从理论角度构建老年友好型社区评价指标体系。[①] 然而，由于没有经过实证验证，难以对其建设成效作出具体评估。

二是实证研究。利用地区性的调查数据来查找社区环境中不适老、不宜居的问题。例如，有研究基于上海市的调查发现，老年人认为社区在卫生、电梯设施、人行道路等方面仍需改进。[②] 有研究调查了杭州市

---

① 李珊、杨忠振：《城市老年宜居社区的内涵和评价体系研究》，《西北人口》2012 年第 2 期；吴聘奇：《老年友好视角下的城市边缘社区特征演化与评价体系构建》，《福州大学学报》（哲学社会科学版）2020 年第 5 期。

② 桂世勋、徐永德、楼玮群、田青：《长者友善社区建设：一项来自上海的经验研究》，《人口学刊》2010 年第 4 期。

主城区老年人的需求，包括电梯、坡道、紧急呼叫设施等。① 有研究利用长沙市调查数据，构建了老年友好型社区评价指标体系，发现老年人更关注活动场所、照明设施等。② 有研究基于北京市实地调查，构建了四维度的老年居住环境评价量表，发现社区服务环境方面的问题最多。③ 有研究基于银川市调查，构建了基础设施服务、社区养老服务和社会文化娱乐服务三维度的老年友好型社区评价指标体系，通过指标的综合得分来分析老年友好型社区建设现状。④

已有研究采用了不同的评价指标体系，难以对其实证结论进行比较和进一步分析。另外，相较于现阶段全国范围大规模的示范性老年友好型社区创建实践而言，学术界与全国评估框架相匹配的相关研究成果较少，尤其是实证研究，迫切需要对标《全国示范性老年友好型社区评分细则（试行）》，加强实证研究，从而科学指导老年友好型社区建设工作。

（二）在北京市开展实证研究的意义

2016 年，北京市政府常务会审议通过《北京市"十三五"时期老龄事业发展规划》，提出北京将打造"老年友好型城市"，但是未出台专门的评估指标体系及建设导则。2021 年，北京市老龄工作委员会出台的《北京市推进老年友好型社会建设行动方案（2021—2023 年）》（简称"友好九条"）是首都建设年龄友好环境的行动指南，旨在营造生活服务、健康服务、居家生活、社区环境、交通出行、社会参与、人

---

① 高辉、谢诗晴：《杭州市老年人居住满意度及影响因素的实证研究——基于既有社区居家养老服务和设施发展视角》，《经营与管理》2015 年第 12 期。
② 朱琳、胡超：《城市老年友好型社区建设及其满意度调查研究》，《山西建筑》2016 年第 27 期。
③ 曲嘉瑶：《城市老年居住环境评价量表编制研究——基于北京市的实证调查》，《老龄科学研究》2017 年第 12 期。
④ 徐慧蓉：《积极老龄化背景下高龄友善社区构建研究——以银川市为例》，宁夏医科大学硕士学位论文，2017。

文环境、智能应用、家庭关系九个方面的友好环境。但是，与第一批
15个试点城市（上海等）相比，北京市老年友好型社区的评估工作进
展相对缓慢。

《北京市老龄事业发展报告（2021）》提出，北京60岁及以上常住
人口占比突破20%，已迈入中度老龄化社会。在人口老龄化程度日益加
深、年龄友好环境越来越受到重视的背景下，开展北京市老年友好型社
区评估研究对于贯彻落实积极应对人口老龄化国家战略、推进首都年龄
友好环境建设以及国际一流和谐宜居之都建设等而言具有重要意义。

二 研究设计

本研究的数据来源于2020年"北京市老年友好型社区专项问卷调
查"。该调查由北京城市系统工程研究中心牵头开展。为了客观反映老
年人集中居住的社区环境及其主观评价，调查选取了北京市老龄化程度
较高的主城区①的150个小区，共向社区居民发放问卷700份，回收
660份，有效问卷637份，有效问卷回收率为96.5%。数据总体质量较
好，问卷有效度较高。调查样本的特征如表1所示。

表1　调查样本特征

项目	选项	频次	有效百分比(%)
性别	男	196	30.8
	女	441	69.2
年龄	60岁以下	71	11.4
	60~69岁	350	56.0
	70~79岁	154	24.6
	80~89岁	45	7.2
	90岁及以上	5	0.8

---

① 调查范围包括东城、西城、朝阳、海淀及石景山5个区。

续表

项目	选项	频次	有效百分比（%）
受教育水平	小学	35	5.6
	初中	383	61.1
	高中	146	23.3
	本科	51	8.1
	本科以上	12	1.9
健康状况	健康活跃、自理有余	231	37.0
	基本健康，可分担家务	331	53.0
	体弱，尚可自理	48	7.7
	行动不便或依靠轮椅，需要部分照护	14	2.2
居住时间	5 年以下	32	5.2
	5~10 年	57	9.2
	10~20 年	187	30.2
	21~30 年	150	24.2
	30 年以上	194	31.3
居住方式	独居	81	12.8
	与配偶同住	387	61.2
	与子女同住	162	25.6
	其他	2	0.3

问卷在充分参考《全国示范性老年友好型社区评分细则（城镇社区）》（共 40 个指标）的基础上，结合专家咨询意见与对调查社区的实地调研情况，确定了老年友好型社区的五个评价维度：居室环境、楼体和社区环境、社区为老服务环境、文化参与环境、科技助老环境，共 59 个二级指标。问卷聚焦老年居民对社区各个方面的评价，逐项询问了每个指标的有无情况和老年人对每个指标的满意度，从知晓率和满意度两个方面来评价社区的老年友好水平。

三　评价结果分析

为了综合比较各个指标得分，本文在覆盖率和满意度评价的基础上，设计了综合得分。首先，对指标进行赋分。满意度选项分为 4 个等级，其中"非常满意"计 4 分，"满意"计 3 分，"不满意"计 2 分，"非常不满意"计 1 分；将"有"该指标计 1 分。其次，计算综合得分。将每项指标的满意度比例乘以对应的选项得分，再乘以"有"该指标的比例。某指标的综合得分越低，说明老年人对该指标的评价越低；反之，综合得分越高，说明老年人的评价越高。

（一）居室环境

表 2 呈现了居室环境维度指标情况。"室内灯光照度""蹲改坐处理"两项的比例最高，占比均超过 50%；而"紧急呼叫装置""防撞处理""安装扶手"三项的比例最低，均在 16% 以下。实地调查发现，老年人在居室环境方面呼叫设施严重缺乏，仅有不到一成的老年人家里安装了紧急呼叫装置，不利于出现居家风险时的紧急求救。

从 11 个指标的综合得分来看，得分最高的一项指标为"室内灯光照度"，得分最低的一项指标为"紧急呼叫装置"，两者相差 2 分，分值差距较大。从综合得分低于 1 分的指标来看，居室环境维度的短板多达 9 个，其中，"紧急呼叫装置""安装扶手""防撞处理""地面高差处理""起夜感应灯"等指标得分低于 0.7 分，老年人对于以上指标的评价较低，需要重点关注。

表 2　居室环境维度指标评价情况

评价指标	有的比例（%）	非常满意（%）	满意（%）	不满意（%）	非常不满意（%）	综合得分（分）
地面防滑处理	32.2	6.8	48.3	35.1	9.8	0.8
安装扶手	15.2	6.2	48.4	23.7	21.6	0.4
地面高差处理	23.1	8.8	51.7	29.2	10.2	0.6
起夜感应灯	25.4	5.6	46.9	31.5	16.0	0.6
室内灯光照度	62.0	58.7	41.0	0.0	0.2	2.2
升降式晾衣竿	26.5	8.9	43.8	34.9	12.4	0.7

评价指标	有的比例 （%）	非常满意 （%）	满意 （%）	不满意 （%）	非常不满意 （%）	综合 得分(分)
蹲改坐处理	51.8	6.7	46.4	37.6	9.4	1.3
防撞处理	14.6	7.5	49.5	32.3	10.7	0.4
紧急呼叫装置	9.7	4.8	37.1	41.9	16.1	0.2
轮椅通行	32.8	4.8	30.1	50.7	14.3	0.7
轮椅回转	32.0	4.4	29.9	49.0	16.7	0.7

数据来源：2020 年"北京市老年友好型社区专项问卷调查"。下同。

（二）楼体和社区环境

表 3 反映了楼体和社区环境维度指标情况，"社区照明""社区道路平整安全性""公共与休息空间"三项指标的占比最高，均超过78%。其中，社区照明方面，将近一半的老人对所在社区照明设施比较满意。社区道路方面，只有约四成老人对社区道路比较满意。调研发现，部分老旧社区道路年久失修，存在路面破损、未硬化、布满大小石块、石板路空隙大、下雨天积水等问题，影响到老年人出行安全。另外，部分社区现有公共休息空间不能满足老年人使用需求，没有设置足够的休息座椅或座椅没有设置在遮阳地，影响老年人日常活动和交流。

有"无电梯楼的爬楼设施""电梯""楼梯间休息座椅"三项设施的比例较低，说明当前的建设情况欠佳。实地调查发现，人口老龄化严重的老旧小区超过七成都没有电梯或是仅有少数楼门加装电梯。此外，有"公共厕所"的比例也较低，只有不到四成老年人所在社区有公共厕所，但老年人外出时对公厕的需求很大。调研发现，老人希望在公共空间、社区花园、广场等活动场所附近设置公共厕所。

从楼体和社区环境维度的 15 个指标的综合得分来看，有 5 个指标的综合得分较低，低于 1 分，包括"无电梯楼的爬楼设施""电梯"

"楼梯间休息座椅""无障碍坡道""公共厕所"。实地调研发现，电梯、爬楼机等楼宇内部垂直交通设施是老年人普遍需要的，但实际有电梯或能加装电梯的楼房少之又少，另外，无障碍坡道及公厕的普及率也有待提升，其现状难以满足老年人出行及社区参与的需求。相比而言，"社区照明""楼梯台阶安全性""楼梯扶手的完整性"等 10 个指标的综合得分较高，老年人评价较高。

表 3　楼体和社区环境维度指标评价情况

评价指标	有的比例（%）	非常满意（%）	满意（%）	不满意（%）	非常不满意（%）	综合得分(分)
电梯	27.8	10.2	31.2	41.9	16.6	0.6
楼梯扶手的完整性	63.2	4.9	48.3	40.3	6.5	1.6
无电梯楼的爬楼设施	1.5	9.1	45.4	27.3	18.2	0.0
楼梯间休息座椅	6.4	2.1	21.3	57.4	19.1	0.1
楼梯间照明	74.9	4.5	44.9	37.5	13.0	1.8
楼梯台阶安全性	77.1	3.2	47.9	43.1	5.8	1.9
无障碍坡道	30.5	6.2	40.4	53.3	0.0	0.8
楼层标识	51.1	3.4	35.8	47.7	13.0	1.2
社区道路平整安全性	79.5	3.6	38.4	50.7	7.3	1.9
人车分离	72.5	6.5	39.3	44.0	10.1	1.8
社区照明	81.1	4.7	45.5	39.0	10.9	2.0
公共与休息空间	78.0	5.4	44.9	43.3	6.4	1.9
公共厕所	34.9	9.3	59.5	24.9	6.2	0.9
应急可达性	66.5	5.3	46.7	42.2	5.7	1.7
社区标识系统	55.5	4.6	50.9	38.9	5.6	1.4

（三）社区为老服务环境

表 4 反映了社区为老服务环境维度指标情况。有"生活圈可达性""医疗机构可达""健康宣传""免费体检服务"四项指标的比例较高。调研发现，基本所有社区都提供老年人免费体检服务，主要有甲状腺筛

查、现场测量血压、健康咨询、中医理疗等体检项目，但仍有部分老年人不知道社区提供该项服务。相比而言，"喘息服务""时间银行""安全协助服务""专业照护服务""生活照料服务"等指标的比例较低。实地调研发现，目前北京市进行时间银行试点的社区较少，因此只有少数老年人了解。早在 2018 年北京首个"喘息服务"试点就已在丰台区启动，但老年人的较低知晓率反映出这项服务在社区并没有得到普及。另外，许多老年人对社区是否开展"安全协助服务""专业照护服务"等专业化服务也缺乏了解。

比较为老服务维度 21 个指标的综合得分发现，只有 3 项指标的综合得分超过了 1 分，可见，目前社区在"生活圈可达性""健康宣传""医疗机构可达"方面比较普遍。而其余 18 项服务的开展情况不容乐观，相应指标的综合得分均低于 1 分。其中，"生活照料服务""安全协助服务""时间银行""专业照护服务"等指标的综合得分极低。此外，"就医/急救绿色通道""巡视探访服务""救助服务""喘息服务""医护服务""健康管理服务""康复辅助器具"等指标的综合得分较低，均在 0.4 分以下。综上，与以上硬件环境的两个维度得分相比，社区为老服务建设情况并不理想。

表4　社区为老服务环境维度指标评价情况

评价指标	有的比例（%）	非常满意（%）	满意（%）	不满意（%）	非常不满意（%）	综合得分(分)
养老设施可达	25.4	11.1	47.5	32.7	8.6	0.7
六助服务*	19.1	13.9	38.5	38.5	9.0	0.5
生活圈可达性	70.6	5.3	42.9	37.6	14.2	1.7
医疗机构可达	55.6	4.8	40.7	33.0	21.5	1.3
巡视探访服务	12.6	6.2	20.0	53.7	20.0	0.3
救助服务	9.9	6.3	33.3	49.2	11.1	0.2
办事办证便利	15.3	8.2	33.0	41.2	17.5	0.3
就医/急救绿色通道	7.1	15.6	22.2	48.9	13.3	0.2

评价指标	有的比例 （%）	非常满意 （%）	满意 （%）	不满意 （%）	非常不满意 （%）	综合 得分（分）
免费体检服务	35.3	8.4	34.2	40.9	16.4	0.8
疾病风险筛查和慢病管理	20.7	9.8	42.4	37.1	10.6	0.5
应急预案中适老化内容	18.4	3.4	39.3	48.7	8.5	0.4
老年大学	18.7	7.6	53.8	31.9	6.7	0.5
健康宣传	51.8	4.5	43.0	39.4	13.0	1.2
康复辅助器具	10.8	7.2	47.8	33.3	11.6	0.3
时间银行	3.6	4.3	13.0	60.9	21.7	0.1
生活照料服务	6.1	10.3	41.0	38.5	10.3	0.1
专业照护服务	4.7	3.3	23.3	46.7	26.7	0.1
医护服务	9.9	3.2	76.2	12.7	7.9	0.3
健康管理服务	13.0	2.4	38.5	25.3	33.7	0.3
安全协助服务	4.1	7.7	19.2	34.6	38.5	0.1
喘息服务	2.0	7.7	7.7	61.5	23.1	0.4

注："＊"六助服务是指养老驿站或养老照料中心为老人提供的助餐、助医、助洁、助浴、助乐、助急服务。

（四）文化参与环境

文化参与环境维度指标情况如表 5 所示，社区"老年文体组织""公共法律服务室""老年防诈骗""敬老孝老文化"四项指标的比例较高，这些文化服务在社区的普及率和知晓率都较高。"社区老年协会""老年志愿组织"指标的比例相对较低，老年社会组织的普及程度有待提升。

对比 8 个指标的综合得分情况来看，得分较高（超过 1 分）的共 3 项指标，为"公共法律服务室""老年防诈骗""老年文体组织"，这些文化活动开展情况较好。相较而言，综合得分较低的指标为"社区老年协会""老年志愿组织""《老年法》普及""积极老龄观"，四项均低于 0.7 分。总体来看，老年人的社区参与，多限于休闲活动，对《老年法》以及积极老龄观等宣传和实践活动的知晓率并不高。社区需要以多种形式宣传积极老龄观，鼓励老年人参与社会活动，同时，要成立社区老年协会，互帮互助，共同维护老年人的合法权益。

表 5　文化参与环境维度指标评价情况

评价指标	有的比例 （%）	非常满意 （%）	满意 （%）	不满意 （%）	非常不满意 （%）	综合 得分（分）
敬老孝老文化	38.0	6.2	37.2	43.0	13.6	0.9
积极老龄观	25.9	4.8	30.9	52.1	12.1	0.6
《老年法》普及	23.5	4.7	40.0	39.3	16.0	0.5
老年防诈骗	50.1	4.1	35.1	41.1	19.7	1.1
社区老年协会	15.7	7.0	24.0	51.0	18.0	0.3
老年志愿组织	18.2	12.1	26.7	44.0	17.2	0.4
老年文体组织	46.6	8.7	34.3	36.4	20.5	1.1
公共法律服务室	50.7	7.4	35.9	37.1	19.5	1.2

（五）科技助老环境

表 6 呈现了科技助老维度指标情况。"社区生活服务热线""社区微信群"两项指标的比例较高，"智能化产品使用"指标的比例最低。智能化产品的发展为完善居家社区养老服务提供了新的解决办法与方向，人体红外感应器、智能床垫、紧急呼叫器、智能腕表等产品有助于更好地监测老年人身体状况、及时发现风险。但目前仅有两成多老年人使用智能化产品。

综合得分来看，4 个指标中，综合得分最高的指标为"社区微信群"，仅有此项超过 1 分。相比而言，"智能化产品使用"的综合得分最低，低于 0.6 分。实际调研发现，老年人使用手机、社区微信群等进行信息交流的情况比较普遍，但较少使用智能化产品，并且使用的智能化产品仅限于智能腕表、小夜灯等，对智能床垫、人体红外感应器、烟感报警器等产品的应用较少。

表 6　科技助老环境维度评价情况

评价指标	有的比例（%）	非常满意（%）	满意（%）	不满意（%）	非常不满意（%）	综合得分（分）
社区生活服务热线	35.6	10.1	32.6	35.2	22.0	0.8
社区微信群	57.0	12.7	38.3	33.1	16.0	1.4
教老人使用手机	34.5	10.4	50.4	32.7	6.4	0.9
智能化产品使用	22.0	7.9	16.4	55.0	20.7	0.5

四　结论

（一）北京老年友好型社区重点建设指标

为了自下而上地查找社区环境中不适老、不宜居的突出问题，本文利用"北京市老年友好型社区专项问卷调查"，分析老年人对各维度指标的评价状况。基于老年人的知晓率与满意率得到综合得分，发现 59 个指标中有 40 个指标的综合得分低于 1 分，提示这些指标建设相对薄弱，有待于完善和改进。

各维度综合得分较低的指标如表 7 所示，①居室环境维度，涉及"紧急呼叫装置""安装扶手""防撞处理"等 9 个指标，这些是老年人家庭适老化改造的重点。②楼体和社区环境维度，涉及"无电梯楼的爬楼设施""楼梯间休息座椅""电梯"等 5 个指标，说明楼内纵向交通设施、无障碍设施及公厕是社区硬件环境改造的要点。③社区为老服务环境维度，涉及"生活照料服务""专业照护服务""安全协助服务""时间银行""就医/急救绿色通道"等 18 项指标，相较于"生活圈可达性""医疗机构可达"等社区生活服务和基本公共卫生服务而言，老年人对专业化养老服务的知晓率较低，因此综合得分较低。④文化参与环境维度，包括"社区老年协会""老年志愿组织"等 5 项指标，可见，基层老年社会组织有待发展。⑤科技助老环境维度，涉及

"智能化产品使用"等指标，应提升老年人的数字素养，促进其共享数字经济发展红利。

表7　北京老年友好型社区重点建设指标

环境维度	指标	综合得分
居室环境	地面防滑处理	0.8
	安装扶手	0.4
	地面高差处理	0.6
	起夜感应灯	0.6
	升降式晾衣竿	0.7
	防撞处理	0.4
	紧急呼叫装置	0.2
	轮椅通行	0.7
	轮椅回转	0.7
楼体和社区环境	电梯	0.6
	无电梯楼的爬楼设施	0.0
	楼梯间休息座椅	0.1
	无障碍坡道	0.8
	公共厕所	0.9
社区为老服务环境	养老设施可达	0.7
	六助服务	0.5
	巡视探访服务	0.3
	救助服务	0.2
	办事办证便利	0.3
	就医/急救绿色通道	0.2
	免费体检服务	0.8
	疾病风险筛查和慢病管理	0.5
	应急预案中适老化内容	0.4
	老年大学	0.5
	康复辅助器具	0.3
	时间银行	0.1
	生活照料服务	0.1
	专业照护服务	0.1
	医护服务	0.3
	健康管理服务	0.3
	安全协助服务	0.1
	喘息服务	0.4

续表

环境维度	指标	综合得分
文化参与环境	敬老孝老文化	0.9
	积极老龄观	0.6
	《老年法》普及	0.5
	社区老年协会	0.3
	老年志愿组织	0.4
科技助老环境	社区生活服务热线	0.8
	教老人使用手机	0.9
	智能化产品使用	0.5

（二）实证研究的启示

当前，全国正处于示范性老年友好型社区的初始创建阶段。2020年，国家卫生健康委已发布试行版示范性城乡老年友好型社区标准及评分细则，主要采用自上而下的查看现场或资料的方式评分。随着各地老龄事业的发展与创建工作的持续推进，创建标准、评分细则以及评价方式也应适应新形势，与时俱进。未来，建议加强自下而上视角的研究，对示范性老年友好型社区的创建数据进行深入分析，进一步完善标准和评分细则，从而为推进创建工作提供科学支撑。各地在创建工作过程中，应充分利用数据和资料开展实证研究，结合建设经验及标准、规范等，提出完善城乡评价标准及评分细则的建议。

一方面，鼓励研发评审系统，建议采用电子化数据采集方式，依托信息管理平台开展资料上传、评分及追踪调查等工作，便于数据资料的分析与对比。另一方面，在深度分析数据和相关资料的基础上，进一步完善评价指标。例如，可借鉴江西省的相关做法，依托研究团队创建工作数据，查找社区在评价指标上存在的共性问题并提出对策建议，促使研究成果转化为指导实践的科学举措和高质量的政策建议。

参考文献

李珊、杨忠振：《城市老年宜居社区的内涵和评价体系研究》，《西北人口》2012年第2期。

吴聘奇：《老年友好视角下的城市边缘社区特征演化与评价体系构建》，《福州大学学报》（哲学社会科学版）2020年第5期。

桂世勋、徐永德、楼玮群、田青：《长者友善社区建设：一项来自上海的经验研究》，《人口学刊》2010年第4期。

高辉、谢诗晴：《杭州市老年人居住满意度及影响因素的实证研究——基于既有社区居家养老服务和设施发展视角》，《经营与管理》2015年第12期。

朱琳、胡超：《城市老年友好型社区建设及其满意度调查研究》，《山西建筑》2016年第27期。

曲嘉瑶：《城市老年居住环境评价量表编制研究——基于北京市的实证调查》，《老龄科学研究》2017年第12期。

徐慧蓉：《积极老龄化背景下高龄友善社区构建研究——以银川市为例》，宁夏医科大学硕士学位论文，2017。

江立华、黄加成：《老年人需求与宜居社区建设》，《华东理工大学学报》2011年第6期。

以时间为维度提高城市居民生活质量

宋　梅[*]

摘　要: 新冠疫情期间, 城市传统规划模式和运行体制的脆弱性凸显, 需要对此进行反思以促进城市可持续发展。风险意识增强和城市环境、公共服务等方面的问题促使政府决策部门快速调整政策, 特别是为应对各种自然灾害或突发事件而采取临时性措施的同时, 政府管理部门鼓励市场力量的参与。当代城市的发展不仅要提升宜居性, 还要增强韧性。

关键词: 城市主义　生活质量　城市居民

一　研究背景

人们对城市迎接关键挑战的能力及其引领人类生活方式转型走向更可持续的能力寄予很大希望, 城市往往是探寻解决创新、风险或有争议的社会或环境问题的试验基地。事实上, 人们对城市寄予更多的希望是由于当代社会迅速变化而造成的个体、家庭无法有效应对的困境, 而城市的各级机构是否具有市民期待的专业能力还是令人担忧的。创新城市

---

* 宋梅, 博士, 北京市社会科学院城市所副研究员。

治理方式必须优先于思考所有这些极其复杂的困境。

新冠肺炎全球大流行对城市居民的生活、出行、工作带来了诸多挑战，城市管理部门既需要采取有效的防疫措施，又需要通过创新措施来保证经济活动的正常开展。城市传统规划模式和运行体制的脆弱性凸显，需要对此进行反思以促进城市可持续发展。风险意识的增强和紧迫的社会经济问题促使政府决策部门快速调整政策，特别是为应对各种自然灾害或突发事件，政府管理部门鼓励市场力量参与。当代城市的发展不仅要提升宜居性，还要增强韧性。

二 "计时城市主义"概念

"计时城市主义"概念是为了实现城市更可持续的发展而提出的，现代主义城市规划理念造成了城市和社区的支离破碎，形成了服务提供的瓶颈，需要推广更适当的城市规划理念来应对当下存在的问题。快速为市民提供服务正是计时城市主义概念的核心，其最终目标是确保城市居民有更多的时间用于基本的生活、工作和社会交往。传统的城市规划导致职住分离，居民在通勤上浪费过多的时间，并且商业交往、消费和人际交往的成本也较高，普遍降低了城市居民的生活质量，因此，节省交通时间被认为是至关重要的。为确保所有基本设施都处于触手可及的范围内而进行的改造必须确保现有的城市空间得到优化，促进土地高效利用，这对于实现人类的宜居愿望与城市的可持续发展理念而言也是相一致的。

计时城市主义理念倡导以人为中心的城市化，即社会化、自我实现、文化和健康等方面的需求都可以在短时间内得到满足；在城市规划过程中，规划人员需要优先考虑市民到达城市内不同节点所需的时间，这意味着需要提前规划必要的基础设施，以实现公共服务更高的可达性。城市居民可以在15分钟内舒适地步行或骑自行车前往任何特定的节点，减少驾驶汽车出行的频次，为修建人行道和自行车道提供必要的空间，否则，在优先考虑车辆流量的传统城市规划中，人行道和自行道将被忽略。计时城市主义理念试图改变以往城市规划模式，从侧重于提高汽车流量模式转变为慢行模式。

计时城市主义理念还主张在城市内建立分散的生产和消费中心，这样可以进一步减少温室气体排放。在速度尚未战胜距离的时代，市民普遍习惯于"在当地生产，在当地购买"，而电子商务和全球化的发展，使得人们不再满足于本地商品，实际上，在城市追求可持续发展的过程中，本地采购、本地生产和本地消费的理念应该得到鼓励。这样的生产、消费模式可以帮助城市减少对其他城市的依赖，并减少交通运输产生的碳排放。

总之，计时城市主义概念传达了城市生活质量与交通投入时间成反比的理念。尤其是对于过多使用汽车通勤的城市而言，计时城市主义理念主张建立一个让居民能够在步行或骑自行车15分钟的距离范围内获取所有基本必需品的城市。"15分钟都市生活圈"支持居民享受更高的生活品质，以维持体面的城市生活，同时城市社会的六项功能包括生活、工作、商业、医疗、教育和娱乐得以实现。这就需要对城市建成景观进行改造，以确保其具有邻近性、多样性、密度和普遍性等。

"15分钟都市生活圈"概念不能仅从字面来理解，这样城市基础设施和要素就被严格限制在15分钟半径内。城市功能重组需要考虑其独特的形态和不同的动态。这意味着住宅区、人行道和自行车道、市场、学校、娱乐中心等都不是作为单一实体运作的，而是整合起来共同促进人类互动和社会生活。"15分钟都市生活圈"概念与"计时城市化"的宗旨相一致，并提倡通过密度、临近、数字化和多样性等来实现更紧密的城市内部结构，从而提高邻近度、增进社会互动。

三 计时城市主义的四个重要维度

（一）密度

密度是监测城市及其建成环境的一个重要维度。在传统的规划中，密度是以超高密度建筑来衡量的，但在计时城市主义城市理念下，密度则是以每平方公里的人口来衡量的。也就是说，在规划建设一个可持续发展的城市时，最重要的是考虑给定地区在城市服务提供和资源消耗方面能够维持的最佳人口数量。在早期的规划中，重点是创建超高层建筑，过度消耗资源和过度依赖化石燃料能源为建筑提供动力，导致受集中规划思想启发的汽车数量增加。因此，当前城市发展的重点是追求最佳密度，实现经济、社会和环境的可持续发展。

在最佳密度的情况下，可以有效规划可用空间，使居民无须使用耗能的汽车即可获得所有生活必需品。最佳密度允许在能源生产、食物供应和可用空间的多重利用等方面创建本地解决方案。在当前的城市内部结构重组中，主张新建更多的自行车道和步行道路，从而最大限度地减少对汽车的需求，允许公平地解决不同地区的具体需求，从而降低城市居民的生活成本。

密度是城市社会可持续性维度的关键组成部分，当与其他三个维度（临近、多样性和数字化）相结合时，"15分钟都市生活圈"模式不仅有助于改善服务提供方式，而且增强了城市的宜居性，更将受益于先进的技术进步。

（二）临近

"临近"被视为时间和空间相结合的维度。也就是说，在15分钟内快速访问目的地。社区居民可以轻松地访问基本公共服务点。这一维度不仅在帮助居民减少通勤时间方面至关重要，而且在减少此类活动对环境和经济产生的影响方面也至关重要。这也有助于确定影响城市居民的社会指标，尤其是为了促进城市问题专家们所倡导的社会互动，因为其允许居民在更短的时间内实现在住宅区、工作区、商业区、教育中心和其他基本机构之间的移动。此外，基础设施的多模式使用、基本服务的紧密性使居民能够享受更好的服务。因此，对"临近"维度的追求是至关重要的，有利于允许居民最大限度地利用当地公共空间、绿地和其他公共基础设施。这一前提很重要，可以从不同的角度来设想一个城市的公共空间规模、容纳的居民数量。从本质上讲，这种"临近"概念正是哲学层面空间和时间耦合的维度，也就是从基于距离的显示器来观察城市，从而形成基于时间的城市主义理念。但仅仅从这一维度思考是不够的，因为城市是复杂、多样、多元的，需要融合其他维度才可以实现城市的有效转型。

（三）多样性

在城市化进入下半程的背景下，引入时间城市主义理念推进城市可持续发展，尤其需要强调多样性，具体表现在：一是混合用途社区的需求。社区可以满足住宅、商业、娱乐、休闲、医疗卫生服务等多样化需求。二是文化和人的多样性。拥有混合用途社区是保持城市活力的关键，确保所有城市居民享有住房，促进包容性社区可持续发展。在15分钟城市生活圈下，混合用途社区对于确保实现最佳密度和基本设施的"临近"而言至关重要，同时也为步行道和自行车道的修建提供了条件。这种方法确保了居民能够在居住区内获得基本必需品，有助于确保现有生活空间的公共性得以维持，并在可能的情况下在公共区域创造沟通、交流的机会。

集中财力完善生活服务设施，进而提高宜居性，维持财产价值，增进居民的互动，这对于促进不同文化和人群融入、适应城市环境而言至关重要，对创造更多的社会资本而言尤为重要。

城市的多元文化对经济发展有积极影响，居民能享受各种各样的文化产品和文化遗产服务，同时也能促进当地旅游业和其他相关产业发展。为了最大化"多样性"带来的优势，需要在城市中按不同的尺度来规划和安排，不仅在15分钟都市生活圈内，还需要在更大的范围和规模内进行"求同存异"式的特色开发。

（四）数字化

当今世界正经历第四次工业革命，信息通信技术突飞猛进，"以时间为维度重建城市生活圈"理念被认为是与时俱进且十分迫切的，信息技术的发展为城市解决诸多挑战提供了一系列方案，特别是智慧城市概念。基于互联互通技术，城市管理者可以改善服务供给方式，并促进城市可持续发展。地方政府统筹使用公共财政收入时热衷于探索新的治理、规划、创收（或减少支出）以及管理公共资产和服务的方式。

这个维度在确保其他三个维度的实现方面至关重要。同时，这一维度与"智慧城市"概念密切相关，"时间主义城市"概念可以从中获得部分灵感。例如，在智慧城市概念中，各种政务平台鼓励网民包容、参与和服务实时交付等，这取决于不同技术的有效交互，并将对时间城市主义理念产生深远影响。共享出租车通过部署传感器等来确保乘车人的安全，从而提升乘车体验。在"临近"维度，数字化是智慧城市概念下所强调的，有利于发展在线购物、无现金交易、虚拟通信和互动等服务。

智慧城市概念的践行与丰富的物联网设备的可用性息息相关，这些设备具有收集数据并将数据发送到集中网络的能力，然后在集中网络中计算、分析和分发这些数据，最终将其实时发送给相应的城市部门。到2025年，可用的物联网设备将超过750亿台，加上人工智能（AI）、大数据、机器学习和人群计算等技术，有望更好地践行计时城市主义理念：更快、更好、更安全、更环保。该概念的核心是确保能在临近区域提供预期的最佳服务。

政府通过数字平台提供的服务来减少通勤需求，因为一些公共服务可以以线上的方式获得。区块链技术与数字合约技术相结合，有助于缓解在虚拟支付方面的安全问题。在新冠疫情期间，数字平台使人们能够在家办公，有助于减少社会接触，减少通勤需求。数字化平台提供的城市问题解决方案将大大甚至超过人们的预期，特别是城市在应对气候变化等领域能作出的贡献。

数字化对于促进资源的有效配置而言至关重要，数字平台可以实时通知即将出行的居民采取不同的交通工具以实现最短的时间支出和能源消耗。一系列物联网设备的相互关联有利于形成丰富的数据库，这对于支撑城市决策而言至关重要。通过这些数据，追求"智能"的城市能够应对能源需求增加、交通、住房和医疗等问题带来的挑战，改善居民生活。所有这些都有望从数字化中受益匪浅，数字化被视为一个横向要素，贯穿于一个基于时间理念的城市规划，不仅有利于促进经济增长，也有利于增强社会凝聚力，更有助于在城市中创建可持续的生态系统。

四　提高城市居民生活质量

"以时间为维度的城市生活圈"已被证明在社会、经济和环境层面具有诸多益处。例如，城市从拥堵缓解、污染减少（噪声、排放和其他）中受益，并从美丽的绿地、精心设计和有序的城市结构中受益。居民获得了健康和经济利益，受益于锻炼时间和机会的增加，并实现社交互动。在经济方面，这一模式有潜力释放更多的活力，如就业、创新、创建城市独特品牌，帮助居民减少汽油燃料、道路维护、污染和其他相关事项产生的间接费用。

"以时间为维度的城市生活圈"理念需要在城市的规划建设中践

行，提高城市居民的生活质量和幸福感。例如，通过重新选择交通系统中的通勤工具，创造更多的骑行和步行机会，使交通拥堵问题得到一定程度的缓解，潮汐式的交通压力将会减小。此外，"以时间为维度的城市生活圈"理念也有助于为数字创新打开应用的大门，不仅可以提高城市的宜居性，增加社区内公园、广场和公共场所的人气，也有助于使用公共设施机会的平等。

为了实现城市可持续发展目标下的安全、可持续性、恢复力和包容性等要求，可以在时间城市主义理念下，使用多种技术、智能设备和传感器来促进这一目标的实现，并提高居民生活质量。以时间城市主义的方法，提高城市居民的生活质量，对以下四个方面重点予以关注：促进社会包容，提高社会凝聚力；改善城市基础设施，以适应 21 世纪居民生活方式的变化；以数字革命为基础；考虑到城市环境污染和全球气候变化带来的挑战。

参考文献

Kitchin Rob，"The Real-time City? Big Data and Smart Urbanism," *Geojournal*，2014，79（1）.

Jabareen Y.，Eizenberg E.，"The Failure of Urban Forms under the COVID-19 Epidemic：Towards a More just Urbanism," The *Town Planning Review*，2021，92（1）.

焦健、王德：《城市时间利用研究的历程、议题与展望》，《城市规划学刊》2021年第 1 期。

李莹、涂志德、刘艳芳等：《基于时间序列相似度的城市功能区识别研究》，《地理空间信息》2021 年第 1 期。

高琦丽：《大数据驱动的城市活动空间动态研究》，《测绘学报》2021 年第 6 期。

文化与生态篇

京津冀地区农业文化遗产助力
乡村振兴的政策研究

杨　波[*]

摘　要： 财政支农政策是促进"三农"发展的重要财力保障和物质基础，党的十八大以来，各级政府采取"多予、不取、放活"的财政支农政策，在加大对农业产业和生态环境的补贴力度的同时，积极引导社会资本投入农业农村，提高财政资金使用效率。农业文化遗产的保护与发展有赖于政府各类支农政策的支持。本文对现有农业文化遗产保护与发展相关政策进行梳理，并对可供争取的奖补和引导措施进行罗列，从而为编制保护与发展规划提供参考，为实施乡村振兴战略提供切实可行的方案。

关键词： 农业文化遗产　乡村振兴　京津冀

近年来，随着国家不断加强农业环境保护，大力推动生态农业发展，重要农业文化遗产作为经济与生态价值高度统一的农业资源利用系统受到了广泛关注[①]。在各农业文化遗产的保护与发展过程中，研究主

---

　　* 杨波，博士，北京市社会科学院城市所助理研究员。

　　① 闵庆文、张丹、何露等：《中国农业文化遗产研究与保护实践的主要进展》，《资源科学》2011年第6期；李文华、刘某承、闵庆文：《农业文化遗产保护：生态农业发展的新契机》，《中国生态农业学》2012年第6期。

要集中在生态学、资源科学和农学，民俗文化、经济、管理等领域的研究相对薄弱[①]，在保护政策与机制方面的研究较少，主要集中在制定行政法规、建立政策激励机制和生态补偿机制等方面[②]，而对于农业文化遗产保护与发展的已有政策的融合研究更是空白。我国是农业大国和农业文化遗产大国，开展全面、系统、科学的相关政策研究对支撑农业文化遗产保护与发展、助力乡村振兴而言具有十分重要的意义。

京津冀地区是重要农业文化遗产相对密集分布的地区，截至2022年，共有中国重要农业文化遗产9项，其中北京市涉及平谷四座楼麻核桃生产系统和京西稻作文化系统2项，天津市涉及滨海崔庄古冬枣园和津南小站稻种植系统2项，河北省涉及宣化传统葡萄园、宽城传统板栗栽培系统、涉县旱作梯田系统、迁西板栗复合栽培系统和兴隆传统山楂栽培系统5项。

作为一种新的遗产类型，农业文化遗产同时具备自然与文化遗产和非物质文化遗产的特征，还涉及农业生产、农民增收、农村建设等多个方面，本文将对党的十八大以来国家层面和京津冀区域层面涉及的农业文化遗产保护与发展重点政策进行梳理，应用政策工具对各类奖补措施进行文本量化分析，以此提出政策建议，为编制保护与发展规划提供参考，并为完善保障机制提供切实可行的方案。

一 分析框架与方法

（一）分析框架

一般认为，农业政策是政府为实现一定的社会、经济及农业发展目

---

① 闵庆文、张碧天：《中国的重要农业文化遗产保护与发展研究进展》，《农学学报》2018年第1期。

② 张百灵：《中国农业文化遗产保护的立法构想》，《西部法学评论》2013年第5期；李刚：《浅议农业文化遗产的法律保护》，《北京农学院学报》2007年第4期；刘某承、熊英、白艳莹等：《生态功能改善目标导向的哈尼梯田生态补偿标准》，《生态学报》2017年第7期。

标，对农业发展过程中的重要方面及环节所采取的有计划的措施和行动的总称①。狭义上的政策包括国家党政机关在调控和管理社会过程中形成的政策，即立法机关、行政机关、执政党出台的法律、法令、措施、办法、方法、条例等。② 本研究将着重梳理由各级政府部门发布的一般性方案、办法、意见、规划等与农业文化遗产保护与发展直接相关且切实有效的支持性政策。其中支持性政策是指政府通过制定资金补贴、税收减免、融资支持、典型树立和公开表彰等相关政策，对各类主体的扶持。农业文化遗产保护与发展涉及多个方面，相关政策除了农业、乡村、扶贫相关办法、方案、意见、规划外，还涉及林业、文化、旅游、商务等多个部门。

由于政策层级不同，支持性政策的效力也有差异，本研究将对不同层级的政策进行分析。其中对国家层面的政策采用文献量化方法进行分析，对省级层面的政策直接进行文本内容分析。政策文献量化研究是以政策主体、政策工具、政策关联网络等为研究对象，借鉴和引入统计学、政策计量学等学科的知识和方法，对政策文献内容与外部属性特征进行实证性分析，是开展政策研究的一种新范式和新视角③。

为全面系统地评价各类政策，通常会将政策工具按类型进行划分，在量化研究中，对政策工具划分没有统一的标准，目前常用的有五分法、四分法和三分法等④。本研究涉及的政策聚集支农政策及相关保障机制，因此直接按照政策措施的细分类型划分为财税支持、社会资本、信贷扶持、宣传引导、用地政策、直接奖补 6 个类别。

---

① 梁山、胡建、杨香合编著《农业政策与法规》，中国农业出版社，2009。
② 黄萃：《政策文献量化研究》，科学出版社，2016。
③ 赵筱媛、苏竣：《基于政策工具的公共科技政策分析框架研究》，《科学学研究》2007 年第 1 期。
④ Schneider A., Ingram H., "Behavioral Assumptions of Policy Tools," *The Journal of Politics*, 1990(2)；McDonnell L. M., Elmore R. F., "Getting the Job Done: Alternative Policy Instruments," *Educational Evaluation and Policy Analysis*, 1987,9(2)；Howlett M., Ramesh M., *Studying Public Policy: Policy Cycles and Policy Subsystems*, Oxford: Oxford University Press, 2003.

针对农业文化遗产保护与发展的特殊性，本研究在参考已有分类方法的基础上，对政策工具量化分析的 Y 维度分类进行了调整，以符合农业文化遗产保护的理念。在本研究框架内，共设置两个 Y 维度分类体系，分别按照遗产保护与发展的主要内容和政策支持对象划分。这样处理一方面强化政策工具的执行有效性，另一方面则进一步明确对农业文化遗产保护各利益相关方的支持情况。

其中，Y1 维度按照农业文化遗产保护与发展的主要内容划分，包括农业生产与加工流通（简称"农业生产"）、农业生态与环境（简称"农业生态"）、农业文化与创意产业发展（简称"农业文化"）和全面工作（包括产业融合发展）；Y2 维度按照政策支持对象划分，包括农户（农业生产者和非遗传承人等）、企业（包括家庭农场和专业合作社等）和遗产地整体（包括遗产地管理机构，简称"整体"）。

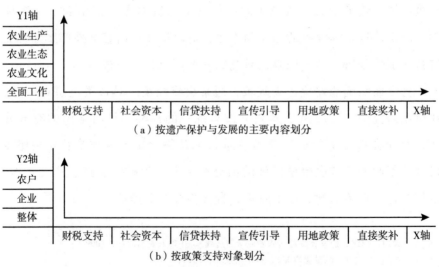

（a）按遗产保护与发展的主要内容划分

（b）按政策支持对象划分

图 1　农业文化遗产政策量化分析二维框架

X 维度的工具含义是各类支农政策对农业生态等方面提供支持的情况，体现为对相关方面保护与发展的推动作用；Y2 维度的工具含义是政策对不同主体的支持情况，反映了各利益相关方可能得到的政策支持力度。

（二）数据来源与整理

改革开放四十多年来，作为促进"三农"发展的重要保障，我国陆续出台相关支农政策，形成了比较完整、多样的支农政策体系。党的十八大以来，持续坚持工业反哺农业，采取"多予、不取、放活"的财政支农政策，重点在于产业、生态和扶贫；党的十九大报告提出乡村振兴战略，首要任务是完善农业支持保护政策；2019 年，中央一号文件强调了乡村振兴战略的重要性，并围绕乡村战略实施提出优先保障"三农"资金投入，坚持把农业农村作为财政优先保障和金融优先服务领域，公共财政更大力度向"三农"倾斜，县域新增贷款主要用于支持乡村振兴。

收集农业文化遗产所涉及的农业生产、农产品加工、文化旅游（包括非遗传承与保护、康养）、乡村建设、生态环境等方面的政策文本。时间范围设定为党的十八大以来至 2022 年末，各政策文本均可在相应国家机关政府网站上搜索到，包括法规、决定、规划、意见、办法和通知公告等公开数据资料。

在收集完成后，对各类政策进行初步的筛选和整理，以保障其准确性和代表性。在剔除超过时效性政策后，可供参考的国家层面支农的有效政策文本共 79 份，文本发布时间为 2013 年 2 月至 2022 年 11 月。部分政策文本信息如表 1 所示。

表 1 农业文化遗产保护与发展相关政策文本

序号	文件名称	发布单位	发文日期
1	全国农业农村信息化示范基地认定办法（试行）	农业部	2013 年 2 月
2	关于加快特色经济林产业发展的意见	国家林业局	2014 年 11 月
3	关于积极开发农业多种功能 大力促进休闲农业发展的通知	农业部等 11 部门	2015 年 8 月
4	重要农业文化遗产管理办法	农业部	2015 年 8 月
5	关于进一步促进旅游投资和消费的若干意见	国务院办公厅	2015 年 8 月

序号	文件名称	发布单位	发文日期
……	……	……	……
75	关于推进政策性开发性金融支持农业农村基础设施建设的通知	农业农村部办公厅等4部门	2022 年 7 月
76	关于过渡期内支持巩固拓展脱贫攻坚成果同乡村振兴有效衔接的通知	自然资源部办公厅	2022 年 10 月
77	"十四五"乡村绿化美化行动方案	国家林业和草原局等4部门	2022 年 10 月
78	关于进一步支持农民工就业创业的实施意见	人力资源社会保障部等5部门	2022 年 1 月
79	关于推动露营旅游休闲健康有序发展的指导意见	文化和旅游部等14部门	2022 年 11 月

其中，由中共中央、国务院（包括中共中央办公厅、国务院办公厅）发布 11 项，国家发改委（包括单独发布和牵头发布，下略）发布 4 项，财政部发布 6 项，农业农村部（含中央农办和机构改革前的农业部）发布 30 项，文化和旅游部（含前文化部）发布 8 项，自然资源部发布 3 项，国家林草局（含前国家林业局）发布 5 项，其他部门牵头发布 12 项（见图 2）。

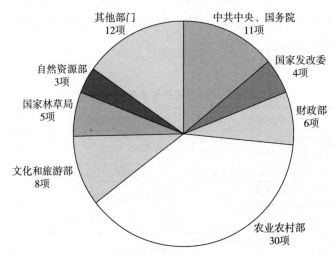

图 2 按发文机构划分相关政策示意

从时间上看，筛选后的各类政策中，2013 年和 2014 年政策各 1 项，2015 年 3 项，2016 年 4 项，2017 年 12 项，2018 年 16 项，2019 年共 12 项，2020 年 5 项，2021 年 15 项，2022 年 10 项，近五年来相关政策数量呈井喷之势，充分体现了中央政府对相关工作的重视。

从具体内容上看，支持政策以指导性、方向性为主，如 2017 年 1 月商务部发布《关于进一步推进国家电子商务示范基地建设工作的指导意见》，鼓励示范基地构建多元化、多渠道的投融资机制。鼓励设立面向示范基地内企业的地方政府创业创新投资引导基金，带动社会资金投入。鼓励示范基地与金融机构合作，依法合规开展金融服务，构建企业投资、融资、孵化的良性动作环境和服务体系。2018 年 11 月，文化和旅游部等 17 部门联合印发《关于促进乡村旅游可持续发展的指导意见》，加大对乡村旅游项目的资金支持力度。鼓励有条件、有需求的地方统筹利用现有资金渠道，按规定统筹的相关涉农资金可以用于培育发展休闲农业和乡村旅游；鼓励各地按照相关规定，盘活农村闲置建设用地资源，鼓励通过流转等方式取得属于文物建筑的农民房屋及宅基地使用权，统一保护开发利用。

多数政策提出可行性的财政支持方案，如 2018 年 12 月农业农村部等 15 部门发布的《关于促进农产品精深加工高质量发展若干政策措施的通知》提出，鼓励各地综合运用贴息、奖补等政策；落实农产品加工企业可以凭收购发票按规定抵扣增值税政策。

直接由中央财政予以奖励补贴的政策较少，2014 年 11 月国家林业局发布的《关于加快特色经济林产业发展的意见》提出，加大各级财政造林补贴、抚育补贴、种苗补贴，以及林业有害生物防治、科研开发和技术推广等专项资金发展经济林的支持力度。

（三）政策文本编码

通过对政策文本各条款的识别，分别界定相关支持条款所属的政策工具类别（X 维度）和分类（Y1 与 Y2 维度），按照政策文本和条款顺序对各条款进行逐行编码。逐行编码后，79 份政策文本共 168 个条目编码，分别对 X 维度政策工具和 Y 维度分类下的编码条目进行频数统计和分析（见表 2）。

表 2 农业文化遗产保护与发展相关政策文本分析编码表示例

序号	政策名称	内容单元	编码	X 维度（政策）	Y1 维度（内容）	Y2 维度（对象）
1	全国农业农村信息化示范基地认定办法（试行）	第四章 认定程序 第二十三条 ……在资金和项目上优先予以安排……	1-4-23	财税支持	全面工作	整体
2	关于加快特色经济林产业发展的意见	六、强化保障措施				
		（三）完善政策措施。积极争取对从事木本粮油生产的农民享受粮食直补、良种补贴、测土配方施肥和农资综合补贴等	2-6-3-1	直接奖补	农业生产	农户
		加大对龙头企业，以及家庭林场、林农专业合作组织的信贷扶持力度……	2-6-3-2	信贷扶持	农业生产	企业
3	关于积极开发农业多种功能 大力促进休闲农业发展的通知	四、完善落实促进休闲农业发展的政策措施				
		（一）明确用地政策	3-4-1	用地政策	全面工作	农户
		（二）加大财税支持力度	3-4-2	财税支持	全面工作	企业
		（三）拓宽融资渠道	3-4-3	信贷扶持	全面工作	企业
		（四）加大公共服务力度	3-4-4	社会资本	全面工作	整体
……		……	……	……		……

二 分析结果

（一）政策工具 X 维度频数分析

数据显示（见表 3），6 个类型的政策工具数量差异显著，其中财税支持类政策最多，达到 46 项，占比 27.38%；其次为信贷扶持类政策 37 项，占比 22.02%；宣传引导类政策 13 项，数目最少，占比 7.74%。

表 3　不同类型政策工具占比

单位：项，%

类型	财税支持	社会资本	信贷扶持	宣传引导	用地政策	直接奖补
数量	46	19	37	13	32	21
占比	27.38	11.31	22.02	7.74	19.05	12.50

按照各支持政策文本内容的解读可以发现，财税支持与直接奖补不同，是鼓励地方统筹使用现有资金或减免企业税收等政策措施；信贷扶持是鼓励地方自行出台相关政策，给予企业、农户等贷款或保险的优惠；用地政策是给予地方盘活闲置用的使用权等措施；社会资本则是鼓励政府寻求多种融资渠道，通过借力社会资本开展相关措施；宣传引导是通过品牌、称号、搭建平台等形式给予帮扶。这一结果印证了文本分析时的结论，即我国农业文化遗产保护与发展的支持政策以指导性、方向性为主，直接由中央财政予以奖励补贴的政策较少。

（二）政策工具二维量化分析

按照编码结果将各条目划分至二维象限，按保护与发展内容分类绘制 X-Y2 二维象限政策条目分布表（见表 4）。

表 4　按保护与发展内容划分 Y 维度的二维政策工具量化表

单位：项

	财税支持	社会资本	信贷扶持	宣传引导	用地政策	直接奖补
农业生产	19	4	12	4	9	10
农业生态	2	1	1	2		
农业文化	2	1		2	1	1
全面工作	23	13	24	5	22	10

从总体上看，各类政策工具对全面工作支持有 97 项，反映了当前发展阶段下中央政府支持产业融合发展；具体来看，除全面工作外，各类政策工具对农业生产的支持最多，共计 58 项，各类政策工具对农业文化和农业生态的支持相对较少，分别为 7 项和 6 项，而农业生态相关政策措施主要是《农村人居环境整治三年行动方案》和《农村人居环境整治村庄清洁行动方案》中所涉及的农村人居环境相关政策。

从单一工具的保护与发展内容上看，对全面工作的信贷扶持最多，为 24 项，其次是财税支持和用地政策，分别达到 23 项和 22 项。除全面工作外，农业生产的财税支持相对较多，达到 19 项。可以看到，对农业生态的用地政策和直接奖补相对缺项。

由按政策支持对象分类绘制 X-Y2 二维象限政策条目分布表（见表5）可见，在政策工具支持的对象中乡村整体受到的支持最多，达到 99 项，其原因是许多政策需要通过遗产地一级的政府自行统筹资金使用，2017 年 12 月国务院发布的《关于探索建立涉农资金统筹整合长效机制的意见》中提出，加强涉农资金统筹整合，探索建立长效机制。优化财政支农投入供给。在资金统筹整合的过程中，遗产地作为政策措施的中间环节，必然成为政策工具的首要支持对象。然而从目前政策工具对农户和企业的支持可以看出，农户受到的支持相对较少，仅为 17 项。

从单一政策工具上看，乡村整体受到财税支持最多，共 33 项；其次是对企业的信贷扶持，达到 21 项。但在具体政策上仍然存在缺项，如在对农户的支持政策中缺少社会资本工具，信贷扶持和宣传引导也相对较少。

表5　按政策支持对象划分 Y 维度的二维政策工具量化表

单位：项

	财税支持	社会资本	信贷扶持	宣传引导	用地政策	直接奖补
农户	4		1	1	3	8
企业	9	3	21	2	11	6
整体	33	16	15	10	18	7

（三）京津冀区域政策分析

近年来，在国家层面，对于京津冀区域农业文化遗产的相关政策主要分为 3 类：一是中共中央、国务院发布的《京津冀协同发展规划纲要》，是京津冀协同发展纲领性文件；二是农业生态相关的生态补偿政策，包括国家发改委发布的《京津冀协同发展生态环境保护规划》、国家林业局与三省市共同出台的《共同推进京津冀协同发展林业生态率先突破框架协议》；三是农业生产和农产品流通相关的政策，如农业部等 8 部门发布的《京津冀现代农业协同发展规划（2016—2020 年）》，国家发改委等 6 部门出台的《京津冀农产品流通体系创新行动方案》。

此外，在省市级层面，各类与农业文化遗产保护与发展相关的省级层面政策也有几十项之多。涉及京津冀协同发展，如 2016 年三省市政府联合发布《京津冀旅游协同发展行动计划（2016—2018 年）》，明确提出旅游协同发展的 21 项重点任务。北京市农村工作委员会发布的政策中也有涉及推进京津冀协同发展的重点工作，包括但不限于推动农产品产销对接，重点向北京蔬菜流通商贸企业推介河北蔬菜，协助河北在京开展农产品展销、品牌推介等活动；推进会展农业合作，促进京津冀三地全方位、多层次、多形式的交流沟通等。这些政策中有一部分是对国家层面政策的转发和细化，也有部分是落实方案。从当前的各项政策来看，包括乡村振兴、生态环境保护、农村人居环境整治、文物与非物质文化遗产保护、产业融合发展（包括加工业、旅游业、商业）等各项省级政策均有与之对应的国家层面政策。

三　结论与政策建议

近年来，党中央、国务院发布的各项通知、意见、办法、方案和规划等共同构成了农业文化遗产保护与发展的政策支撑体系。通过政策工具二维量化分析发现，目前 6 个政策工具在各类支持政策中均有所涉及，其中财税支持工具最多，宣传引导工具最少；在 Y 维度上，各类政策工具对全面工作和（乡村）整体的支持最多，除两者之外，对农业生产和企业支持较多；对农业文化、农业生态和农户的支持相对较少，差异相对较大。基于上述分析，从政策工具 X 维度和 Y 维度两个维度出发，提出优化农业文化遗产保护与发展相关政策与有效利用当前政策措施的建议。

（一）完善政策支持体系

研究发现，农业生态方面缺少直接奖补和用地政策工具，农业文化缺少信贷扶持工具，对农户缺少社会资本工具，对企业相对缺少宣传引导工具。这一缺失现象造成现有政策支持体系的不完整，这类政策工具应在省一级或县市一级予以补充完善。农业文化遗产保护与发展需要良好的生态环境作为支撑，应积极探索资源有偿使用制度和生态保护补偿制度，以此作为政策工具不足的补充。此外，农民是遗产保护的主体，应适当增加对农户的支持政策。

（二）适当增加直接奖补类措施，优化已有财税支持政策的实施细则

当前政策工具中存在"鼓励"有余、"支持"不足的现象，最突出的特征是直接奖补类政策工具较少，这会对遗产地各利益相关方的积极性造成影响。同时在财税支持政策方面，多是指导性而较低操作性造成政策落实力度弱化。因此应根据不同支持对象，将各类政策工具细化，制定实施细则，从而使政策措施更为高效和更具可操作性。

（三）依托政策工具支持大力促进产业融合发展

从研究结果上看，当前的各类政策工具对全面工作所涉及的产业融

合发展、休闲农业发展等支持力度较大，应充分利用当前政策，通过农业文化遗产的综合利用和发展来反哺与促进保护。创新各类政策工具利用方式，推动社会资本参与休闲农业、休闲林业、康养产业等示范性项目建设，通过先行建设争取各类支持和奖补政策。

（四）依托京津冀协同发展区位优势，争取生态补偿和生态保护性项目和资助

结合实施国家主体功能区战略，积极争取率先实行资源有偿使用制度和生态保护补偿制度，逐步建立区域间生态保护补偿机制，争取跨省流域生态保护补偿。开展森林碳汇参与温室气体自愿减排交易试点，通过林业碳汇交易项目筹措发展资金，为地区的经济社会发展提供资金支撑。

参考文献

闵庆文、张丹、何露等：《中国农业文化遗产研究与保护实践的主要进展》，《资源科学》2011 年第 6 期。

李文华、刘某承、闵庆文：《农业文化遗产保护：生态农业发展的新契机》，《中国生态农业学》2012 年第 6 期。

闵庆文、张碧天：《中国的重要农业文化遗产保护与发展研究进展》，《农学学报》2018 年第 1 期。

张百灵：《中国农业文化遗产保护的立法构想》，《西部法学评论》2013 年第 5 期。

李刚：《浅议农业文化遗产的法律保护》，《北京农学院学报》2007 年第 4 期。

刘某承、熊英、白艳莹等：《生态功能改善目标导向的哈尼梯田生态补偿标准》，《生态学报》2017 年第 7 期。

梁山、胡建、杨香合编著《农业政策与法规》，中国农业出版社，2009。

黄萃：《政策文献量化研究》，科学出版社，2016。

赵筱媛、苏竣：《基于政策工具的公共科技政策分析框架研究》，《科学学研究》2007 年第 1 期。

张成福：《论政府治理工具及其选择》，《公共行政》2003 年第 4 期。

季飞、李韦：《地方政府推动智慧城市建设的政策工具选择——基于贵州省推动智慧城市建设的政策文本分析》，《城市观察》2019 年第 1 期。

Schneider A., Ingram H., " Behavioral Assumptions of Policy Tools," *The Journal of Politics*, 1990（2）.

McDonnell L. M., Elmore R. F., " Getting the Job Done： Alternative Policy Instruments," *Educational Evaluation and Policy Analysis*, 1987, 9（2）.

Howlett M., Ramesh M., *Studying Public Policy： Policy Cycles and Policy Subsystems*, Oxford： Oxford University Press, 2003.

后奥运时期京西地区转型发展研究

肖亦卓*

摘　要： 本文分析了京西地区转型十余年，尤其是新首钢三年行动计划和京西行动计划实施以来的发展现状及存在的问题。后冬奥时期依据整合要素资源、发挥比较优势的原则，京西地区应加强协同治理，整合要素资源，实现产业联动、基础设施连通和生态廊道贯通，持续提升国际文体交流功能、做实西部综合服务功能、强化场景创新功能，推动首都均衡发展、共同富裕的新发展格局形成。

关键词： 京西地区　新首钢　产业联动

21世纪初以来，京西地区整体上面临产业转型升级、功能空间重塑和生态环境治理等问题。经过十余年转型发展，尤其是新首钢三年行动计划和京西行动计划实施以来，京西地区经济增长有活力，功能转变有支撑，园区建设见成效，生态安全有保障，区企合作得以加强，但也存在经济体量小、转型周期长、规划落地慢、区域协作难等问题。本文就京西地区发展现状及存在的问题展开分析，并提出若干政策建议。

---

* 肖亦卓，北京市社会科学院城市问题研究所助理研究员。

一 京西地区发展现状

（一）经济增长有活力，投资消费两旺

京西地区抓住举办北京冬奥会的重大机遇，推进实施新首钢三年行动计划和京西行动计划，投资持续高速增长，消费增速也快于全市水平，京西地区经济增长活力显现。

2019~2021年石景山区固定资产投资平均增速为14.5%，居全市第2位，位列六个中心城区之首；门头沟平均增速为6.8%，居全市第6位，京西两区均高于全市1.5%的平均水平。①

以2021年北京固定资产投资和社会消费品零售总额增速为原点，圆面积代表地区生产总值规模，考察2021年北京各区经济增长状况（见图1）。第一象限的五个区投资和消费增速均高于全市平均水平，石景山区和门头沟区均位列其中。石景山区投资增速居全市第2；门头沟消费增速居全市第2，石景山区居第4。图1虚线所围区域包括除东城、西城以外的四个中心城区，石景山区位于区域右上部，投资和消费增速快于朝阳、海淀、丰台三个中心城区。

京西地区经济规模总量仍偏小。图1直观地呈现了各区生产总值规模对比，石景山区在中心城六区居第6位、在全市十六区中居第10位；门头沟区在五个生态涵养区中排第4位、在全市居第15位。

（二）功能转变有支撑，信息服务软件业主导产业地位已经确立

1950年起北京在原石景山钢铁厂基础上规划布局了石景山冶金重

---

① 本文数据如无特殊说明，均出自相应年份的《北京区域统计年鉴》或据《北京区域统计年鉴》计算而得。

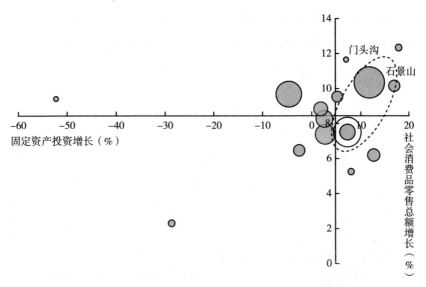

图 1　2021 年北京各区的生产总值规模、投资和消费增长

注：圆面积代表各区生产总值规模。

资料来源：据《北京区域统计年鉴 2022》计算而得。

工业区。2010 年底主厂区钢铁主流程停产。当年石景山区工业增加值占地区生产总值的比重超过 30%，建筑业占比居第 2 位，两者合计占比为 43.01%；以区位商衡量的专业化程度分列前二，反映了石景山区工业经济的特征。新首钢三年行动计划实施前的 2018 年，信息传播、软件和信息技术服务业（以下简称"信息服务软件业"）占比上升至首位，但与工业、建筑业相比优势不明显。这表明石景山区持续推动产业转型升级取得一定进展，但新产业尚未形成强力支撑。新首钢三年行动计划结束的 2021 年，信息服务软件业占比迅速上升至 29%；区位商进一步提高，排名进入前三，专业化优势显现，主导产业地位已经确立。

石景山区金融业占比从 2010 年的 5.93% 上升至 2021 年的 18.99%，居第 2 位，但专业化优势尚不显著。租赁与商务服务业增加值占比较低，区位商为 0.6 左右，低于 1，且十年来没有出现明显提升。文化、体育和娱乐业增加值占比和区位商都在下降，增加值占比低于2%，区位商低于1。这些都说明规划中的高端商务服务业、文创产业和"体育+"有待进一步培育（见表1）。①

表 1　石景山区主要行业演变

行业	增加值占地区生产总值的比重(%)			区位商		
	2021 年	2018 年	2010 年	2021 年	2018 年	2010 年
工 业	5.29	13.45	31.44	0.37	0.91	1.61
建筑业	10.92	14.12	11.57	2.71	3.36	2.61
批发和零售业	5.00	4.36	7.14	0.64	0.52	0.53
交通运输、仓储和邮政业	0.28	1.45	1.77	0.12	0.33	0.35
住宿和餐饮业	0.70	1.25	1.57	0.67	0.86	0.70
信息传输、软件和信息技术服务业	28.96	17.06	11.09	1.78	1.34	1.29
金融业	18.99	9.34	5.93	1.01	0.56	0.45
房地产业	6.06	5.91	7.27	0.94	1.03	1.02
租赁与商务服务业	3.59	4.27	3.08	0.59	0.64	0.46
科学研究和技术服务业	5.61	9.17	4.35	0.71	0.86	0.65
水利、环境和公共设施管理业	0.61	1.03	0.70	0.80	1.33	1.31
居民服务、修理和其他服务业	0.92	1.57	1.10	1.90	2.60	1.56
教 育	4.78	6.76	3.81	0.98	1.43	1.04
卫生和社会工作	2.97	3.70	2.61	1.11	1.47	1.45
文化、体育和娱乐业	1.73	2.78	2.75	0.94	1.31	1.32
公共管理、社会保障和社会组织	3.60	3.77	3.81	0.87	1.20	1.16

资料来源：据历年《北京区域统计年鉴》计算而得。

门头沟区拥有千年采煤史，曾经是北京重要的煤炭供应地。1960~2007年，北京煤炭年均消费总量的60%来自门头沟区。② 2010年门头沟工业增加值占地区生产总值的比重为44.84%，居第1位；区位商大于2，居第3位，专业化程度高，反映了门头沟区工矿经济的特征。

---

① 此处利用相关年份统计数据，按《国民经济行业分类》中的门类进行行业分析。如能获取细分行业类别资料，结论将更为准确。

② 张力兵：《当好"两山"理论守护人》，《前线》2020年第8期。

21 世纪初以来北京城市功能区域发展思路逐渐明晰。门头沟区被划为生态涵养发展区后，开始关停煤矿，转向环境整治和生态保护。2020年北京最后一座煤矿——位于门头沟区的大台煤矿关闭。通过整顿退出传统资源型产业，2021 年门头沟区工业增加值占比大幅下降至 15%，仍略高于其他行业。门头沟区优化工业结构，发展以精雕科技为代表的小批量零件定制智能装备制造、医药及医疗器械制造等。

2021 年门头沟区房地产业、建筑业增加值占比分列第 3、第 4 位，且专业化程度高。这与门头沟区持续推进棚户区改造和新城建设有关。金融业占比上升至 8.78%，但专业化程度偏低。门头沟区利用特色文旅资源，大力发展乡村休闲旅游，打造民宿品牌，相关住宿和餐饮业区位商大幅提升，远大于 1，但规模占比仍然较低（见表 2）。

表 2　门头沟区主要行业演变

行业	增加值占地区生产总值的比重（%）			区位商		
	2021 年	2018 年	2010 年	2021 年	2018 年	2010 年
农　业	0.65	1.78	—	2.32	4.46	—
工　业	15.12	32.95	44.84	1.07	2.24	2.29
建筑业	11.97	8.33	6.60	2.98	1.98	1.49
批发和零售业	7.11	4.24	5.93	0.91	0.51	0.44
交通运输、仓储和邮政业	0.69	1.62	1.48	0.29	0.36	0.29
住宿和餐饮业	3.14	1.16	1.58	3.00	0.80	0.70
信息传输、软件和信息技术服务业	3.28	0.07	0.07	0.20	0.01	0.01
金融业	8.78	7.11	4.14	0.47	0.42	0.31
房地产业	12.96	9.85	8.61	2.00	1.71	1.21
租赁与商务服务业	1.76	2.30	2.18	0.29	0.35	0.32
科学研究和技术服务业	4.64	4.55	1.90	0.58	0.43	0.29
水利、环境和公共设施管理业	1.43	0.71	0.74	1.88	0.92	1.39
居民服务、修理和其他服务业	1.45	1.86	2.09	3.01	3.07	2.98
教　育	6.34	5.94	5.38	1.30	1.26	1.47
卫生和社会工作	5.52	4.74	3.22	2.06	1.89	1.79
文化、体育和娱乐业	1.87	0.82	0.92	1.02	0.39	0.44
公共管理、社会保障和社会组织	13.29	11.97	8.67	3.20	3.81	2.63

资料来源：据历年《北京区域统计年鉴》计算而得。

总之，十余年来尤其是新首钢三年行动计划实施以来，京西地区产业转型升级初见成效。石景山区信息服务软件业替代工业成为主导产业；金融业发展迅速，有成为优势产业的潜力。门头沟区从采矿业向医药、智能装备制造业升级，但新的细分产业尚未明晰。作为传统的工矿业基地，京西地区商业、住宿餐饮业等生活服务业发育尚不充分，需要提档补缺，强化对国际消费中心城市建设、西部综合服务区功能的支撑。从科学研究和技术服务业，租赁与商务服务业，文化、体育和娱乐业的规模和专业化程度来看，与发展现代服务业、重点布局"科技+"、"体育+"的规划目标仍存在差距。

（三）园区建设见成效，产业集聚发展的态势正在形成

新首钢三年行动计划实施以来，随着一批重大项目和重要活动的引入，功能园区规划逐步落地，集中承载符合规划定位的产业发展，并对原有低效园区进行调整改造。工作重点从土地开发、载体建设为主日益向开发建设与招商导入适宜项目和企业并行。不过，受规划多次调整、土地权属分割且主要由原央企国企掌控、以存量盘活为主利用难度大等因素影响，一些园区开发进度相对较慢。2021年中关村石景山园累计已建成面积占规划总面积的比重仅为25%，在各区中处于较低水平。

表3　京西地区重点功能园区

市辖区	园区	现状
石景山	新首钢高端产业综合服务区	北区、东南区基本完成建设 大力推进建设国家体育产业示范区、首钢5G示范园、中关村（首钢）人工智能创新应用产业园、科幻产业集聚区
	中关村石景山园	建设中关村虚拟现实产业园 工业互联网产业园在建，先导区入驻率达74%
	北京银行保险产业园	国家级金融产业示范区基本建成

续表

市辖区	园区		现状
	文化创意园	首钢文化产业园	市级文化产业示范园
		郎园 Park	市级文化产业园区
		北重科技文化产业园	规划设计园已开园
		石景山热电厂文创园	
	长安街轴线商务区	京西综合商务区	以科技金融为主，2020 年规上企业达 18 家，总税收收入超 6 亿元
		银河商务区	
		融科创意产业中心	
门头沟	中关村门头沟园		在建中关村（京西）人工智能科技园
	新首钢滨河服务区		在建央视"5G+8K"超高清示范园

注：截至 2022 年末。
资料来源：笔者整理。

（四）生态安全有保障，京西两区成功创建国家森林城市

京西地区持续推进生态保护和环境整治。2022 年北京市五区获评"国家森林城市"，京西两区均列其中。石景山区是首个获此称号的中心城区，人均公园绿地面积居中心城区第 1。门头沟区人均公园绿地面积居全市第 3（见表 4）。

新首钢三年行动计划实施以来，石景山 PM2.5 浓度显著下降，2022 年该指标与海淀区并列中心城区第 1。

2019 年启动永定河生态补水工程，永定河山峡段四十多年来首次实现不断流，门头沟辖区地下水水位回升明显，主要河段水质明显得到改善。[1]

---

[1] 《门头沟区荣获"中国天然氧吧"称号》，《京西时报》2022 年 12 月 9 日。

表 4 京西地区大气质量及绿化相关指标

区域	细颗粒物（PM2.5）年均浓度值（微克/米³）		森林覆盖率（%）	人均公园绿地面积（平方米）	建成区公园绿地 500 米服务半径覆盖率(%)
	2022 年*	2018 年	2022 年	2022 年	2022 年
北京市	30	51	44.80	16.63	88.00
石景山区	30	53	31.49	24.16	99.32
门头沟区	29	47	48.26	26.29	92.85

资料来源：《北京区域统计年鉴 2019》；北京市生态环境局：《2022 年北京市空气质量新闻发布会》，2023 年 1 月 4 日；北京市园林绿化工作会议，2023 年 2 月 2 日；石景山区人民政府：《山水相融生态复兴城，蓝绿交织森林石景山》，2022 年 11 月 14 日。

（五）区域协作有所加强，协作网络不断扩张

本部分借助有限的信息，观察京西地区以区政府为中心的各类行动主体之间的协作关系。[①] 石景山区与首钢集团合作关系日益密切且稳定。在三年行动计划实施前的 2016~2018 年区企高层对接会按年度召开，2019 年则增加到 10 次，2020 年高层对接会和主管副区长专题调度会共 8 次，2022 年共 5 次。针对新首钢园区建设制定经济贡献共享机制实施细则，充分调动首钢集团的积极性。

门头沟区与京能集团在煤矿退出、生态修复、产业升级等重大事项的工作节点上互动较多。随着"一线四矿"先导项目王平矿旅游度假休闲区启动及方案送审，为争取项目早日动工，区企协作进一步加强。

在上级统筹指导下围绕具体目标如举办冬奥赛事、区界基础设施配套、维护及公共服务供给等，两区之间开展对接协作。2022 年举办首届京西地区发展论坛，"两区+两企"首次搭起交互协作平台。

此外，在平原区与生态涵养区结对协作框架下，西城区与门头沟区

---

① 主要依据石景山区和门头沟区历年政府工作报告、《国民经济和社会发展计划执行情况》及政府网站公开报道资料。

开展了持续协作活动，对接合作领域广泛并共同出资成立乡村振兴绿色产业发展专项资金。石景山区加强与海淀区的对接合作，探讨建立经济贡献共享机制，推动新首钢园区承接中关村核心区企业外溢增长。

表5　京西地区区级协作关系

主体	属性	高层对接会	战略合作框架协议	资金投入
石景山区—门头沟区	区际	有	2018年、2021年	
石景山区—首钢集团	区企	频繁	经济贡献共享机制	2019年向首钢集团首批拨付6000万元
门头沟区—京能集团	区企	经常		
门头沟区—西城区	区际	经常	2018年、2021年	西城区一次性出资4亿元,门头沟区每年配套1亿元成立总额8亿元的乡村振兴绿色产业发展专项资金

注：截至2022年末。

资料来源：笔者整理。

二　京西地区发展中的问题

（一）潜在的地理位置优势尚未充分转化为区位优势

新首钢园西距城市中心天安门不过20公里，是目前中心城区少有的大片待开发功能区。石景山区东缘距离更近，约14公里。门头沟新城距离约25公里，在各新城中距中心城区最近，距离中关村自主创新示范区核心区也最近。但地理距离近的优势并未转化为与中心城区、重点功能区及机场联系便捷的区位优势。

一是偏于城西一隅，对外联络网络承压严重。京西两区之间以及京西地区对外联络骨架系统直至"十三五"期末才初步成形。目前京西地区在通勤高峰期东西向（石景山路以东和莲石东路）、南北向（西五环）仍拥堵情况严重。

二是在过去十余年全市轨道交通快速发展期，京西地区除原有的 M1 线外，仅增加 M11 线西段、M6 线西延和 S1 线 3 条轨道线路。东西向仅增加 M6 线连接中心城区、城市副中心。区内各站点客流通勤潮汐现象突出，轨道线石景山区以东区段高峰满载率达到 80%~100%，[①] 地区对外交通严重受限。

三是京西地区内部路网密度低、连通性较差。2020 年石景山区路网密度 3.4 公里/平方公里[②]，远低于中心城区 6 公里/平方公里左右的平均值；门头沟区更低，2016 年集中建设区道路网密度为 2.2 公里/平方公里，公路网密度 17 公里/百平方公里，与 2035 年规划目标有不小的差距。[③] 整体上京西地区交通规划实施率不高。

（二）经济规模偏小，产业集聚能力弱

进入 21 世纪，在中国加入 WTO 和北京成功申奥的影响下，北京城市经济快速发展，2000~2010 年 GDP 年均增速超过 10%；城市功能及空间由生产型向服务型持续转变，现代服务业、高新科技产业和文化创意产业日益发展壮大。2004 年版北京城市总体规划明确了城市人口和功能优化调整的方向，着力推动增长从中心集聚向平原新城、发展轴线方向转移扩散，城市功能空间结构开启新一轮调整。在这一轮大发展、大调整中，各区域因区位条件各异、经济基础不同、功能定位差异获得不同的发展势能。总的来看，区域间经济发展差异大。[④]

---

① 《石景山区"十四五"时期交通发展建设规划》，2021 年 12 月。

② 《北京石景山统计年鉴 2022》。

③ 2025 年两个指标分别达到 6.5 公里/平方公里和 22 公里/百平方公里；2035 年两个指标分别达到 8 公里/平方公里和 31 公里/百平方公里。详见《门头沟分区规划（国土空间规划）（2017 年—2035 年）》。

④ 胡望舒、孙威：《基于泰尔指数的北京市区域经济差异》，《中国科学院研究生院学报》2013 年第 3 期；马晓熠、裴韬：《基于探索性空间数据分析方法的北京市区域经济差异》，《地理科学进展》2010 年第 12 期。

这一时期作为传统工矿业基地的京西地区依据总规中的城市功能定位，快速完全地搬迁、退出原有的钢铁产业和采矿业。2005~2010年石景山区GDP增速降至个位数，周边其他中心城区的增速几乎是石景山的2倍。2005年石景山GDP占全市的比重约为2.96%，此后持续下降，2011~2018年占比均低于2%，2019年重回2%以上，2021年回升到2.38%。至今石景山区经济规模在全市的占比未能恢复至首钢启动搬迁前的水平。十五年来石景山区与周边其他城区的经济体量差距日益拉大。

门头沟区山地占全区面积的98.5%，建设用地极为有限。中关村门头沟园在中关村各园区中面积最小。生态涵养区执行的产业准入标准日益严格。虽然对生态涵养区的绩效考核不再关注经济增长总量指标，但改变地区原本就欠缺的基础设施和公共服务状况，仅依靠区级公共财政资金显然困难重重。

钢铁产业和采煤业的退出可以严格遵循规划时间表，但新的替代产业群成长起来并支撑区域经济社会发展则需要更复杂因素的配合，难以与规划预期相吻合。从首钢主厂区停产后到目前的开发进度和项目落地情况来看，[1] 新首钢园区更新改造、转型升级过程需要有长期准备。对整个京西地区的转型升级应持谨慎态度。

（三）区域经济社会合作治理机制未能有效促成要素释放再组合

从演化经济理论视角来看，通常认为老工业基地的衰落与锁定状态的路径依赖有关。原有的技术—组织模式限制潜在选择的范围，地区经济社会因被锁定在一个不利的发展选择上而走向衰落。

[1] 目前首钢园北区面积达180多万平方米的建筑仅完成15%左右的改造，而首钢园南区还有约350万平方米的空间等待开发。《百年首钢 百炼成钢——从钢铁强国"梦工厂"到改革转型"排头兵"》，http://www.gov.cn/xinwen/2019-09/06/content_5427875.htm，2019年9月6日。

新中国成立初期在消费城市转变为生产城市的方针指导下，北京在石景山区规划建设重工业基地，不仅着眼于引入重大技术、发展社会主义生产力，而且意在提升工人阶级比重，造就新的生产关系和社会组织。京西地区形成了以重工业—国企—厂矿组织为主导的经济社会特征。原产业退出后工矿用地使用权依然归属原国企或央企。对这些企业来讲，将其转换为符合规划的商业服务业、文旅产业用地存在资金、专业经验和人才方面的制约，土地要素盘活再利用进度较为缓慢，一定程度上阻碍了新产业空间形成和新产业引入。这也是系列规划迟迟难以落地的重要原因。

在京西地区转型发展路径创新过程中，需要地区政府发挥更大的主观能动性，为促进要素释放加快重组，进行组织协调，将各类主体整合到政策及行动网络中共同推动区域转型发展。

三　转型发展原则与建议

综合前述分析，从京西地区长期转型升级的历史经验中学习，提炼出以下发展原则。

（一）原则

1. 整合要素，扩大规模

石景山区和门头沟区处于相对独立的西部地理单元，行政区域内人口、建设用地、经济总量和区级公共财政规模偏小，又面临相似的经济社会转型发展和生态治理任务，迫切需要全面推动协同治理，整合区域要素，促进人力资源流动，加强企业对接，突破行政区隔带来的规模约束。

2. 发挥比较优势

未来京西地区重点从空间整备建设转向空间建设与产业导入并行。

通过京西地区发展论坛及已有的各产业和协作平台,两区可联合招商共同进行地区推介。坚持市级统筹、把握规划定位,发挥各自比较优势进行产业链细分、延伸和互补,相互协作支撑,构建地区一体化产业生态。

（二）若干建议

1. 牢牢把握战略定位,持续提升国际文体交流功能、做实西部综合服务功能、强化场景创新功能

新首钢园因特殊的区位、独特的工业遗存和奥运遗产风貌及其蕴含的敢于争先、实干强国的精神财富,成为国家叙事最具代表性和象征性的符号,是首都长安街轴线上西部重要节点地区。后冬奥时期,以新首钢园为重点的京西地区应继续围绕国家及市级层面的战略谋划,承接国家级、市级重大活动和重大项目落地,提升国际文化体育交流功能、做实西部综合服务功能,强化场景创新功能,实现与东部正在建设的城市副中心协调呼应的发展态势,推动首都均衡发展格局形成。

提升国际文化体育交流功能。持续利用冬奥会设施场馆及品牌资源,两区共同发力,引进或承办国内外高水平职业赛事、具有国际影响力的户（野）外赛事,突破冰上运动时空局限,形成国际级赛事全季承办能力。在户外运动领域利用园区内展览展示空间,承担起国际文体展览及会议功能。营造良好的消费环境,持续运营体育产品保税仓库,以国际体育赛事交流、文体相关展览会议和国际工业旅游带动促进国际消费中心发展。推动国际要素在新首钢园区集聚,打造国际人才社区。

做实西部综合服务功能。提升西部区域性综合商业服务中心品质和能级,扩大辐射服务范围。培育国际面向的商业、新形态商业、特色文体旅商业,丰富商业服务供给。

强化场景创新功能。国际科创中心建设中,基础创新和场景创新同等重要。京西地区应发挥比较优势,立足已有的新一代信息技术产业基

础和专业化优势，持续拓展虚拟现实技术在游戏、教培、工业设计、医疗诊治和文旅体验等领域的应用场景，强化场景创新能力，促进科幻产业、虚拟现实产业等细分领域数字技术与实体经济深度融合和商业应用。

2. 整合要素资源，加强产业联动

京西地区的工业遗存规模庞大、分布集中、种类多样。新首钢北区高炉、冷却塔和炼焦炉等工业构筑物展现了钢铁工业风貌特点，被评为国家 3A 级景区。门头沟区"一矿四线"保留了筒仓、竖井、巷道和运煤铁路等具有采煤工业特点的设施。可借鉴欧洲工业遗产之路（ERIH）跨国多点多主题线路整体运营经验，打造具有国际影响力的工业遗存文旅网络。统一建设网络平台，整合旅游资讯和运营信息；优先发掘京西地区以首钢园、"一线四矿"为重点的工业遗存曾经的经济技术联系、历史文化价值、艺术审美价值和科普教育价值，面向中小学生、亲子家庭、社会公众设计若干主题线路进行整体推介营销；推动王平矿地中海俱乐部酒店尽快开工建设。

促进京西地区数字产业链上下游延伸互补。门头沟区滨河片落地的超高清数字视听产业可为新首钢园科幻产业、中关村石景山园虚拟现实产业的内容生产提供制播平台；中关村门头沟园心血管器械制造、算力中心为石景山虚拟现实产业、元宇宙产业提供了医疗诊治场景应用创新的硬件及基础设施。通过产业链延伸互补，实现产业联动，在高新技术产业若干细分领域形成京西地区专业化优势。

3. 加快京西地区轨道交通建设，提升重点区域道路密度

重点加强对外联络线建设，加强与首都功能核心区、重点功能区以及机场的联系。京门—门大线利用既有京门铁路及站点改扩建，尽快延至金安桥站接入城市轨道交通网，强化门头沟与新首钢园区、京西地区与中心城区的联系，发展新首钢园文旅产业，为"一矿四线"工业遗产旅游及山区休闲康养旅游发展创造有利的基础设施条件。目前京门线

已明确以城铁投公司为建设主体，应尽快倒排工期。对于门大线京投公司、公交集团应尽快研究协调编制方案。

规划 M11 线西段向东延伸与北京西站、丽泽商务区连接，未来接入（大兴）机场线和北京南站，大大强化京西地区尤其是新首钢园南北区与重要对外交通枢纽的联系。应创造条件早日启动 M11 线西段（新首钢站—洋桥站）规划实施，或先期建设开通新首钢站—莲花桥站段。M11 北延至五里坨地区，有利于改善石景山西北部地区出行条件，近期可研究确定相关站位选址方案。

围绕京西地区重点园区新首钢园、北京银行保险产业园以及门头沟新城，持续建设完善周边主干路网。加快建设新首钢园区北区群明湖大街东侧 15 条次干路支路，率先在北区东侧形成小街区、密路网、慢行友好的国际化社区风貌。

持续推进区域对外联络纵横骨架网络建设，确保北京市工程规模最大的单体山区高速公路项目国道 109 新线建设，增强区域东西向联络线交通承载能力；拓展北向与中关村核心区、高校科研院所集聚区连接，为承接高端要素、创新技术扩散创造有利条件。

参考文献

胡望舒、孙威：《基于泰尔指数的北京市区域经济差异》，《中国科学院研究生院学报》2013 年第 3 期。

马晓熠、裴韬：《基于探索性空间数据分析方法的北京市区域经济差异》，《地理科学进展》2010 年第 12 期。

格尔德·施恩斯托克：《从路径依赖到路径创造？——巴登-符腾堡州和德国模式的未来》，载蒂莫·J. 海迈莱伊宁、里斯托·海斯卡拉《社会创新、制度变迁与经济绩效：产业、区域和社会的结构调整过程探索》，清华大学启迪创新研究院组织编译，知识产权出版社，2011。

生态文明背景下提升首都都市圈城市韧性的路径研究

倪维秋[*]

摘　要： 都市圈是城市化进程中的一般性规律和普遍现象，是政府推动经济发展的重大战略选择。高水平构建现代化首都都市圈以支撑京津冀世界级城市群建设，对于推动新时代首都发展和京津冀协同发展而言意义重大。本文基于新时期首都都市圈高质量发展的新要求，探讨在推进生态文明建设的进程中提升首都都市圈发展韧性的思路和举措，为京津冀城市群构建安全发展新格局筑牢基础，为实现城市更高质量发展提供基本供给侧保障与支撑。

关键词： 生态文明　首都都市圈　韧性城市

生态文明和韧性城市是首都都市圈高质量发展的两大驱动力。习近平总书记提出，要着力完善城市治理体系和城乡基层治理体系，树立"全周期管理"意识，努力探索超大城市现代化治理新路子，这为生态文明与韧性城市融合发展指明了方向。① 建设基于生态文明理念

＊　倪维秋，博士，北京市社会科学院城市问题研究所研究员。
①　韩庚君：《新型城镇化进程下生态文明与韧性城市协同建设研究》，《现代商贸工业》2020年第 23 期。

的韧性城市，全面提升城市在遭受各种灾害冲击时适应、恢复和发展繁荣的能力，为构建安全发展新格局筑牢基础，为实现城市更高质量发展提供基本供给侧保障与支撑。① 首都都市圈是我国唯一包含首都的都市圈，也是目前唯一拥有两个超大城市的都市圈，承担了政治中心、文化中心、国际交往中心、北方航运核心等诸多国家级职能，聚集了各类高端要素，承载着重要的国家使命；同时也面临着较为严峻的超大城市治理难题，核心城市功能与人口过度集聚带来诸多的"大城市病"，区域生态环境较为脆弱、人地矛盾突出。首都都市圈在国家治理中的地位重要而又特殊，既要实现高质量发展又要贯彻落实习近平总书记提出的总体国家安全观，在这样的背景下，探讨在推进生态文明建设中如何提升首都都市圈的发展韧性就显得尤为重要。

一 习近平总书记关于都市圈建设的重要论述

习近平总书记 2018 年 9 月在东北三省考察并主持召开深入推进东北振兴座谈会时强调，要培育发展现代化都市圈，加强重点区域和重点领域合作，形成东北地区协同开放合力。习近平总书记 2020 年 1 月在中央财经委第六次会议上强调，要推动成渝地区双城经济圈建设，在西部形成高质量发展的重要增长极。习近平总书记 2021 年 10 月在深入推动黄河流域生态保护和高质量发展座谈会上强调，加快构建国土空间保护利用格局，城市群和都市圈要集约高效发展，不能盲目扩张。

习近平总书记关于都市圈建设的重要论述，对于如何以都市圈建设来提高城市群建设质量、发挥大城市在城市群建设中的辐射带动作用，对于推进新型城镇化建设、完善区域协调发展机制而言具有重要的现实意义。当前，在区域协调发展的新时期，以城市群为主体形态的新型城

---

① 刘彦平：《城市韧性与城市品牌测评——基于中国城市的实证研究》，中国社会科学出版社，2021。

镇化进展十分迅速，并已出台各类国家级城市群发展规划。都市圈作为城市群建设中的重要节点，能够促进核心城市与周边中小城市形成紧密的经济联系，优化城镇体系格局，实现大城市与周边中小城市之间各种生产要素和产品跨行政边界自由流动，促进资源配置效率提升。

二 深刻认识首都都市圈建设的重大意义

习近平总书记在 2014 年"2·26"讲话中指出，要"面向未来打造新的首都经济圈"。《京津冀协同发展规划纲要》明确提出，加快打造现代化新型首都圈。在总书记重要讲话中提到的首都经济圈、现代化新型首都圈，就是目前北京作为重大战略建设的都市圈范畴。新时代，京津冀世界级城市群要实现高质量发展，就要把建设首都都市圈作为京津冀世界级城市群建设的战略举措和区域协同发展迈上新台阶的核心任务。建设首都都市圈，可以使核心城市与外围地区共同构建多中心复合型都市区，缓解北京非首都功能疏解承接地吸引力不强的问题，缩小京津冀区域差距，不断完善轨道交通、公共服务等基础设施，避免"三区四地"分割的客观制约，强化首都"四个中心"功能，推动形成京津冀城市群主干构架，为解决核心城市发展问题提供有效方案，推进京津冀协同发展向纵深推进。

三 首都都市圈韧性城市建设面临的问题和挑战

（一）经济韧性方面：区域内部经济社会发展水平落差大

首都都市圈核心—边缘二元结构突出，核心地区与外围地区发展落差大。2020 年北京市人均 GDP 为 16.42 万元，而通勤圈环京 13 个县（区、县级市）中有 11 个人均 GDP 低于 7.18 万元（2020 年全国平均水平），北京中心城区（23.9 万元）与最低的蓟州区（2.82 万元）相差约 7.5 倍。从长三角来看，苏浙沪三地人均 GDP 均超过 10 万元，上海中心城区（21.1 万元）与环上海 5 个县（区、县级市）中最低的嘉善县（10.16 万元）相差约 1 倍。与东京都市圈（一都七县）相对照，2019 年东京都人均 GDP（折合人民币约 51.46 万元）与最低的琦玉县（约 20.28 万元）相差约 1.5 倍。

（二）产业韧性方面：区域产业疏解承接的联动效应还未显现

京津冀三地发展阶段存在较大的梯度落差，北京已进入后工业化时期，天津处于工业化后期，河北处于工业化中期。北京的创新结构与津冀的产业结构不匹配，三地创新链和产业链、供应链缺乏有效连接，高新技术专业以及创新成果转化受当地配套不足的影响较大。北京产业疏解呈现"蛙跳"现象，向珠三角、长三角及中部腹地转移的现象比较普遍。技术创新在区域内的共享和转化程度不高，2014～2021 年，北京输出的技术合同交易额中 90% 以上的流向津冀以外地区。各城市发展定位衔接不足。各类产业协作园区和承接平台功能定位需进一步厘清，服务保障、政策创新、营商环境还需要改善，以有效发挥承接产业疏解转移、培育根植当地优势产业、带动区域经济增长的空间载体作用。在首都都市圈核心区域外围，可以承接京津疏解职能的城市功能地域和要素集聚中心亟待培育。

（三）社会韧性方面：跨界地区通勤效率亟待提升

跨界通勤地区日益发挥就业人口蓄水池的关键作用，日均通勤人流约 30 万人，空间分布呈现"扇面+廊道"结构，东南扇面的紧邻边界地区持续强化，京唐、京津、京九、京保、京张等 5 条进京通勤走廊逐渐清晰。其中东向廊道上的廊坊北三县距离北京中心城区就业中心较近，占全部跨界通勤人口的近 50%，未来预计将维持较大的通勤规模；南向京九廊道依托北京大兴国际机场建设，跨界通勤规模增长较快。从北京各圈层对跨界通勤人流的吸引来看，中心城区吸引跨界通勤人流比重为 43%，外围地区对跨界通勤的截流作用提升明显，吸引的跨界通勤人流比重达到 57%，其中城市副中心及多点占 48.8%。与此同时，跨界通勤时间较长、效率不高等问题依旧突出，如廊坊北三县共设置公共检查站 16 个、进京小路口治安卡点 43 个，日常高峰期车辆平均通关时间约 30 分钟，重大活动安保期间车辆平均通关时间为 1~2 个小时。如何通过区域协同治理提升通勤效率亟待破题。

（四）政策韧性方面：区域协同治理机制需进一步探索创新

目前，国家层面成立了京津冀协同发展领导小组，京津冀三地均成立了推进京津冀协同发展领导小组。地方层面在加强沟通机制建设方面进行了多方探索。例如，城市副中心（通州区）与北三县建立了每半年两地主要领导定期会晤、每季度牵头部门对接调度、每月地区常态化沟通、信息报送和联合宣传等一体化发展工作协调机制；2021年底北京大兴国际机场临空经济区联合管委会正式成立，北京市委组织部、河北省委组织部分别任命干部负责联合管委会工作。"四个统一"建设取得初步进展，部分跨界地区的轨道、道路等交通市政设施衔接也取得成效。同时，央地两级协同发展领导小组以及三地协同发展领导小组缺少常态化运行的议事机制，区域协同目标和纲领在落地过程中遇到诸多掣肘，区域缺乏统一的空间协同规划，土地要素市场一体化障碍依然存在，连接不同主体的多层级协同工作缺乏整体性和系统性，用地布局、三线衔接、道路连通、贴边治理、生态涵养等重点领域亟待统筹谋划。

四 提升首都都市圈城市韧性的思路与对策

（一）加强首都都市圈城镇空间格局引导

构建"核心引领、簇轴发展、圈层联动、节点支撑、网络互联"的首都都市圈空间格局。着重突出北京的核心引领作用，有序疏解非首都功能，带动区域功能优化提升。牢牢把握"一核"与"两翼"的关系，进一步加强雄安新区和北京城市副中心对非首都功能的承接，推动功能和产业集聚，打造都市圈新的增长极。增强京津双城的主要引擎作用，强化相向布局，引导双向发力，加强重大设施布局和产业平台构建，打造区域发展主轴。

突出京津、京保、京唐、京九、京张、京承等发展轴线的骨架支撑作用，以轴串点，以点带面，沿轴线形成簇状发展的城镇群。加强圈层引导，强化功能梯次传导，突出通勤圈、功能圈、产业圈各自发展重点，围绕三个空间圈层，统筹空间组织和功能布局。

强化对廊坊、保定、沧州、唐山、涿州、张家口、承德等节点城市的培育，发挥其作为区域发展的中坚力量和对区域整体发展的支撑作用。加强道路联通和区域一体化市场建设，促进人才、技术、资金的流动，强化城市间横向联系，推动空间网络化发展。

（二）以中心—外围式圈层方式实现产业梯次分工

通勤圈依托区位优势促进产研一体化。北三县重点加强与通州城市副中心的联动，加快高端要素和创新资源向城市副中心聚集，打造京津冀协同发展的桥头堡，依托本地产业基础及资源与北京高端价值链环节联动，如香河依托机器人小镇大力发展人工智能，服务于智能制造领域。固安县重点依托太谷等生物医药基础资源以及邻近北京生物医药基地的优势，重点开展生物创新药的研发孵化。涿州市则依托区位优势承接北京产业转移，构建总部经济、高端制造、科技研发、医养健康等产业集群。

功能圈依托政策优势重点开展研发孵化。重点支持天津、雄安建设区域科技创新中心，从事研发设计和成果孵化，通过设立双向飞地、开展产业投资、提供人才和技术支持等，引导研发设计企业与制造企业开展嵌入式合作，推动技术创新成果在结对的周边城市转化，支撑专业化的制造业发展。强化京津雄联动，推动天津滨海中关村科技园、宝坻中关村科学城、京津合作示范区等重点园区建设，全方位拓展合作的广度和深度。

产业圈依托产业基础完善制造业发展配套。产业圈重点推动产业的竞合发展。沿京津、京保（石）、京唐（秦）等主要交通通道，推动产业要素沿轴向集聚，构筑产业配套圈。沿京津走廊，打造科技研发转化、先进制造业发展带；沿京保（石）走廊，打造先进制造业发展带，强化北京创新资源与保定的产业发展结合，提高氢能、智能网联汽车等方面的合作水平；沿京唐（秦）走廊，打造产业转型升级发展带，共建唐山曹妃甸协同发展示范区，重点打造新材料、智能装备产业链。

（三）加快构建多层次多模式的轨道交通体系

加快构建多层次多模式的轨道交通体系，发挥各级轨道网络的技术优势，满足不同圈层的多层次、差异性出行需求，使与环京周边地区的通勤时间能够控制在 1 小时之内。

补齐短板，加快市郊铁路（区域快线）建设。加快建设平谷线，推进城市副中心线、京九线等向环京地区延伸，拓展快速通勤服务范围。对于城市副中心线、东北环线等市郊铁路增设复线，推动实现市郊铁路高频次公交化服务。做好市郊铁路站点交通接驳，方便乘客快进快出、安全乘坐。

以干线铁路和城际铁路建设为重点，推进京港台高铁（丰雄商段）、京滨、京唐城际等区域重大轨道交通基础设施建设。推动利用干线铁路、城际铁路为都市圈提供通勤服务，增加外围停靠站，减轻中心城区交通压力。

加快推进城市轨道交通"四网融合"，充分发挥各类轨道交通的比较优势，推动网络整合、枢纽衔接、运营一体。消除技术标准障碍，加强城市轨道交通与市郊铁路的融合。

（四）构建联防联控联治的协同治理机制

加强首都都市圈韧性城市建设涉及经济、基础设施、环境、政策等不同领域的韧性，以及政府、市场、社会等不同层面的韧性，由于涉及主体众多，建立政府主导、部门合作、社会组织及公众有效参与的协同治理机制就显得尤为重要。

加强跨行政区协同。首都都市圈韧性城市治理要在"联"上下足功夫，针对突发重大应急事件始终坚持统一、联通与互通。一是理念统一，京津冀三地下好"一盘棋"，确保首都安全稳定；二是机制联通，建立京津冀三地政府部门协调、专业部门对接、全方位配合的协同机制；三是资源互通，统筹考虑京津冀区域内重大应急设施配置、应急物资储备及重要保障空间的布局，统一调配应急保障资源。

加强区域内多元主体协同。构建"政府+市场+社会"韧性协同治理共同体。一是充分发挥政府职能，不断健全韧性城市建设的工作机制，形成"纵向到底、横向到边"的韧性治理格局，确保在应急突发事件中各部门无缝对接；二是有效利用市场机制，鼓励市场资本参与安全韧性城市建设，完善灾害保险体系，探索引入重大突发事件巨灾保险机制；三是广泛发动社会力量，加强社会组织能力和规范化建设，切实提高全社会协同应对突发事件能力，有序推进社会力量积极参与韧性城市建设。

参考文献

韩庚君：《新型城镇化进程下生态文明与韧性城市协同建设研究》，《现代商贸工业》2020 年第 23 期。

刘彦平：《城市韧性与城市品牌测评——基于中国城市的实证研究》，中国社会科学出版社，2021。

马燕坤：《京津冀地区都市圈科学界定和高质量发展研究》，《区域经济评论》2022 年第 3 期。

姚永玲：《开放式首都都市圈 协同式空间大格局》，《前线》2022 年第 6 期。

京津冀降碳、减污、扩绿、增长
协同发展评价研究

陈 楠*

摘 要: 通过构建降碳、减污、扩绿、增长协同的指标体系,选择 2011 年、2014 年、2016 年和 2021 年作为节点年份,对京津冀 13 个城市进行评价。2011～2021 年,京津冀地区 13 市降碳、减污、扩绿、增长协同态势稳步提升,大部分城市综合指数呈现"V"形增长态势,即 2014 年达到"V"形的最低点,之后反弹,说明京津冀协同发展取得了实质性成效。进入"十四五"时期,仅北京进入高增长高协同阶段,大部分城市处于低增长低协同或低增长高协同阶段。降碳、减污、扩绿协同效果较好,经济协同面临较大挑战。应强化经济协同能力,以降碳为主线,带动减污、扩绿和增长,以现代化都市圈为重心,建设京津冀世界级城市群,深化京津冀山水林田湖草沙的协同治理。

关键词: 京津冀 降碳 减污 扩绿

实现"双碳"目标是我国高质量发展的其中要义,是生态文明建设的主要内容之一。京津冀是区域协同绿色高质量发展的关键示范区,

---

* 陈楠,博士,北京市社会科学院副研究员。

下一步，要以协同推进降碳、减污、扩绿、增长为抓手，持续推进人与自然和谐共生的现代化建设。基于此，本文从协同的角度出发，构建指标体系，选择"十二五"时期、"十三五"时期、"十四五"时期。开局之年以及2014年京津冀协同发展战略提出之年作为评价年份，对比分析京津冀13个市在重点年份降碳、减污、扩绿、增长综合指数和分项指数水平，找出薄弱环节，为今后协同路径提供技术支撑。

一　指标体系构建

（一）指标选取

已有针对减污、降碳、协同、增效的研究较多，鲜有关于降碳、减污、扩绿、增长协同的指标体系，个别指标体系的切入点为协同，但科学性和系统性较差；指标选取具有盲目性，有的指标覆盖面广但相关性弱、不易获取数据；很多指标具有明显区域特征，不利于分类指导，不能推广使用[①]。

本文设定降碳指数、减污指数、扩绿指数和增长指数为一级指标。以降碳为主线，协同其他领域发展，降碳指数下设4个二级指标，其余指数下分别设置2个二级指标，共10个二级指标。

降碳指数反映的是城市节能减排情况，包含能源消费总量、CO_2排放总量、单位GDP碳排放、人均碳排放4个指标。能源消费总量指标可以反映城市对能源的依赖程度，并可以侧面反映出新能源发展情况。国家明确提出了碳排放总量与强度的"双控"，因此选择CO_2排放总量、单位GDP碳排放2个指标。除总量、强度外，考虑到碳排放的直接影响因素

[①]　郑石明、何裕捷、邹克：《气候政策协同：机制与效应》，《中国人口·资源与环境》2021年第8期；郑石明、何裕捷、邹克：《气候政策协同：机制与效应》，《中国人口·资源与环境》2021年第8期。

及公平性，人均碳排放量是另一个重点考核指标。

减污指数表征的是城市环境质量改善情况。空气质量提升是京津冀大气污染防治攻坚战的主要目标，水环境质量提升也是难点之一，故选择空气质量达到二级以上天数占全年比重和污水处理率 2 个指标。

扩绿指数表征生态环境的容量。从人们对生态质量提升的幸福感和舒适度出发，选择人均公园绿地面积和建成区绿化覆盖率 2 个指标。

增长指数表征经济增长水平。从城市整体经济发展角度和个人收入水平的提升层面，选择 GDP 和人均 GDP 2 个指标。

（二）权重设计和标准化处理

权重设置主要采用德尔菲法。专家认为，京津冀协同对生态环境质量的提升起到了决定性作用，下一步可以转换到以降碳为主，协同其他领域的工作，因此降碳指数赋予权重最高；经济的稳定增长是所有工作能够顺利开展的基础，更是城市高质量发展的关键因素，因此增长指数的权重次之；现阶段，环境污染已不是制约京津冀高质量发展的主要矛盾，但减污、治污仍然有提升空间，故减污指数权重低于增长指数；扩绿的前提是生态环境容量有限，且需要在国土空间布局的基础上进行优化，扩绿的速度和规模不会短期提升过快，故扩绿指数的权重设置最小。二级指数的权重参照联合国人类发展指数的等权重进行设置（见表1）。

表 1 降碳、减污、扩绿、增长协同指标体系

一级指标	权重（%）	二级指标	权重（%）	单位
降碳指数	40	能源消费总量	10	万吨标煤
		CO_2排放总量	10	万吨
		单位 GDP 碳排放	10	吨/万元
		人均碳排放	10	吨
减污指数	20	空气质量达到二级以上天数占全年比重	10	%
		污水处理率	10	%

续表

一级指标	权重（%）	二级指标	权重（%）	单位
扩绿指数	10	人均公园绿地面积	5	立方米
		建成区绿化覆盖率	5	%
增长指数	30	GDP	15	亿元
		人均 GDP	15	万元

本文数据标准化主要采用线性无量纲方法：

$$Y_i = \frac{x_i - \min x_i}{\max x_i - \min x_i} k + q \qquad (1)$$

转换步骤：首先，对每项指标分别计算各城市的最大值 max（x_i）和最小值 min（x_i）；其次，计算极差：R = max（x_i）- min（x_i）；最后，计算各项评价指标的无量纲化值（Y_i）。

其中，x_i 为指标的实际值，Y_i 为评价指标的无量纲标准化值。

本文的综合指数采用线性加权，计算各市（标准化）评价指数，步骤如下：第一，将各量化指标的标准化值（效用）乘以相应权重，得出二级指数；第二，将二级指标下各指数相加得出各城市（标准化）综合指数。

二 2021年京津冀降碳、减污、扩绿、增长协同评价

2021 年京津冀 13 个城市降碳、减污、扩绿、增长协同综合指数（以下简称"综合指数"）得分为 73.10~90.19 分。北京是唯一得分达到 90 分以上的城市；得分区间为 [80，90) 和 [70，80) 的城市分别6 个，保持对等状态。降碳指数、减污指数、扩绿指数、增长指数的得分均值分别达到 35.04、18.42、7.71 和 19.61，其中，增长指数和降碳指数的变异系数最大，分别为 0.18 和 0.11，说明京津冀 13 个城市经济

增长和碳排放减少的内部差异较大，减污指数和扩绿指数的变异系数较小，分别为 0.03 和 0.10，说明城市间在污染防治和生态扩绿方面的差距逐渐缩小（见表 2）。

表 2　2021 年京津冀降碳、减污、扩绿、增长协同指数得分

单位：分

区域	综合指数	降碳指数	减污指数	扩绿指数	增长指数
北京	90.19	33.01	18.39	8.79	30.00
廊坊	85.10	39.76	18.25	8.29	18.80
衡水	82.48	38.96	18.30	7.75	17.47
沧州	82.35	37.83	18.64	7.31	18.58
秦皇岛	81.74	37.18	18.61	7.70	18.25
邢台	81.51	36.99	18.48	8.71	17.34
承德	81.01	35.70	19.14	8.27	17.89
保定	79.66	36.78	17.60	7.50	17.78
张家口	79.50	35.98	19.31	6.67	17.54
石家庄	78.91	34.21	18.64	7.06	19.01
邯郸	77.51	33.29	17.96	8.24	18.02
天津	77.17	30.29	17.90	6.09	22.89
唐山	73.10	25.63	18.28	7.87	21.32
变异系数	0.05	0.11	0.03	0.10	0.18

资料来源：笔者计算整理。

人均 GDP 是反映人民生活水平的一个重要标准，降碳、减污、扩绿、增长协同发展的目标之一是提高人们生活水平，满足其对美好生活的向往，基于此，以人均 GDP 作为重要参考，分析 13 个城市综合指数的分布情况。分析发现，北京分布于第 Ⅰ 象限，具有高增长高协同属性，人均 GDP 达到 18.4 万元，综合指数得分为 90.19 分；天津、唐山分布于第 Ⅱ 象限，具有高增长低协同属性，人均 GDP 均为 11 万元，综合指数得分低于 80 分，唐山得分甚至才达到 73.10 分；分布于第 Ⅲ 象限的城市最多，包括衡水、沧州、秦皇岛、邢台、承德、张家口、保定、石家庄、邯郸，反映了目前京津冀的主要状态，具有低增

长低协同特征，人均 GDP 仅为 3.41 万~5.88 万元，低于全国平均水平（8.1 万元），综合指数得分为 77~82 分；第Ⅳ象限仅有廊坊一个城市，具有低增长高协同属性，人均 GDP 为 6.5 万元，综合指数得分刚过 85 分；预计第Ⅲ象限的衡水、沧州、秦皇岛、邢台和承德即将步入第Ⅳ象限，使其成为城市分布最多的象限。从城市的象限分布可以看出，一方面，京津冀降碳、减污、扩绿、增长协同发展中，最具挑战的是如何促进经济可持续增长，只有在提高人们生活水平的前提下才能实现降碳、减污和扩绿的目标。在 13 个城市中，除北京、天津、唐山三个城市人均 GDP 高于全国平均水平（8.1 万元）外，其余 10 个城市全部低于全国平均水平，巨大的经济发展差距背后是资源禀赋、产业结构、技术等方面的差距。另一方面，京津冀协同发展也取得了一定进步，特别是衡水、沧州、秦皇岛、邢台和承德已较接近低增长高协同阶段，而这种协同更多的是来自强有力政府的推动，市场自发形成的协同还处于初级阶段。

降碳指数得分从高到低排序依次为廊坊、衡水、沧州、秦皇岛、邢台、保定、张家口、承德、石家庄、邯郸、北京、天津和唐山。具体来看，降碳指数二级指标方面，廊坊、衡水、沧州的 4 个二级指标得分都在 9 分以上，较为均衡，且基本分布或邻近第Ⅳ象限。秦皇岛、邢台、保定、张家口、承德大致表现出能源消费总量和 CO_2 排放总量指标得分高于单位 GDP 碳排放和人均碳排放指标的特点，说明这几个城市的消费总量不算太高，需要率先从持续降低碳强度入手来倒逼能源产业转型升级。石家庄和邯郸的人口规模较上述城市更大（石家庄 1120 万人，邯郸 937 万人），因此能源消费总量和 CO_2 排放总量指标得分低于上述城市，且邯郸的单位 GDP 碳排放指标得分仅为 7.84 分，具有明显的高碳排放特征。北京和天津是超大城市，巨大的规模效应使得能源消费总量和 CO_2 排放总量得分不高，但单位 GDP 碳排放指标得分情况很好，北京满分（10 分），天津也在 9 分以上；北京的人均碳排放也较低，为

5.75 吨左右，在京津冀中排名靠前。唐山由于资源禀赋和重工业基地的特征，各项指标均排最末，也意味着唐山的低碳转型需要更长一段时间，同时要避免路径依赖。

减污指数是京津冀 13 个城市内部差异最小的，充分说明了京津冀的污染防治攻坚战取得了实质性成效。从指数得分排序看，基本呈现三个梯次：第一梯次是张家口、承德，第二梯次是石家庄、沧州、秦皇岛、邢台、北京、衡水、唐山、廊坊，第三梯次是邯郸、天津和保定。其中，污水处理率指标的平均得分达到 9.64 分，说明各城市已经形成了相对完善的污水治理体系。张家口、承德、秦皇岛、北京的空气质量达到二级以上天数占全年比重指标得分都在 9 分以上，空气质量良好，保定、邯郸、衡水的空气质量有待提升。

扩绿指数得分方面，北京、邢台、廊坊、承德、邯郸均达到 8 分以上，唐山、衡水、秦皇岛、保定、沧州、石家庄为 7~8 分，张家口和天津为 6~7 分。其中，人均公园绿地面积指标方面，邢台与承德表现最优，张家口和天津还有较大的提升空间。建成区绿化覆盖率方面，北京表现最佳，说明近年来的"留白增绿"行动成效明显；邢台、承德、秦皇岛、石家庄、张家口和天津得分略低；其余城市得分居中。

增长指数得分明显呈现 3 个梯次，北京满分（30 分）；天津和唐山突破 20 分；其余城市在 20 分以下，邢台、衡水、张家口等城市得分较低。

三 2011~2021 年京津冀降碳、减污、扩绿、增长协同变化

（一）2011~2021 年京津冀降碳、减污、扩绿、增长综合指数变化

2011~2021 年京津冀各市的降碳、减污、扩绿、增长综合指数得分

区间由［69.13，81.42］提升至［73.10，90.19］，增长幅度为0.93~
14.71分，北京增幅最大，其次是廊坊、承德、张家口、天津等城市，
沧州、秦皇岛、邯郸、保定等城市增幅相对较小（见表3）。

表3　2011~2021年京津冀降碳、减污、扩绿、增长综合指数得分情况

单位：分

城市	2011年	2014年	2016年	2021年	增长幅度
北京	75.48	76.98	80.46	90.19	14.71
天津	71.26	71.15	74.27	77.17	5.91
张家口	73.43	75.74	77.06	79.50	6.07
秦皇岛	80.51	70.04	79.54	81.74	1.23
保定	76.79	73.95	74.90	79.66	2.87
邯郸	75.13	70.07	73.98	77.51	2.38
石家庄	74.77	69.78	75.48	78.91	4.14
邢台	76.05	75.55	76.01	81.51	5.46
承德	74.61	78.95	78.08	81.01	6.40
唐山	69.13	67.35	68.51	73.10	3.97
廊坊	78.42	79.73	79.65	85.10	6.68
沧州	81.42	81.85	79.41	82.35	0.93
衡水	79.13	74.15	76.31	82.48	3.35
变异系数	0.05	0.06	0.04	0.05	

资料来源：笔者计算整理。

从4个重要时间节点各城市的综合指数得分变化看，具有明显的两
大特征。一是大部分城市综合指数得分呈现"V"形增长。2014年是
"V"形的最低点，除北京、张家口、承德、廊坊和沧州出现小幅增长
外，其余城市综合指数得分都下降，秦皇岛甚至下降10分左右。二是
城市间经济、环境发展不平衡现象突出，部分城市发展具有"跳跃
性"、部分城市发展具有明显的路径依赖。从每年城市综合指数得分排
序发现，北京、秦皇岛、张家口、承德4个城市的排名具有跳跃性，变
化较大。其中，北京从2011年的排名第7跃升至2016年和2021年均

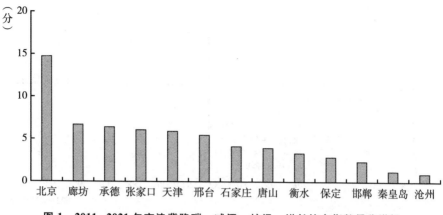

图 1　2011～2021 年京津冀降碳、减污、扩绿、增长综合指数得分增幅

排第一；秦皇岛、张家口、承德 3 个城市均具有生态环境较好的本底值，但名次的"跳跃"现象并非线性递增，秦皇岛呈现波浪式起伏，张家口和承德则呈现倒"U"形特征。唐山、邯郸、石家庄等城市的排名则比较稳定，保持在中后位水平。两类城市排名出现的典型特征，一方面需要在分项指数变化中寻求解释；另一方面也得出 2014 年是非常重要的节点之年，城市综合指数得分明显下降，且城市间差异最大化，正是在 2014 年习近平总书记提出京津冀协同发展之后的几年，得益于协调发展政策的有力推进，京津冀城市发展差距逐步缩小。

按照上述象限划分的定义可得，"十二五"时期开局之年（2011年）所有城市分布于Ⅲ象限，处于低增长低协同阶段；2014 年京津冀协同发展加快，北京正从低增长低协同阶段（Ⅲ象限）向高增长低协同阶段（Ⅱ象限）过渡；进入"十三五"时期（2016 年），北京、天津正式跨入高增长低协同阶段（Ⅱ象限），其余城市依然停留在Ⅲ象限，虽然经济增长和协同水平都有提升，但比较微弱。"十四五"时期北京顺利进入高增长高协同阶段（Ⅰ象限），唐山、天津处于第Ⅱ象限，廊坊进入低增长高协同的第Ⅳ象限（见图 2 至图 5）。

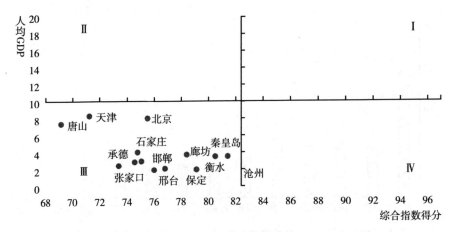

图 2　2011 年综合指数分布

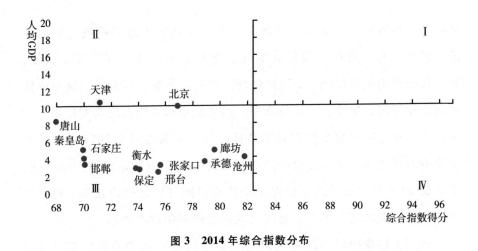

图 3　2014 年综合指数分布

（二）2011~2021年京津冀降碳、减污、扩绿、增长分项指数变化

分析一级指标得分的箱线图发现，一是 2014 年，4 个一级指数分布的离散程度最大，且增长指数、减污指数、扩绿指数的中位数接近下四分位线，数据呈现偏态性，4 个一级指数的叠加效应使得综合指数在 2014 年达到 "V" 形曲线的最低点。二是 2016 年和 2021 年，4 个一级

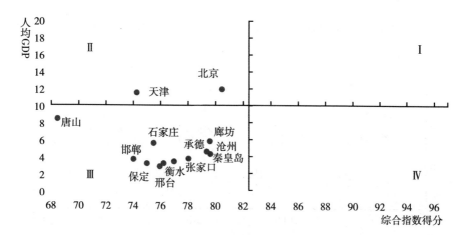

图 4　2016 年综合指数分布

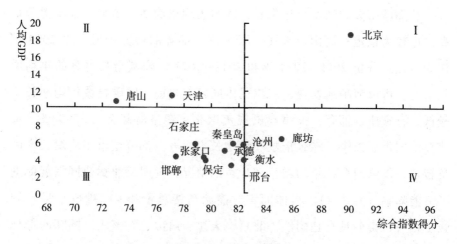

图 5　2021 年综合指数分布

资料来源：作者计算整理。

指数的分布逐渐集聚，中位线水平有所上升，说明整体有所提升，特别是降碳、减污、扩绿指数间差距缩小。三是 4 个年份中，增长指数的异常值最多，2021 年异常值水平更高，侧面反映个别城市的经济增长势头较好，但经济协同带动能力需要加强（见图 6）。

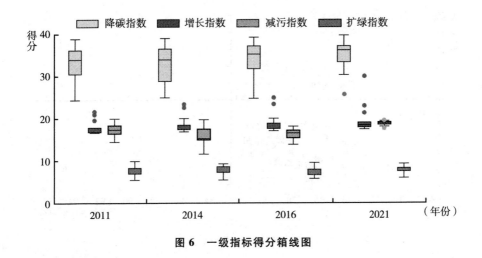

图6 一级指标得分箱线图

从降碳指数的动态变化来看，基本表现出廊坊、衡水、沧州得分最高，也较为稳定；唐山、天津、石家庄、邯郸的得分较低。以2014年作为节点，分析2011~2014年和2014~2021年降碳指数得分的年均增长情况，可以清晰地发现，京津冀协同发展之前，降碳指数年均增长率较低，石家庄、邯郸、天津都出现负增长，秦皇岛甚至为-9.98%，京津冀协同发展以来，降碳指数年均增长率提升，部分城市年均增长率由负转正，仅沧州存在年均增长率为负的情况，说明京津冀协同发展促进了节能降碳（见表4）。具体而言，能源消费总量和CO_2排放总量有较强正相关，得分具有趋同性，北京、天津、唐山、石家庄、邯郸的得分较低，但这些城市在能源消费总量不断增加的前提下，CO_2排放总量指标得分提升最快，侧面反映了这些城市的技术进步、节能减排起到很好的推动作用。邢台、沧州、衡水能源消费总量和CO_2排放总量不大，但需要警惕增量的过快增长。单位GDP碳排放是最早被纳入国民经济和社会发展中长期规划的约束性指标，比较而言，各市对该指标的执行效果最好，得分提高基本在10%以上，如张家口在绿色冬奥的带动下，深化了绿色低碳转型，单位GDP碳排放指标得分相比2011年提高

43.75%；唐山、保定等工业型城市该指标得分均提高 20% 以上；特大城市北京和天津该指标得分均提高 10% 以上；而沧州、衡水该指标得分提高幅度小于 10%。人均碳排放指标得分提高趋势具有相似性，表现出特大城市、工业城市提升偏快，邢台、沧州、衡水出现微弱负增长。

表4　2011 年、2014 年、2016 年、2021 年降碳指数

单位：分，%

城市	2011 年	2014 年	2016 年	2021 年	2011~2014 年年均增长率	2014~2021 年年均增长率
北京	30.90	31.41	31.72	33.01	0.54	0.71
天津	28.18	27.98	28.74	30.29	-0.24	1.14
张家口	32.73	33.94	35.14	35.98	1.22	0.84
秦皇岛	35.70	26.04	36.16	37.18	-9.98	5.22
保定	34.42	36.44	37.21	36.78	1.92	0.13
邯郸	29.51	28.79	31.39	33.29	-0.82	2.09
石家庄	30.32	28.73	32.61	34.21	-1.79	2.53
邢台	36.28	36.60	36.80	36.99	0.29	0.15
承德	33.90	34.60	34.89	35.70	0.69	0.45
唐山	24.18	24.87	24.68	25.63	0.94	0.43
廊坊	38.89	38.96	39.20	39.76	0.06	0.29
沧州	38.35	38.36	37.72	37.83	0.01	-0.20
衡水	38.63	38.83	38.80	38.96	0.17	0.05

2014 年减污指数得分相较于 2011 年基本上都呈负增长，衡水甚至年均增长 -12.53%，2014 年之后，大部分城市出现年均正增长，衡水、北京、天津、保定等地增长较快。减污指数得分 2014 年前集体负增长的原因是空气质量下降，2013 年成为明显的分界点，空气质量达到二级以上天数占全年比重大幅下降，特别是衡水、保定、邯郸、石家庄、唐山的空气质量达到二级以上天数占全年比重仅分别为 19.18%、25.75%、14.79%、13.43%、15.05%，空气污染情况极其严重。同年，发布《国务院关于印发大气污染防治行动计划的通知》《京津冀及周边

地区落实大气污染防治行动计划实施细则》，加大京津冀及周边地区大气污染防治工作力度，空气质量开始提升，空气质量达到二级以上天数占全年比重得分年均增长 3.27%，"十四五"时期开局之年（2021年），北京和天津空气质量达到二级以上天数占全年比重分别为78.90%和72.33%，河北首次超过70%，空气质量切实得到改善。污水处理率指标得分方面，除秦皇岛、邢台、承德、廊坊外，大部分城市2014年之后稳步提高。

扩绿指数得分稳步增加，基于资源环境容量有限，人均公园绿地面积和建成区绿化覆盖率两个指标的增幅相对较小，2014年前后的得分年均增长率也未表现出明显的差异性。沧州、邢台、衡水、唐山、北京、天津整体表现较好，需要提升石家庄、邯郸的建成区绿化覆盖率。

增长指数得分 2021 年相对 2011 年增长最快的有北京、唐山、天津、廊坊等城市，邢台、邯郸、张家口、承德等城市增长相对较慢（见图7）。增长指数得分的年均增长率相对降碳和减污指数并未呈现显著的时间节点现象，仅北京、唐山、秦皇岛、衡水、邢台、邯郸2014年后增长率快于2014年以前，大部分城市前后两个阶段增速相当，张家口、承德这类生态型城市和石家庄、天津等以制造业为主的城市的经济增速明显放缓。与此同时，降碳、减污工作却取得了积极的进展，其主要原因是各市正在深化结构性改革，经济从原来的高速增长转向高质量发展，结构性障碍正在被消除。研究发现，不论 GDP 指标还是人均GDP 指标，城市间得分的变异系数随着时间的推移而增加，说明城市间差距拉大（见表5）。北京在经济规模和人均经济规模上都独占鳌头，且京津冀协同发展以来经济增速高于之前，充分说明北京疏解存量、提质增量的经济转型很成功；但其余城市的经济增速较为缓慢，如张家口、秦皇岛的降碳、减污、扩绿效果都不错，但仍未有效转化生态环境价值；保定、邯郸、邢台等城市肩负着促增长和进一步节能减排的双重压力，任重道远。

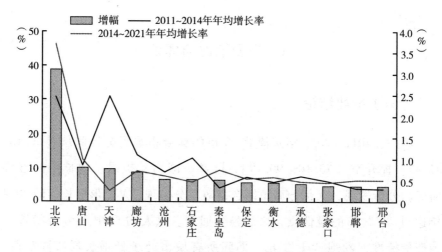

图 7　2011～2021 年增长指数得分增幅及年均增长率

资料来源：笔者计算整理。

表 5　GDP 和人均 GDP 指标得分情况

城市	GDP				人均 GDP			
	2011 年	2014 年	2016 年	2021 年	2011 年	2014 年	2016 年	2021 年
北京	10.88	11.75	12.49	15.00	10.74	11.51	12.29	15.00
天津	10.03	10.79	11.16	10.78	10.86	11.69	12.14	12.11
张家口	8.28	8.32	8.34	8.39	8.48	8.68	8.79	9.15
秦皇岛	8.27	8.30	8.32	8.41	8.89	9.04	9.22	9.85
保定	8.51	8.61	8.69	8.73	8.32	8.51	8.66	9.05
邯郸	8.57	8.62	8.67	8.80	8.67	8.78	8.88	9.22
石家庄	8.79	8.98	9.11	9.20	9.06	9.43	9.69	9.80
邢台	8.34	8.37	8.43	8.51	8.25	8.36	8.54	8.83
承德	8.28	8.32	8.34	8.38	8.73	9.00	9.10	9.51
唐山	9.02	9.16	9.18	9.50	10.37	10.74	10.77	11.82
廊坊	8.37	8.46	8.55	8.70	8.94	9.42	9.85	10.10
沧州	8.53	8.63	8.70	8.80	8.91	9.18	9.38	9.77
衡水	8.25	8.29	8.33	8.38	8.30	8.50	8.74	9.09
变异系数	0.09	0.11	0.13	0.19	0.10	0.12	0.13	0.16

四　主要结论与建议

（一）主要结论

第一，2011~2021年京津冀13市的综合指数得分区间从［69.13，81.42］提升至［73.10，90.19］，降碳、减污、扩绿、增长协同态势向好。分析发现，大部分城市综合指数得分呈现"V"形增长，即2014年达到"V"形的最低点，之后稳步回升。以人均GDP和综合指数作为衡量标准，发现"十二五"期间所有城市处于低增长低协同阶段；2014年是京津冀协同战略提出之年，北京、天津正从低增长低协同阶段跨入高增长低协同阶段；"十三五"时期开局之年，北京、天津已经正式进入高增长低协同阶段，其余城市增长水平也有微弱提升；"十四五"时期开局之年，北京进入高增长高协同阶段，天津、唐山处于高增长低协同阶段，廊坊进入低增长高协同阶段，剩余城市中的一半也即将从低增长低协同阶段步入低增长高协同阶段，说明京津冀协同发展成效初显。

第二，从静态角度分析降碳指数得分在单一年份表现，廊坊、衡水、沧州、邢台表现较好，北京、天津、唐山、石家庄、邯郸表现欠佳；从动态角度分析则情况相反，特大城市北京、天津，以制造业为主的唐山、石家庄、邯郸，以及生态城市张家口降碳指数得分提升速度较快。其原因可能是北京在疏解非首都功能过程中"瘦身强体"，实现了提质增效，天津、唐山、石家庄等以制造业为主的城市经济实力相对较强，资金、政策回旋余地更多，在淘汰落后产能上形成了"倒逼"机制，节能减排技术水平和产业结构转型升级能力提升显著。张家口得益于较好的绿色资源条件，加上绿色冬奥契机，迅速提升了绿色低碳能力并形成示范效应。而沧州、邢台等城市的共性特点是全市人均GDP和城乡居民收入与全省、全国平均水平相比存在较大差距，产业结构仍然偏重，存量调优、增量调强受到了多因素制约，降碳能力还需进一步加强。

第三，增长指数得分静态评估方面，北京、天津、唐山、石家庄等城市最佳；动态评估方面，北京、唐山、天津、廊坊等城市增长较快，除北京之外，其他城市在京津冀协同发展之后增速没有明显表现出差异。不论是从经济总量还是人均 GDP 看，城市间不平衡不充分现象依然突出，京津对河北 11 个市的带动作用不足。张家口、承德、秦皇岛等生态良好的城市的生态价值仍未体现；邢台、沧州、衡水、邯郸等大部分城市仍面临经济增长和节能减排方面的挑战。

第四，减污指数得分在京津冀协同发展前后表现出强烈的反差，之前空气污染极其严重，之后减污指数得分成为 13 个城市内部差异最小的一级指数，充分说明了京津冀污染防治攻坚战取得了实质性成效。基于资源环境容量有限，扩绿指数的得分增幅相对较小，沧州、邢台、衡水、唐山、北京整体表现较好，需要提升石家庄、邯郸的建成区绿化覆盖率，提升张家口、天津的人均公园绿地面积。

（二）政策建议

第一，强化经济协同能力。评估发现在京津冀降碳、减污、扩绿、增长协同进程中，增长的协同是薄弱环节，也最具挑战性。仅北京进入高经济增长高协同阶段，大部分城市仍处于低经济增长低协同和即将进入低经济增长高协同阶段。值得注意的是，京津冀协同在很大程度上是以行政力量推动的协同，市场自发形成的协同不足，因此经济效率有待提升。为实现京津冀更高水平的协同发展，要在维护全国统一大市场的前提下，优先开展区域市场一体化建设。增强全局观念，善于统筹协调，力促存量政策、增量政策同向发力，统筹推进重点领域，加快形成相互衔接、互为促进的良好态势。① 特别是要以产业协同为抓手，注重产业生态化和高端化共生体系的建设，推进区域产业链深度融合。

第二，以降碳为主线，带动减污、扩绿和增长。京津冀污染防治攻坚战取得了阶段性胜利，特别是 PM2.5 浓度持续下降，空气质量明显提升。未来，以降碳为主线，可以深入研究减碳与减少其他大气污染物的协同方式，持续减碳的过程也会倒逼技术提升、产业转型升级，创造更多的经济增长点。要增强北京在低碳领域对周边城市效率提升、科技支撑、机制创新的辐射作用。在效率提升上，要构建低碳的能源体系，提高节能、资源循环高效利用水平，加快能源系统数字化升级；在科技支撑上，依托北京建设国际科技创新中心的契机，突破零碳、负碳的"卡脖子"技术，在"三城一区"开展相关技术的孵化运用，搭建产学研平台，强化资源共建、共享；在机制创新上，要提升绿色低碳发展的评价和监督能力，创新综合运用法律、标准等约束手段和试点政策等激励手段。

第三，立足各地优势，以现代化都市圈为重心，建设京津冀世界级城市群。继续牢牢抓住北京疏解非首都功能这个"牛鼻子"，高标准、高质量建设新"两翼"，唱好京津"双城记"。通过多年努力，京津冀已经初步形成具备多个节点的增长极，要补足都市组团的"短板"，探索北三县与城市副中心一体化发展。要推进河北的"两翼"发展，一翼是冀中南地区，评估发现这些地区经济发展速度最慢，扩绿、减污能力仍需提升，要以建设雄安新区为契机，带动冀中南乃至整个河北发展；另一翼是张北地区，在绿色冬奥背景下，产生了很多碳中和示范项目，低碳、零碳转型效果较好，但其大范围的溢出效应有待加强，充分挖掘绿色发展的内生动力，促进绿色生态产品的价值实现。

第四，深化京津冀山水林田湖草沙的协同治理。完善区域生态环境

① 《推进京津冀市场一体化》，https：//baijiahao.baidu.com/s？id＝1759842634212007397&wfr=spider&for=pc.2023-03-09/2023-04-10，2023 年 4 月 10 日。

联建联防联治机制，加强空气重污染预警和应急联动，健全常态化重点行业的差异化管控措施，推进移动源污染共治。推进流域水生态环境合作共治，健全河长制，加强城镇和重点区域村庄生活污水处理能力。共筑区域绿色生态空间屏障，统筹三地的自然资源和自然保护地，因地制宜地开展张家口和承德坝上地区造林工程，在东南平原地区形成大尺度森林湿地发展带，让防沙、治沙成为常态。

参考文献

郑石明、何裕捷、邹克：《气候政策协同：机制与效应》，《中国人口·资源与环境》2021 年第 8 期。

陈楠、庄贵阳：《中国低碳试点城市成效评估》，《城市发展研究》2018 年第 25 期。

《推进京津冀市场一体化》，https：//baijiahao. baidu. com/s？ id = 1759842634212007397&wfr = spider&for = pc. 2023-03-09/2023-04-10，2023 年 4 月 10 日。

"双碳"目标下北京生活垃圾低碳循环利用研究

张文彪[*]

摘　要： 持续做好减排工作、实现"双碳"目标是我国今后数十年的重大任务，是我国实现可持续发展、高质量发展的内在要求。生活垃圾循环利用是碳减排的重要潜力领域，减排潜力超过城市全部碳排放量的1/10。提升生活垃圾的减量化、再回收、再利用水平，有助于北京市实现"双碳"目标。本文利用联合国碳减排计量模型，计算了北京市生活垃圾循环利用的减排潜力、垃圾分类实施以来的减排效果以及剩余空间，找出生活低碳垃圾循环利用尚存在的问题，在此基础上借鉴国内外先进经验，从垃圾源头减量化、回收清运与最终处理方面，系统地提出了北京市生活垃圾低碳排放的建议，对推动北京市"双碳"目标实现有一定的借鉴价值。

关键词： 生活垃圾　"双碳"目标　碳减排　垃圾分类　北京

一　研究背景

在2015年巴黎气候变化大会上，习近平总书记提出，中国将于

　＊ 张文彪，博士，北京市社会科学院助理研究员。

2030年前后使碳排放达到峰值，并争取尽早实现。在2020年联合国大会上，习近平总书记表示中国将努力争取2060年前实现碳中和。实现碳达峰碳中和，是以习近平同志为核心的党中央统筹国内、国际两个大局作出的重大战略决策，是着力解决资源环境约束突出问题、实现中华民族永续发展的必然选择。① 实现"双碳"目标成为我国今后数十年的重大任务。《中共北京市委关于制定北京市国民经济和社会发展第十四个五年规划和二〇三五年远景目标的建议》提出，到2035年绿色生产生活方式成为社会广泛自觉，碳排放率先达峰后持续下降。② 2021年5月29日，北京市委书记蔡奇到城市副中心调查研究时强调，实现碳达峰碳中和，是贯彻习近平生态文明思想的重要实践，是我国实现可持续发展、高质量发展的内在要求，也是构建新发展格局的重要标志。北京作为首都，理应在这方面走在全国前列，争当"领头羊"。③ "双碳"工作已经成为北京市生态文明的中心工作。

北京市"双碳"工作走在全国前列。多年来北京狠抓节能降耗工作，积极调整产业结构，大幅减少煤炭使用比例，推广清洁能源。2020年，北京市人均碳排放量为4.1吨，位居全国第一。北京市已经率先实现了碳达峰目标，正向着2050年率先实现碳中和目标继续迈进。然而，北京市率先实现碳中和目标还面临许多挑战。从产业结构来讲，北京市2020年第三产业增加值占GDP的83.8%，进一步调整难度增大。从能源结构来看，北京市清洁能源使用比例已经很高，2020年清洁能源消费比重超过96%，能源结构调整空间非常有限。另外，北京市人口密度极高，辖区面积较小，碳汇能力提升空间很小。

---

① 李颖、武学、孙成双等：《基于低碳发展的北京城市生活垃圾处理模式优化》，《资源科学》2021年第8期。

② 娄伟：《城市碳排放量测算方法研究——以北京市为例》，《华中科技大学学报》（社会科学版）2011年第3期。

③ 董丽丽：《北京垃圾分类工作现存问题与对策建议》，《再生资源与循环经济》2021年第2期。

因此，北京要如期实现碳中和目标，就需要开阔视野，多方挖掘减排潜力。随着生态文明建设的推进，生活垃圾循环利用产业成为快速壮大的新兴产业。2020 年，北京市垃圾清运量达到 797.5 万吨，位居全国第一。平均每吨垃圾完全分解或燃烧的碳排放量为 0.5 吨左右，因此可以估计北京市每年由生活垃圾燃烧和分解产生的二氧化碳排放量近 500 万吨，超过全部碳排放量的 1/10。把握好生活垃圾的产生、清运、回收和最终处理环节，提升生活垃圾的减量化、再回收、再利用水平，有助于北京市实现"双碳"目标。

二 北京生活垃圾循环利用现状

（一）生活垃圾循环利用的一般过程

生活垃圾的流动过程分为居民住宅、垃圾箱、密闭垃圾站、转运站、垃圾填埋场等阶段。垃圾的回收贯穿于每一个阶段：在居民住宅阶段，通过居民的分类，价值较高的废弃物由废品收购者回收；在垃圾站，垃圾捡拾者重新回收部分有价值废弃物；在密闭垃圾站和转运站，环卫工人再次对垃圾进行分类筛选；剩余的垃圾将用于焚烧发电或者填埋（见图 1）。

（二）生活垃圾分类前北京生活垃圾产生和处理基本情况

1. 生活垃圾分类前北京市垃圾产生情况

近年来，北京的生活垃圾快速增长，由"十五"期末的 536.9 万吨增长到 2019 年的 1011.2 万吨，增长接近翻番（见图 2）。从全国来看，2019 年北京市生活垃圾产生量超过上海，位居所有城市第一。巨量的生活垃圾不仅造成了资源浪费，而且造成了更多的碳排放。同时快速增长的生活垃圾产生量也使北京的垃圾处理面临挑战，虽然北京垃圾

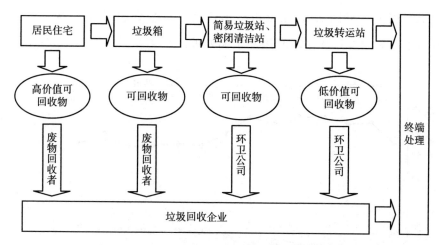

图 1　生活垃圾循环利用一般过程

清运能力大幅提升，但是直到 2019 年北京市仍不能做到生活垃圾 100%
无害化处理。处理能力不足加剧了垃圾造成的碳排放等环境破坏。

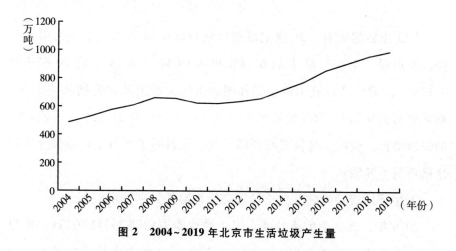

图 2　2004~2019 年北京市生活垃圾产生量

　　根据 2018 年生活垃圾成分分析，① 北京市的生活垃圾以厨余为主，
占一半以上；其次是纸类和塑料，分别占 20.98% 和 21.62%。以上三者

---

① 崔铁宁、王丽娜：《城市生活垃圾管理效率评价及影响因素研究》，《价格理论与实践》
　　2017 年第 10 期。

占90%以上（见图3）。北京市生活垃圾以可焚烧和可分解成分为主，有利于垃圾的进一步循环利用和末端处理。

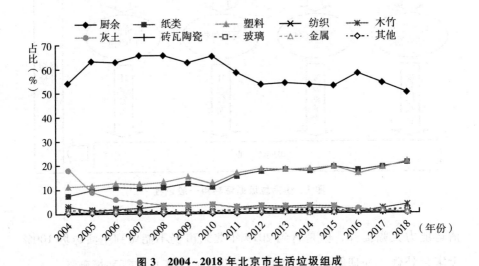

图3 2004~2018年北京市生活垃圾组成

从历史数据来看，21世纪以来生活垃圾中厨余和灰土占比明显下降，分别由"十五"期末的63.8%和9.1%降至2018年的50.65%和0.23%。同时生活垃圾中的纸类和塑料占比大幅上升，分别从"十五"期末的9.75%和11.76%增长到2018年的20.98%和21.62%。可回收物的快速增长，表明了垃圾循环利用不足，也说明了实行生活垃圾分类制度已经刻不容缓。

2.生活垃圾分类前北京市垃圾清运与最终处理情况

2019年，北京市生活垃圾无害化处理能力达到33711吨/日，相当于"十五"期末的3倍以上。但是由于生活垃圾产生量迅速增长，处理能力不能完全满足需求。2019年，北京市生活垃圾无害化处理率达到99.98%，接近于完全处理（见图4）。

生活垃圾的最终处理主要分为卫生填埋、焚烧发电和生物发酵等。卫生填埋处理相对简单，焚烧发电和生物发酵可以有效减少垃圾剩余

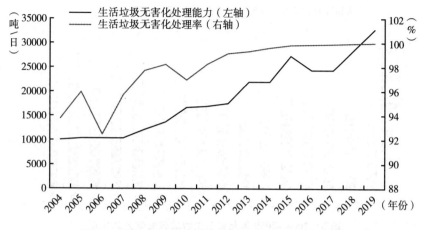

图 4　2004~2019 年北京市生活垃圾无害化处理情况

量，并可以产生发电等经济效益。北京按生活垃圾分类有北神树、六里屯、阿克苏、西田阳等 16 个卫生填埋场，10 余座垃圾发电厂，以及多处生物发酵处理场。如图 5 所示，北京市自 2021 年实现生活垃圾全部无害化处理，卫生填埋处理量逐年下降，而焚烧发电和生物发酵处理量快速上升。2019 年，北京市卫生填埋设计处理能力为 7000 余吨/日，占全部垃圾处理能力的 1/4，焚烧发电设计能力达到 15000 吨/日以上，占全部垃圾处理能力的 50% 以上，生物发酵设计能力达到 7000 万吨/日以上，占全部垃圾处理能力的 1/4。

（三）生活垃圾分类以来北京垃圾循环利用特征

自 2020 年起北京市实施生活垃圾分类政策，除少数有害物质单独分类以外，所有垃圾在居民投放时被分为可回收物、厨余垃圾和其他垃圾。生活垃圾分类工作取得了巨大的成效，实行生活垃圾分类以后，厨余垃圾分出量达到 6109 吨/日，分出率占厨余垃圾总量的 21.78%；可回收物分出量 4024 吨/日，占可回收物总量的 35%；进入末端护理的其他垃圾量减少到 1.5 万吨/日，较之前降低了 35%。实施生活垃圾分类显著减轻了

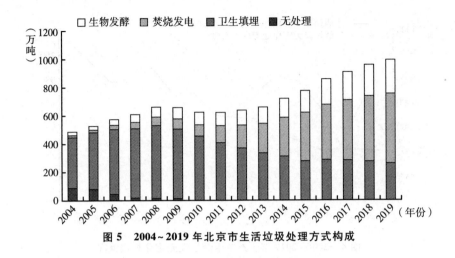

图5 2004~2019年北京市生活垃圾处理方式构成

清运和处理负担。2020年全市垃圾产生量仅797.52万吨，比2019年下降21.13%，其中卫生填埋量降幅最大，达28.30%（见图6）。

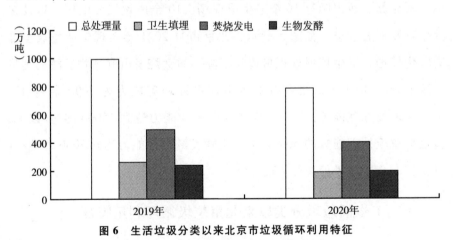

图6 生活垃圾分类以来北京市垃圾循环利用特征

三 北京生活垃圾碳排放现状及减排前景分析

（一）方法与数据

本文选用《IPCC优良做法指南》推荐的经验公式来计算北京市垃

圾处理的甲烷和二氧化碳排放量。本研究所用的生活垃圾产生和清运数据主要来自《北京统计年鉴 2022》以及历年《北京市国民经济和社会发展统计公报》，生活垃圾成分数据以及垃圾分类以后的成分数据来源于对前人研究成果的整理。

（二）生活垃圾分类前北京市生活垃圾处理碳排放情况

21 世纪以来，北京市生活垃圾产生量迅速增长的同时，垃圾清运和末端处理能力快速上升，总体来看，北京市垃圾循环利用过程中的碳排放量呈波动下降趋势（见图 7）。2019 年，北京市生活垃圾碳排放量为 236.16 万吨，相当于"十五"期末的 67.82%。单位生活垃圾碳排放水平下降到了"十五"期末的 36%，生活垃圾分类前北京市碳减排工作已经取得了一定进展。无处理垃圾的碳排放量占比显著大于垃圾本身占比，但是随着垃圾处理能力的提高，这部分碳排放迅速下降。卫生填埋的碳排放量随着处理量的变化而呈现先上升后下降的过程。焚烧发电和生物发酵处理的单位质量垃圾碳排放均显著小于平均值，随着上述两种处理方式的发展，垃圾碳排放得以在生活垃圾持续增长的同时呈波动下降趋势。

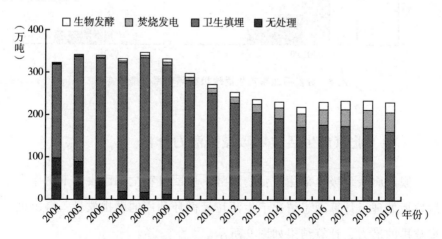

图 7   分类前北京市垃圾循环利用碳排放特征

（三）生活垃圾分类以来北京市生活垃圾循环利用碳排放变化

根据生活垃圾分类以后垃圾产生数量和结构数据，计算相应的碳排放数据，计算结果如图8所示。

2020年北京市生活垃圾循环利用的碳排放量为176.30万吨，比分类前大幅下降25.35%。排放下降的主要原因是通过生活垃圾分类大大减少了末端处理的垃圾量，从而减少了碳排放水平。从分处理方式来看，碳排放下降幅度最大的是卫生填埋，而生物发酵下降幅度较小，这主要是因为厨余垃圾分离以后，由卫生填埋改为生物发酵，总体上降低了碳排放量。

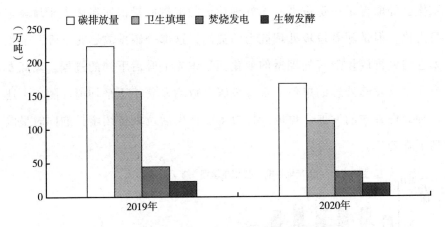

图8　分类后北京市生活垃圾循环利用碳排放特征

（四）北京市生活垃圾碳减排潜力分析

假设厨余垃圾全部用于生物发酵，可回收物全部回收，不再作为生活垃圾处理，计算理想情况下生活垃圾循环利用的碳排放量，得出进一步减排的潜力，计算结果如图9所示。

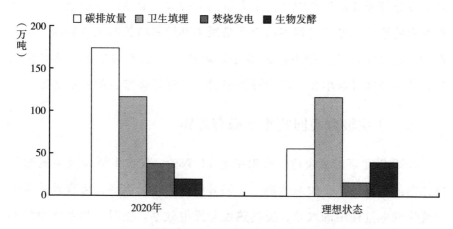

图 9　北京市生活垃圾循环利用碳减排潜力

在理想状态下，北京市生活垃圾循环利用的碳排放量减少至 56.60 万吨，比现有水平下降 119.69 万吨。其中填埋处理量将下降为 0，实现"零填埋"政策目标，由此导致的减排潜力占现有减排潜力的绝大部分。焚烧发电碳排放占比进一步下降，而由于厨余垃圾分出率的增加，生物发酵的碳排放量有所增加。

要逐步接近理想状态，一是要从源头做起，从生活用品的设计和生产上减少垃圾产生量，增强垃圾可回收性；二是需要进一步提高厨余垃圾和可回收物的分出比例；三是需要进一步提升生活垃圾末端处理的技术水平，实现甲烷等气体的有效利用。

四　北京生活垃圾低碳循环利用存在的主要问题

（一）生活垃圾产生量大、增速迅猛

由于不合理的生产生活方式，北京市生活垃圾增速明显快于人口增速，其中纸类、塑料的增长尤为迅速。纸类和塑料都是碳含量较高的物

质，在分解或焚烧过程中产生了大量的碳排放。商品的过度包装、快递和外卖的增长、办公过程中的浪费是纸类和塑料增长的主要原因。不合理的产品设计以及使用中的浪费是垃圾产生量激增的根源，从源头做起，抑制垃圾过快增长，减少资源浪费，是降低碳排放的根本之道。

（二）垃圾分类回收水平尚有差距

2020年北京市厨余垃圾分出率为21.78%，仅占生活垃圾中厨余垃圾比例的不足一半。如果能进一步提升厨余垃圾分出率，可有效减少垃圾焚烧发电过程中的水分，提高热值与发电效率，同时生物发酵原料的增加也可以产出更多的沼气用于发电。可回收物分出率为35%，仍有约10%的可回收物未被回收。如果可回收物被充分循环利用，可以有效减少新产品生产过程中产生的碳排放。居民分类意识不强、政策激励措施不足、监督缺位等使得垃圾分类的效果有待提升。

（三）垃圾处理技术水平尚需提升

卫生填埋和生物发酵处理均会产生大量甲烷，而使用现有技术仍会产生一定的甲烷散逸，造成温室效应。除此之外，垃圾清理、转运和处理过程中仍有不小的能耗，需要通过技术改造、清洁能源替换等方式进一步降低碳排放。

五 国内外垃圾低碳循环利用经验

（一）国内外垃圾低碳循环利用模式梳理

1.德国专业化企业中心模式

德国建立了以专业化企业为中心的社会循环利用体系。1990年，由德国工业联合会与工厂业协会组织发起，全德95家包装相关上下游企业联合成立了打通全生命周期的包装回收专业公司——绿点公司。该公司作为公共的包装循环利用平台，在生产者负责制的约束下，对会员企业的包装废弃物统一进行全程管理和循环利用，并向会员企业收取费用。绿点公司从包装设计、生产到从消费者手里回收再到再循环全程参与，大大提升了垃圾处理的专业性，降低了碳排放。相较于生产者自行回收和处理废弃物会更为高效，企业有加入联盟的积极性，目前已有18000余家企业成为绿点公司的会员。

2. 日本制度细化模式

日本在二战结束后经济快速发展，大规模的经济活动造成环境迅速恶化，出现了"痛痛病""水俣病"等一系列严重的社会问题。在巨大的压力下，日本逐步建立了较为完善的城市生活垃圾管理体系。经过数十年的努力，日本已成为城市环境卫生与生活垃圾处理方面的模范。

日本的相关制度体系包括：一是建立生产者责任制，通过立法将生活垃圾的减量化和循环利用延伸到产品的设计与制造阶段，从源头减少垃圾的产生，并促进循环利用。二是制定生活垃圾管控规划，实现持续减量化管理。三是建立严格的奖惩制度，对不按规则处理垃圾的居民进行必要的处罚。四是积极鼓励垃圾循环利用的技术研发。通过政府补贴，吸引企业参与 3R 社会建设。相应的制度体系明确了生活垃圾循环利用各个阶段的责任，促进了垃圾的减量化与循环利用，为社会提供了更加健康的生活与消费导向。当然日本也存在垃圾处理方式单一、热值利用不充分等问题。

3. 韩国政策主导模式

韩国垃圾循环利用制度成形于 20 世纪 90 年代。随着经济的繁荣，土地价格快速增长，垃圾填埋成本越来越高，韩国被迫从源头减少垃圾产生。韩国建立了以义务回收利用为核心的垃圾循环利用体系，包括从源头控制、分类回收、二次资源利用和填埋处置。韩国先后出台了垃圾按类计量收费包装容器重复使用、产品分类明确标签、产品预置金、再循环产品质量认证和再循环产品公共采购等政策，促进了生活垃圾的循环利用。随着制度体系的建立，韩国的垃圾产生量持续减少，可回收物的回收率持续提升，在减少生活垃圾的同时，明显减轻了韩国面临的资源压力。通过长期的摸索，韩国已经形成了自觉、自治、循环的垃圾处理模式。

4. 中国台北严格管理模式

从 21 世纪初开始，台北市实行居民垃圾排放收费政策。居民排放的垃圾必须装入特制的专用垃圾袋，垃圾袋根据大小定价，通过垃圾袋销售实现收费计量排放。同时台北市实施了极为严格的处罚措施，对偷扔垃圾的行为，通过视频监控、垃圾残留个人信息、奖励居民举报等方式追踪，并处以最高可达约 20% 的每月人均可支配收入金额的罚款；对垃圾袋进行抽查，对于不按规定分类的，予以重罚；对于伪造专用垃圾袋的行为则最高可判 7 年有期徒刑。通过采取各种严厉的手段，台北市垃圾排放量大大降低，2010 年人均垃圾产生量比 20 世纪末降低 1/3以上。

5. 中国澳门奖励引导模式

澳门区域狭小，随着人口增长及旅游业的发展，快速增长的生活垃圾对澳门的城市管理构成了巨大压力。传统上，澳门生活垃圾以填埋为主，随着土地供应紧缺，填埋已不能满足需求。特区政府着眼于垃圾处理长远发展，认识到实行垃圾分类回收是关键、市民的支持是基础。从 2011 年起，特区政府推出了 "环保 Fun" 积分奖励政策，吸引市民积极参与垃圾分类活动。市民向指定机构上交纸张、塑料、金属等可回收生活垃圾将获得积分，而积分可用于兑换超市优惠券。同时为确保厨余垃圾的分类处理，特区政府特意在菜市场、饭店集中区域建立专门的厨余垃圾处理站，将厨余垃圾及时分解并获取有机肥，有效解决了厨余垃圾分类难的问题。

（二）国内外垃圾低碳循环利用经验总结

从上述成功案例可以总结以下经验：第一，必须着眼长远，制定完善的制度体系和实施方案；第二，必须从源头做起，明确设计和生产阶段的生产者责任，从源头减少垃圾产生；第三，必须动员最广泛的群众参与，尽可能提高垃圾分类水平；第四，快速推广垃圾处理新技术，提升垃圾处理收益，降低成本，增强垃圾处理的灵活性。

六 "双碳"目标下北京生活垃圾低碳循环利用对策

（一）减量化是生活垃圾减排的根本途径

减量化是降低生活垃圾碳排放的基础。北京应从垃圾产生的源头做起，构建以生产者责任制为中心的垃圾循环责任体系，逐步推进以减量化为目标的生产、流通、消费和末端处理的全过程管理。积极鼓励企业实行耐用消费品"以旧换新"，提升产品耐用性，减少大件垃圾产生。加强快递、外卖、物流企业的供给侧改革，鼓励设计和使用完整可回收包装，通过有价回收、积分回收等多种方式，实现物流包装循环使用，减少包装垃圾产生。引导企事业单位低碳办公，减少纸张等办公用品消耗。围绕农产品产销与加工环节，做好产品预处理工作，实行"净菜进城""光盘行动"，减少一次性餐具提供，减少城市厨余垃圾。

（二）继续推进生活垃圾分类工作有利于低碳循环利用

高水平的分类回收是循环利用和末端处理的必要保障。应提高居民垃圾分类意识，养成垃圾分类行为，健全垃圾分类法律法规，提高垃圾分类回收利用效率，减少垃圾产生总量。改革垃圾回收企业激励机制，垃圾末端处理企业应以实现垃圾资源的再利用为目标，鼓励垃圾回收企业采用 App 预约回收、上门回收等方式，从细节入手，优化居民垃圾和回收流程。通过手机 App 终端，以线下网点为载体，形成线上订单、交投，线下上门收购服务。建立垃圾分类回收激励机制，通过积分制或者其他物质奖励提高其加入垃圾分类回收行列的积极性，以正确的方式引导民众自觉进行垃圾分类。引进智能装备，如智能垃圾桶、智能感应播报系统、"破袋器"和自动分拣站等垃圾分类"利器"，降低居民垃圾投放难度。制定垃圾分类强制措施及惩罚措施，通过视频监控、居民监督、垃圾中身份信息判断等方式，强化监管，发现乱扔垃圾未进行垃圾分类的现象，予以适当处罚。垃圾分类从小抓起。教育部门应和环卫部门加强合作，针对不同学龄段的学生制定不同的垃圾分类课程，开展宣传教育。

（三）运输管理是生活垃圾降碳的重要领域

垃圾产生后从垃圾桶到垃圾处理厂的过程属于垃圾的中间运输环节，运输环节的效率关系到垃圾处理效率，是垃圾管理的枢纽。为提高垃圾中间运输效率，应投入资金、配备适量的环卫工人、更换密闭式的垃圾运输车辆、合理规划垃圾转运站的规划和选址建设、加强垃圾转运站的环境卫生治理，提高城市生活垃圾的中转效率。科学规划生活垃圾分类回收、密闭站、中转站和运输路线，建立多功能的生活垃圾清运系统。推广新能源运输设备开发和使用，切实降低运输户设备碳排放。禁止混合运输分类垃圾和不分类垃圾。

（四）优化提升最终处理方式是生活垃圾低碳循环利用的必经之路

垃圾最终处理是生活垃圾循环利用过程中最大的直接碳排放环节。应通过合理规划、综合处理、提升处理工艺等，降低最终处理的碳排放强度。同时，提升最终处理的能源产出，加大对传统能源的替代力度，也间接降低碳排放，应提高垃圾最终处理的能源生产效率。优化焚烧发电、卫生填埋、生物发酵等生活垃圾最终处理方式，加快实现原生垃圾零填埋目标，最大限度地减少甲烷、二氧化碳等温室气体排放。提升焚烧发电效率和发酵制沼气效率，通过生产能源来实现碳排放替代。加快生活垃圾综合处理园区建设。统筹规划建立垃圾焚烧、卫生填埋、堆肥、再生资源加工利用、有害垃圾无害化处理的综合性基地，提升垃圾末端处理效率。改进垃圾末端处理设备，引入更适于分类后垃圾处理的厨余垃圾预处理、低热值垃圾焚烧等专用设备，增强垃圾处理设备的针对性，提升垃圾分类处理效率，探索垃圾热解、等离子处理等新型处理工艺。

参考文献

李颖、武学、孙成双等：《基于低碳发展的北京城市生活垃圾处理模式优化》，《资源科学》2021年第8期。

娄伟：《城市碳排放量测算方法研究——以北京市为例》，《华中科技大学学报》（社会科学版）2011年第3期。

董丽丽：《北京垃圾分类工作现存问题与对策建议》，《再生资源与循环经济》2021年第2期。

崔铁宁、王丽娜：《城市生活垃圾管理效率评价及影响因素研究》，《价格理论与实践》2017年第10期。

城市绿色出行系统规划策略研究

——以北京为例

赵　清[*]

摘　要： 在全球气候变暖背景下，作为温室气体主要来源的城市交通体系正逐步向绿色低碳方向发展，与之配套的城市绿色出行系统规划研究势在必行。本报告提出绿色出行的内涵与关键要素，总结了建立绿色出行系统带来的生态、社会、经济效益，分析了英国莱斯特生态镇绿色交通体系规划案例等国际经验。以北京为例，立足绿色交通发展现状，提出包含基础设施、运输装备、运营服务、组织管理等四个子系统与土地混合利用规划、交通系统结构规划、智能交通规划、交通需求管理规划、交通行为对策体系、交通政策保障体系六大规划体系的城市绿色出行系统规划策略。

关键词： 城市绿色出行　北京　智能交通

交通是城市有效运转的血脉，其发展状况直接关系到城市的空间结构、功能布局和市民生活，对城市环境与社会经济发展具有全面而深远的影响。随着中国城镇化的加快，城市机动车保有量快速增长，交通拥

---

* 赵清，博士，北京市社会科学院城市问题研究所助理研究员。

堵、温室气体排放、空气污染等一系列"大城市病"问题凸显，对城市居民的交通出行、生活质量、城市环境造成了越来越严重的影响。2020 年 9 月 22 日，中国在第 75 届联合国大会上正式提出 2030 年实现碳达峰、2060 年实现碳中和的目标。① 在全球积极应对气候变暖的大背景下，作为城市温室气体主要排放来源的城市交通，其未来发展必经之路唯有绿色低碳交通。但由于城市空间规划方面的历史遗留因素、城市发展带来的机动车增速过快、基础设施建设滞后、新能源汽车产业发展挑战及市民绿色出行意识淡薄等，城市绿色交通发展面临严峻的挑战。本文借鉴国外经验，立足北京绿色交通发展现状及其存在的问题，提出建立城市绿色出行系统规划策略，以期为进一步推动北京绿色交通发展提供借鉴。

一 城市绿色出行的内涵与意义

（一）城市绿色出行的内涵与关键要素

中国环境与发展国际合作委员会提出，绿色出行是指"可代替小汽车出行，并能够有效缓解城市交通拥堵、降低交通空气污染的对不同社会阶层群体具有吸引力的出行方式"。② 熊琦等提出，绿色出行是"一种相对环保的出行方式，其主要特点为低排放、低能耗、低污染、环保健康，主要包括选择乘坐公共交通工具、步行、骑自行车、合乘等出行方式"。③ 中国国际民间组织合作促进会提出，绿色出行是指"绿色出行碳减排，即采取相对环保的出行方式，通过碳

① 《中国碳达峰、碳中和研究报告发布 首次提出以中国能源互联网实现减排目标》，https：// baijiahao. baidu. com/s？ id＝16946269773393495502&wfr＝spider&for＝pc，2021 年 3 月 19 日。
② 中国环境与发展国际合作委员会：《促进城市绿色出行》，2013 年 11 月。
③ 熊琦、陈跃、高艺等：《城市绿色出行内涵和评价指标体系框架研究》，《交通节能与环保》2021 年第 81 期。

减排实现环境资源的可持续利用和交通的可持续发展"。本报告认为绿色出行不只是个人的出行行为，而是一种系统性理念，绿色出行系统就是通过绿色交通体系，即增加绿色交通出行，支持清洁能源交通、提高促进居民绿色出行意愿服务水平等，以实现城市机动车出行率的降低、环境污染与交通拥堵的减少以及出行距离的缩短的系统。绿色出行发展的根本目的是"实现城市交通可持续发展"，总体目标为"满足交通需求、优化资源利用、改善环境质量、促进社会和谐、提高安全水平，实现出行'安全、畅通、高效、舒适、环保、节能'，从而实现社会、经济、交通和环境的协调发展"。从绿色出行的内涵和总体目标出发，可以总结城市绿色出行的关键要素如图1所示。

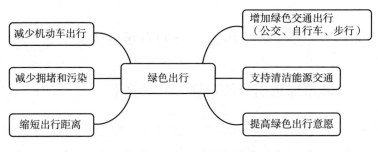

图1　绿色出行的关键要素

（二）城市绿色出行系统建立的意义

作为减少交通系统负面影响的城市绿色出行系统，其意义主要体现在以下几个方面：第一，绿色出行系统可以产生良好的生态效益。强调节能减排的绿色出行系统可以大大减少交通带来的大气污染、酸雨、交通扬尘等问题，减少交通系统对于农业区和生态敏感地区的破坏，避免过度城市化；绿色出行系统尤其是以步行和自行车为主的慢行系统可以最大限度地避免交通噪声对易感人群的危害。第二，绿色出行系统可以产生良好的社会效益。以步行和自行车为主的绿色出行可以增强居民运动强度，达到强身健体的功效，从而提高生活品质，同时还可以减少交通肇事带来的生命损失和交通拥挤带来的时间损失。第三，绿色出行系统可以获得良好的经济效益。绿色出行系统有利于最大限度地降低交通对能源的依赖，从而减少交通能源费用；通过便捷可达的绿色出行系统可以大大减少居民购买私家车的需要，降低居民的生活成本；可以促进邻近商业活动，促进当地经济发展；通过就近就医、就业、购物等降低居民生活费用；可以减少因肇事而受伤、因交通拥挤而浪费时间等情况。

二　国外城市绿色出行系统案例借鉴

城市绿色出行系统是一个涉及城市土地利用、交通系统、居民出行意愿等多方面的综合系统，本文系统地分析了英国莱斯特生态镇的绿色交通体系规划案例。

（一）英国莱斯特生态镇的绿色交通体系规划

英国莱斯特生态镇的绿色交通体系规划目标是建立降低出行需求的可持续性交通体系，具体目标如下：①建立联系生态城镇和邻居城镇的公共交通系统，制订区域规模出行计划，通过使用等级保证将步行、自行车和公共交通作为区域主要出行方式；②规划高品质公共交通链和站点以及公共服务设施，使步行时间在10分钟以内，提供安全、直接的自行车道，减少自行车的行车距离，设计易用的可优先步行、自行车和公共交通使用的服务，以减小对汽车的依赖和需求；③在最大限度地保留已有交通系统和优化已有基础设施的前提下，形成最大限度地减少对汽车的依赖性的可持续性交通模式；④最大限度地减少运输和建筑交通对生态镇和当地社区的影响；⑤关于绿色出行的宣传和管理规划①。

英国莱斯特生态镇的绿色交通体系规划策略包括：步行系统规划策略、自行车系统规划策略、公共交通体系规划策略、公共交通快速转换站系统规划策略、停车管理规划策略、货物运输规划策略及建筑交通规划策略②。

1. 短途出行为主的步行系统规划策略

步行被认为是最可持续的交通方式。英国 1/4 的旅程是由步行完成的，尤其是短途旅行。莱斯特生态镇步行系统规划策略包括：①建设安全、舒适和有吸引力的交通基础设施；②在生态镇的整体规划设计中赋予行人最高的优先权，以及相较于机动车出行更多的便利；③充分考虑步行与公共交通的融合；④最大限度地减少对行人的犯罪。

2. 中短途出行为主的自行车系统规划策略

对于中短途出行，自行车是一种便捷有效的出行方式。特别是在城市上下班往返过程中，自行车使用人数占 20%。莱斯特生态镇通过改善已有和建立新的自行车道来充分挖掘自行车出行的潜力，具体包括：①生态镇的自行车联网可以实现自行车出行直达交通枢纽、公交站点、市中心和学校等主要的公共设施，自行车出行距离规划在 5 英里以下。②自行车道与城市内部交通要道和住宅道路相融合。通过设计自行车友好出行的共享空间道路，为自行车出行者及行人提供便利和优先权。道路将被设计成具有吸引力的、安静的，从而构建适宜自行车出行的友好环境。③建立高品质、安全的自行车停车场。自行车停车场往往与公共交通站点、快速交通站点配套，从而使自行车出行可以与长距离出行方式保持连贯性。④在居民住

---

① The Co-operative Group and English Partnerships，"An Eco-town for Leicestershire：Masterplan Vision Document ，" 2008.

② The Co-operative Group and English Partnerships，"An Eco-town for Leicestershire：Masterplan Vision Document ，" 2008.

宅、休闲娱乐区均配套设置自行车停放点。在学校,将建设专门的带屋顶的、安全可靠的自行车停放场所,以方便学生、教师和来访者使用。⑤生态镇各机构按时更新包括新建道路的自行车出行地图。同时开展一系列关于自行车的推广活动,其中包括自行车训练、自行车租赁、自行车贷款、自行车服务和修理。

3. 长途出行为主的公共交通体系规划策略

在生态镇到市中心之间配套提供有轨电车和公交服务,保证长途旅行的快捷、可靠。同时还为社区提供半固定路线的免费的公交服务,可以实现居民家门口搭乘公共交通,其中针对行动不便的居民提供专门的公交服务。

4. 公共交通快速转换站系统规划策略

生态镇通过设计规划全镇交通快速转换网,实现80%的生态镇居民可就近步行到达公交站点。同时在莱斯特生态镇中心设计建造了交通中心枢纽服务站,其功能包括公共交通、步行和自行车等的中转站,出行信息服务中心,以及社区服务中心(包括包裹领取、干洗服务和报刊亭)。

5. 停车管理规划策略

莱斯特生态镇停车场系统十分完善,且数量持续增加。停车位的设计在生态镇的交通规划中是一个非常重要的因素。对停车位数量及类型的管理将对交通出行产生重要影响,为此生态镇制定了动态变化的停车管理规划。停车的需求主要受土地利用的类型和方式以及公共交通系统的质量等影响。在合理的情况下,停车规则主要用来控制停车位的供给和价格,引导居民选择更可持续的出行方式。生态镇的停车管理规划目标主要包括:降低对汽车的依赖;降低汽车对居民区的环境影响;降低汽车的使用舒适度,同时增加可持续出行模式的舒适度;控制汽车停车位的设置;对所有汽车停车场收费,引导人们从使用机动车转而使用可持续的出行方式。

6. 货物运输规划策略

货运交通对城市环境、经济和社会将产生一定的负面影响，因此生态镇的货运规划目标如下：①在生态镇中禁止不合适的货物机动车行驶；②提高货运效率，最大限度地装载货物；③降低货运和垃圾收集对当地社区特别是步行者和自行车出行者的影响；④最大限度地减少货运和垃圾收集产生的温室气体排放；⑤最大限度地减少货运和垃圾收集产生的噪声污染和视觉干扰；⑥适时鼓励环境友好型机动车承担城市物流任务。

7. 建筑交通规划策略

建筑原料占英国所有路段货运材料的30%，并且建筑行业产出4倍于国内其他领域的垃圾。为了最小化生态镇的建筑交通对生态镇的影响，建筑交通规划策略包括：①通过使用当地采购政策以缩短建筑材料平均运输距离；②通过使用高效、实用建材以减少建筑材料的使用量和垃圾；③通过实行离地组装以减少建筑垃圾和建筑员工数量，同时减少货物交通运输量；④建立物流联合统一中心，以控制运输车辆并管理工作区域的建筑材料供给，实现一辆机动车转运其他多辆机动车上的货物；⑤限定专用建筑交通运输道路；⑥鼓励建筑工作员工使用公共交通。

（二）国际经验借鉴

综观国际上绿色交通体系发展的示范案例，总结英国莱斯特生态镇绿色交通体系规划的经验，可以发现国外城市绿色交通体系的成功经验包括：第一，土地混合利用规划，强化交通与城市空间布局、环境保护、土地高效利用的融合；第二，优先发展以公交、自行车和步行为主的绿色交通出行方式；第三，鼓励环保节能交通工具的发展；第四，通过智能交通规划提高出行效率，减少交通拥堵和碳排放；第五，通过交通需求管理规划，限制机动车出行；第六，通过提高出行服务水平和开展绿色出行宣传教育，提高人们绿色出行意愿；第七，通过建立完善的社会、经济、法律政策体系，保障绿色出行系统的可持续发展。

三　城市绿色出行系统的规划策略——以北京为例

（一）北京绿色出行现状

2019 年 6 月 3 日，交通运输部等十二部门发布《绿色出行行动计划（2019—2022 年）》（以下简称"行动计划"），提出"到 2022 年，初步建成布局合理、生态友好、清洁低碳、集约高效的绿色出行服务体系"。行动计划具体包括构建完善的综合运输服务网络、大力提升公共交通服务品质、优化慢行交通系统服务、推进实施差别化交通需求管理、提升绿色出行装备水平、大力培育绿色出行文化、加强绿色出行保障七大计划。[①] 2022 年，中国交通运输部印发《绿色交通标准体系（2022 年）》（以下简称《标准体系》），旨在通过标准体系建设，推动绿色交通重点领域发展，为加快建设交通强国提供有力支撑。[②] 标准体系包括 5 个部分，即基础通用标准、节能降碳标准、污染防治标准、生态环境保护修复标准和资源节约集约利用标准。

2022 年 5 月，北京发布《2022 年北京市交通综合治理行动计划》，[③] 北京交通行业着力构建"慢行优先、公交优先、绿色优先"的交通出行结构，北京成为首批全国"绿色出行创建城市"。2023 年，北京中心城区

---

① 《多部门关于印发绿色出行行动计划（2019—2022 年）的通知》，http：//www. gov. cn/xinwen/2019-06/03/content_ 5397034. htm？from＝singlemessage&isappinstalled＝0，2019 年 6 月 3 日。

② 《绿色交通有了新版标准》，http：//www. gov. cn/zhengce/2022-08/23/content_ 5706454. htm，2022 年 8 月 23 日。

③ 《〈2022 年北京市交通综合治理行动计划〉发布　中心城区绿色出行比例提至 74.6%》，http：//www. gov. cn/xinwen/2022-05/11/content_ 5689607. htm，2022 年 5 月 11 日。

绿色出行比例将达到 74.7%，市民 45 分钟以内通勤出行占比将达到 54%。北京在创建城市绿色出行系统上已取得或正在取得如下成果。[1][2][3]

推进轨道交通"四网融合"，构建全域快速轨道网和轨道微中心，实现车站内外无缝衔接导航，中心城区轨道站点电子围栏实现全覆盖，实施轨道既有线网优化提升改造，路网整体列车服务的可靠度提升 182%，地铁运行质量和效率国际领先。

推进公交轨道融合发展，基本形成"五横、七纵、一环、五放射"网络，车辆运行速度由 16.7 公里/小时提升至 18.6 公里/小时，荣获"国家公交都市建设示范城市"称号。

推进慢行与轨道、公交融合发展，进一步优化路权分配，减少公交车道与自行车道混行；实现核心区轨道交通站点互联网租赁自行车电子围栏全覆盖。建成全国第一条自行车通勤专用路，日均骑行量达 5000 辆次，有效提升回龙观至上地的通勤出行效率。2022 年中心城慢行出行比例达 49%，创近十年新高。

基于多网融合的一体化绿色出行系统加速构建，推出国内首个绿色出行"一站式"服务（MaaS）平台，日均服务人数超 450 万。实现全市公共交通"一码通乘"，日均刷码近 400 万人次。

（二）城市绿色出行系统规划策略体系

城市绿色出行系统是一个完整的体系，包括城市土地混合利用规划、交通系统结构规划、智能交通规划、交通需求管理规划、绿色行为文化体系及绿色出行保障体系等[4]。从绿色出行系统角度分析，其主要

① 《北京成首批全国"绿色出行创建城市"慢行出行比例创近 10 年新高》，https://baijiahao.baidu.com/s? id=1761894124697902512&wfr=spider&for=pc，2023 年 3 月 31 日。

② 《2023 年全市交通工作"任务单"出炉 中心城区绿色出行比例将达 74.7%》，https://www.beijing.gov.cn/ywdt/gzdt/202304/t20230402_2950089.html，2023 年 4 月 2 日。

③ 《今年北京将打造绿色出行"一张网"》，https://baijiahao.baidu.com/s? id=1762019711677268570&wfr=spider&for=pc，2023 年 4 月 2 日。

④ 陆化普：《城市交通拥堵机理分析与对策体系》，《综合运输》2014 年第 3 期。

包括基础设施、运输装备、运营服务、组织管理四个层面的内容①。本报告基于绿色出行系统四个层面、六大体系内容，结合北京交通现状，提出城市绿色出行系统的规划策略，如表 1 所示。

表 1　城市绿色出行系统规划策略

层面	体系	目标	策略
基础设施	土地混合利用规划	有效地减少居民出行需求，缩短居民出行距离，形成有利于公共交通发展的交通需求特性	· TOD 开发模式：紧凑布局、混合使用的土地形态，提供良好的公共交通服务和绿色出行环境 · 职住均衡：办公、居住、交通等功能混合设置，区域内就业岗位与居住条件相匹配 · 就近上学、购物和就医：公共设施、医疗卫生、学校、商业、超市和农贸市场与绿色出行交通系统混合就近配置 · 建立优先于机动车出行的城市公交、自行车、步行专属道路体系
运输装备	交通系统结构规划	限制机动车出行，增加清洁能源交通工具，建立优先于机动车的公共交通和慢行交通系统	· 推进全域快速轨道网络建设、轨道微中心网络建设 · 机动车出行有限道路管理 · 鼓励清洁能源机动车发展 · 构建以公共交通为主体的综合交通系统，提高公交服务水平、公交分担率、换乘效率及运营速度 · 构建安全、便捷、舒适的慢行交通系统 · 多种交通方式的无缝衔接、零距离换乘，强化枢纽与周边土地一体化开发
运营服务	智能交通规划	提高出行效率、减少交通拥堵、节能减排	· 建立完善的道路交通流信息动态采集、分析和智能信号控制系统，为交通管理决策提供实时手段 · 根据需求特性和道路交通网络特点，进行科学交通组织管理，提高区域交通运行效率 · "互联网+"智慧停车系统建设，推进共享停车场建设 · 构建公交实时信息系统、城际交通一卡通系统以及自行车互联网智能系统
	交通需求管理规划	限制机动车出行、鼓励绿色交通出行	· 机动车限额保有管理：限额制度和税费 · 机动车限制出行管理：限号出行、停车收费、拥堵费用 · 鼓励公共交通出行：老年卡免费乘车，学生卡半价乘车，通勤包月/季/年卡等 · 鼓励自行车出行：共享单车的普及 · 时空上调节交通流：错时上下班、弹性工作制、限时通行；道路管制等

---

① 熊琦、陈跃、高艺等：《城市绿色出行内涵和评价指标体系框架研究》，《交通节能与环保》2021 年第 81 期。

续表

层面	体系	目标	策略
组织管理	绿色出行文化体系	开展绿色交通出行宣传教育，提高交通道德水平	·通过媒体宣传，提高居民绿色交通出行意识 ·结合社区治理，围绕居民日常生活开展绿色交通出行教育 ·通过隔离护栏、减速设施、禁入设施、监控设施等规范交通出行者的交通行为 ·通过交通执法约束交通参与者的行为，促使其养成遵法守法的良好习惯
	绿色出行保障体系	城市绿色交通规划、建设、管理一体化的组织保障	·体制保障：建立由政府领导、有关部门参加的城市绿色交通综合协调机构，为一体化解决城市交通问题提供保障 ·法规保障：完善相关绿色交通法规、执行相关交通规范标准 ·资金保障：建立稳定的绿色交通投资渠道，保证与经济发展相适应的交通投入 ·研究投入：发挥高等院校、科研机构的作用，加强绿色交通理论与方法研究，指导绿色交通科学发展

资料来源：陆化普：《城市交通拥堵机理分析与对策体系》，《综合运输》2014 年第 3 期。

四 结论

城市绿色出行系统是一个包含绿色交通基础设施建设、运输装备投入、运营服务管理、绿色出行意愿组织管理的复杂系统。通过土地混合利用规划、交通系统结构规划、智能交通规划、交通需求管理规划、绿色出行文化体系和绿色出行保障体系，可以实现绿色出行目标。北京正在逐步构建城市绿色出行系统，在全国走在了前列，未来围绕绿色出行系统需要进一步优化，以实现城市交通出行的安全、畅通、高效、舒适、环保、节能，促进社会、经济、交通和环境的协调发展。

参考文献

熊琦、陈跃、高艺等：《城市绿色出行内涵和评价指标体系框架研究》，《交通节能与环保》2021 年第 81 期。

The Co-operative Group and English Partnerships，"An Eco-town for Leicestershire：Masterplan Vision Document，" 2008.

罗兆广：《新加坡——绿色出行与一体化城市交通体系》，《城市公共事业》2012 年第 26 期。

尹怡晓、钟朝晖、江玉林：《绿色出行——中国城市交通发展之路》，《科技导报》2016 年第 17 期。

陆化普：《城市交通拥堵机理分析与对策体系》，《综合运输》2014 年第 3 期。

后　记

　　本书以习近平新时代中国特色社会主义思想和视察北京重要讲话精神为指引，贯彻落实首都城市战略定位，紧紧抓住疏解非首都功能这个"牛鼻子"，以更大力度推动现代化首都都市圈建设与京津冀协同发展，研究构建现代化首都都市圈的政策建议。本书是以北京市社会科学院城市问题研究所的全体研究人员为核心团队成员，由科研机构、高等院校等各方专家、学者共同撰写完成。本书由北京市社科院皮书论丛资助出版，是《北京城市发展报告》（第七辑）的系列研究成果。

　　本书共分为战略、产业、社会、文化与生态四大板块，全面分析首都都市圈发展状况及其存在的问题，聚焦首都都市圈战略规划、产业协同、社会融合、文化建设与生态保护等问题进行深入探讨，注重学术性与应用对策研究相结合，基于专业视野从不同维度提出推动新阶段现代化首都都市圈建设的对策建议，为首都都市圈地区各级政府和有关部门决策提供咨询服务。

　　本书由北京市社会科学院城市问题研究所所长、研究员陆小成任主编，负责报告的总体设计和结构安排、报告汇总及修改等工作；城市问题研究所副所长、副研究员穆松林和城市问题研究所助理研究员杨波任副主编，参与本书报告撰写、修改等工作；倪维秋研究员负责战略篇的编辑修订工作；穆松林副研究员负责产业篇的编辑修订工作；曲嘉瑶副研究员负责社会篇的编辑修订工作；杨波助理研究员负责文化与生态篇的编辑修订工作。

本书的出版要感谢北京市社会科学院各位院领导及各研究所、科研处、智库处和其他职能处室与院外高校科研机构、政府部门等领导、专家、学者对本书的大力支持。感谢社会科学文献出版社的辛勤付出与指导帮助。

书中引用和参考了许多专家学者的观点，一并表示感谢。有的引用或参考没有进行及时的注释，对可能存在的疏忽请专家批评和指正。由于水平和能力有限，不妥之处在所难免，也许还有部分观点值得进一步商榷和论证。敬请城市经济、城市治理、都市圈建设、首都发展、京津冀城市群以及经济学、管理学、社会学、文化学、生态学、城市学等领域的专家、学者、读者提出批评意见或建议。

2023 年 5 月 6 日

图书在版编目（CIP）数据

北京城市发展报告. 2022-2023：现代化首都都市圈
研究 / 陆小成主编；穆松林，杨波副主编. --北京：
社会科学文献出版社，2023.6
ISBN 978-7-5228-1886-3

Ⅰ.①北…　Ⅱ.①陆…　②穆…　③杨…　Ⅲ.①城市建
设-研究报告-北京-2022-2023　Ⅳ.①F299.271

中国国家版本馆 CIP 数据核字（2023）第 094500 号

北京城市发展报告（2022~2023）
——现代化首都都市圈研究

主　　编／陆小成
副 主 编／穆松林　杨　波

出 版 人／王利民
组稿编辑／邓泳红
责任编辑／吴　敏
责任印制／王京美

出　　版／社会科学文献出版社（010）59367127
　　　　　地址：北京市北三环中路甲 29 号院华龙大厦　邮编：100029
　　　　　网址：www. ssap. com. cn
发　　行／社会科学文献出版社（010）59367028
印　　装／三河市龙林印务有限公司

规　　格／开　本：787mm×1092mm　1/16
　　　　　印　张：24.25　字　数：331 千字
版　　次／2023 年 6 月第 1 版　2023 年 6 月第 1 次印刷
书　　号／ISBN 978-7-5228-1886-3
定　　价／79.00 元

读者服务电话：4008918866